Java 9
Modularity

자바 9 모듈화(Java 9 Modularity)

2018년 9월 10일 초판 1쇄 인쇄
2018년 9월 17일 초판 1쇄 발행

지은이 샌더 맥, 폴 베이커
옮긴이 김성태, 임재봉

펴낸이 정상석
책임 편집 엄진영
마케팅 이병진
본문편집 이경숙
표지디자인 김보라
펴낸 곳 터닝포인트(www.diytp.com)
등록번호 제2005-000285호

주소 (03991) 서울시 마포구 동교로27길 53 지남빌딩 308호
대표 전화 (02)332-7646
팩스 (02)3142-7646
ISBN 979-11-6134-029-6 (13000)

정가 25,000원

내용 및 집필 문의 diamat@naver.com
터닝포인트는 삶에 긍정적 변화를 가져오는 좋은 원고를 환영합니다.

이 도서의 국립중앙도서관 출판예정도서목록(CIP)은 서지정보유통지원시스템 홈페이지(http://seoji.nl.go.kr)와
국가자료공동목록시스템(http://www.nl.go.kr/kolisnet)에서 이용하실 수 있습니다.
(CIP제어번호: CIP2018027080)

서문

Java에서 모듈화란 무엇인가?

⇒ 어떤 개발자는 인터페이스를 프로그래밍하고 구현 세부 사항을 숨기는 것을 개발의 원칙으로 생각한다.
  – 캡슐화의 관점

⇒ 어떤 개발자는 동적인 실행 환경을 제공하기 위해 클래스 로더에 집중한다. – 분리의 관점

⇒ 어떤 개발자는 아티팩트, 저장소 및 도구들을 중요하게 생각한다. – 구성의 관점

개인적으로, 이러한 관점들은 모두 옳다고 생각한다. 하지만 명확하지 않은 긴 이야기의 일부처럼 느껴지기도 한다. 코드 일부가 내부에서만 사용된다는 사실을 개발자가 알고 있다면 클래스나 필드를 숨기는 것처럼 패키지를 쉽게 숨길 수 없는 이유는 무엇일까? 코드가 종속성이 있는 경우에만 컴파일되고 실행될 수 있다면 컴파일에서 패키징, 설치, 실행까지 이러한 종속성이 원활하게 흐르지 않는 이유는 무엇일까? 도구가 자연스러운 자체 탐지 아티팩트와 함께 제공될 때만 작동한다면 어떻게 단순한 JAR 파일인 예전 라이브러리를 재사용할 수 있을까?

Java 9은 Java 플랫폼의 클래스를 위한 가장 중요한 기능으로 모듈을 도입함으로써 모듈화에 대한 일관성 있는 스토리를 제공한다. 모듈은 재사용을 위해 설계된 패키지 세트이다. 이 단순한 개념은 코드 개발, 배치 및 실행 방법 등에 강력한 영향을 미친다. Java에서 재사용을 촉진하고 제어하는 오래된 메커니즘(인터페이스, 액세스 제어, JAR 파일, 클래스 로더, 동적 링크)은 패키지를 모듈에 배치할 때 더 효과적이다.

첫째로, 모듈은 프로그램의 구조를 명확하게 만들어 준다. 많은 개발자들은 자신의 코드가 생각했던 것만큼 체계적이지 않다는 것에 놀랄 것이다. 예를 들어 다수의 JAR 파일에 걸쳐 있는 코드는 서로 다른 JAR 파일의 클래스 간에 순환 참조가 발생할 수 있지만 다른 모듈의 클래스 간에 순환은 금지된다. 코드의 모듈화에 시간과 노력을 투자하는 이유 중 하나는 일단 모듈화가 되면 순환 의존성이 허용되는 "the ball of mud"(21페이지 참고)로 퇴보하는 일이 없기 때문이다. 모듈을 사용하여 개발하면 서비스를 통한 프로그래밍 가능해지므로, 커플링을 줄이고 추상화를 더욱 강화할 수 있다.

둘째로, 모듈은 코드에 대한 책임감을 부여한다. 모듈에서 패키지를 익스포트한 개발자는 안정적인 API를 제공한다는 약속을 하는 것과 같으며, 심지어 모듈의 이름조차도 API의 일부라고 생각

해야 한다. 단일 모듈에서 너무 많은 기능을 제공하면 다른 많은 모듈과의 의존성이 발생할 수 있다. 모듈을 이용하여 개발하는 경우, 개발자들이 코드의 안정성과 응집성에 대해 지속적으로 고민을 하게 만든다.

아마 테이블 위에 있는 접시나 찻잔을 쓰러뜨리지 않고 테이블보만 빼내는 묘기를 다들 한 번 정도는 본적이 있을 것이다. Java 9을 기반으로 작업하는 사람들에게 1990년대 이후 개발된 수백만 개의 클래스를 포함하고 있는 Java 가상 머신에서 동작할 수 있는 모듈 시스템을 설계하라고 한다면, 테이블의 접시와 찻잔을 쓰러뜨리지 않고 테이블보를 제자리로 돌려놓으라고 하는 것과 같이 느껴질 것이다. 잘 알려진 일부 라이브러리들은 모듈 시스템이 JDK의 모듈에 적용한 캡슐화 자체를 무시하기 때문에 모듈화된 JDK에서는 동작을 하지 않는다. Java 9을 설계할 때 이 같은 상황을 위한 학문적인 해답을 찾기는 어려웠다. 결국 커뮤니티로부터의 피드백 사이클을 반복하면서 개발자에게 다양한 수단과 방식을 제공하는 모듈 시스템이 만들어졌다. 이제, 모듈화된 플랫폼 코드는 진정으로 강력한 캡슐화가 적용이 되었고, 모듈화된 애플리케이션 코드는 "충분히 강력한" 캡슐화를 적용할 수 있게 되었다. 시간이 지날수록 JDK의 과감한 모듈화 결정이 모든 코드를 보다 신뢰할 수 있게 만들 것이라고 생각한다.

모듈 시스템은 모든 사람이 사용할 때 가장 잘 동작한다. 지금 모듈을 만드는 개발자가 많아질수록 미래에 모듈을 만들 개발자도 늘어난다. 하지만 아직 모듈을 개발하지 않는 개발자들은 어떻게 될까? Java 9은 모듈 코드 만큼이나 모듈이 아닌 코드에 대해서도 고려를 하고 있다. 코드를 모듈화할 수 있는 유일한 개발자는 코드의 작성자이기 때문에 모듈 시스템은 모듈에 있는 코드가 모듈이 아닌 코드에 접근할 수 있는 방법을 제공해야한다. 이것은 이 책에 너무 잘 설명되어 있는 자동 모듈 디자인으로 이어졌다.

Sander와 Paul은 Java의 전문가이자 신뢰할 수 있는 Java 9 에코시스템에 대한 가이드이다. 그들은 Java 9 개발의 최전선에 있었고, 인기 있는 오픈 소스 라이브러리를 마이그레이션 하려는 노력의 선봉에 서 있었다. "Java 9 Modularity"는 Java의 모듈화 핵심 원칙과 모범 사례에 관심이 있는 모든 사용자를 위한 핸드북이다. 이 책은 유지 보수 가능한 컴포넌트를 만들려고 하는 애플리케이션 개발자, 마이그레이션 및 리플렉션에 대한 조언을 구하는 라이브러리 개발자, 모듈 시스템의 고급 기능을 활용하고자하는 프레임워크 개발자를 대상으로 한다. 이 책이 아주 오랜 시간 동안 동작가능하고 안정적인 구조의 Java 프로그램을 만드는 데 도움이 되기를 바란다.

— *Alex Buckley Java Platform Group, Oracle Santa Clara, July 2017*

머리말

Java 9은 플랫폼에 모듈 시스템을 도입했다. 이는 Java 플랫폼에서 모듈형 소프트웨어 개발의 새로운 시대의 시작을 알리는 중요한 도약이다. 우리는 이러한 변화에 매우 흥분하고 있으며, 여러분도 이 책을 읽은 후에 우리와 같은 기분을 느끼기 바란다. 이 책을 통해서, 모듈 시스템을 실제 접하기 전에 모듈 시스템을 최대한 활용할 준비를 할 수 있을 것이다.

이 책을 읽어야 하는 사람

이 책은 애플리케이션의 설계와 구조를 개선하려는 Java 개발자를 위한 책이다. Java 모듈 시스템은 Java 애플리케이션을 설계하고 빌드하는 방법을 개선한다. 모듈을 즉시 사용하지 않더라도 JDK 자체의 모듈화를 이해하는 것은 중요한 첫 걸음이 될 수 있다. 책의 첫 번째 파트에서 모듈을 이해하고 나면, 다음 파트의 마이그레이션을 기대하게 될 것이다. 기존 코드를 Java 9과 모듈 시스템으로 이동하는 작업은 점점 더 많이 발생할 것이다.

이 책은 Java에 대한 일반적인 소개를 하지 않는다. 우리는 이 책의 독자들이 팀 환경에서 비교적 큰 규모의 Java 애플리케이션을 개발한 경험이 있다고 가정한다. 대규모의 애플리케이션을 개발하는 경우 모듈화가 점점 중요 해지고 있다. 경험 많은 Java 개발자는 클래스패스로 인해 발생하는 문제점을 인식하고 있으며 이는 모듈 시스템과 모듈의 기능을 이해하는데 도움이 될 것이다.

모듈 시스템 외에도 Java 9에는 많은 변경 사항이 있다. 그러나 이 책은 모듈 시스템과 모듈 관련 기능에 초점을 맞추고 있다. 필요한 경우 모듈 시스템의 컨텍스트에서 다른 Java 9 기능에 대해 설명할 것이다.

우리가 이 책을 쓴 이유

우리는 애플릿이 인기있었던 Java 초기부터 Java를 사용해 왔다. 우리는 수년 간 많은 다른 플랫폼과 언어를 사용하고 즐겨 왔지만, Java는 여전히 우리가 주로 사용하는 개발 언어이다. 유지 가능한 소프트웨어를 만들기 위해서는 모듈화가 핵심 원칙이다. 지난 수년간, 모듈형 소프트웨어를 만들기 위하여 많은 에너지를 소비하고 난 후, 모듈형 애플리케이션개발을 추구하려는 열정을 가지게 되었다. 모듈형 애플리케이션을 개발하기 위하여 Java 플랫폼에서 지원하지 않는 OSGi와 같은 기술을 광범위하게 사용했다. 또한 JavaScript 모듈 시스템과 같이 Java와 상관없는 도구를 통해서도 다양한 개념을 배웠다. Java 9에서 오랫동안 기다려 온 모듈 시스템을 주요 특징으로 지원한다는 것이 결정되었을 때, 우리는 단순히 이 기능을 사용하는 것으로 그치지 않고, 다른 개발자들에게 도움을 주기로 결정했다.

어쩌면 지난 10 년 동안 Project Jigsaw에 대해 들어봤을 것이다. Project Jigsaw는 수년 동안 Java 모듈 시스템에서 사용 가능한 많은 구현을 프로토타이핑했다. Java용 모듈시스템은 여러 번 시도했다가 중단되었다. Java 7과 8은 원래 Project Jigsaw의 결과를 포함하려고 했다.

Java 9에서는 이러한 오랜 기간의 실험이 공식적인 모듈 시스템 구현으로 마무리 되었다. 수년 동안 다양한 모듈 시스템 프로토타입의 범위와 기능에 많은 변화가 있었다. 이 프로세스를 면밀히 지켜 보았지만 최종 Java 9 모듈 시스템이 실제로 포함되는지 알 수 없었다. 이 책을 통해 우리는 모듈 시스템에 대한 명확한 개요를 제공하고자 한다. 더 중요한 것은 애플리케이션의 설계와 아키텍처를 위해 무엇을 할 수 있는지이다.

이 책에서 다루는 내용들

이 책은 세 파트로 나누어져 있다.

1. Java 모듈 시스템 소개
2. 마이그레이션
3. 모듈형 개발 도구

첫 번째 파트에서는 모듈 시스템 사용 방법을 설명한다. 모듈형 JDK를 시작으로 하여, 사용자 고유의 모듈을 생성할 것이다. 다음으로는 모듈의 디커플링을 가능하게 하는 서비스에 대해 설명한다. 첫 번째 파트는 모듈화 패턴에 대한 논의와 어떻게 모듈을 사용하여 유지보수성과 확장성을 극대화할 수 있는지에 대하여 설명할 것이다.

두 번째 파트는 마이그레이션에 관한 것이다. 대부분의 경우 모듈 시스템용으로 설계되지 않은 Java 라이브러리를 사용하는 기존 Java 코드가 남아 있을 것이다. 이 파트에서는 기존 코드를 모듈로 마이그레이션하는 방법과 아직 모듈로 변환되지 않은 기존 라이브러리를 사용하는 방법을 배우게 된다. 라이브러리의 작성자 또는 유지 관리자인 경우, 라이브러리에 모듈을 지원할 수 있도록 수정하는 방법에 알 수 있는 챕터가 있다.

세 번째 파트는 도구들에 관한 것이다. 이 파트에서는 IDE 및 빌드 도구의 현재 상황에 대해 알아본다. 또한 모듈을 테스트하는 방법도 배우게 될 것이다. 모듈은 새로운 도전 과제를 제공 할뿐 아니라 (테스트) 단위 테스트 기회이기도 하다. 마지막으로 모듈 시스템의 또 다른 흥미로운 기능인 "링크(linking)"에 대해서도 알아 볼 것이다. 이 기능을 사용하면 최적화된 사용자 정의 런타임 이미지를 만들 수 있으므로 모듈을 사용하는 경우 Java 애플리케이션을 제공하는 방법을 변경할 수 있다.

이 책은 처음부터 끝까지 읽을 수 있도록 구성을 하였지만, 꼭 모두 읽어야하는 것은 아니다. 하지만 적어도 처음 네 챕터는 자세히 읽는 것을 추천한다. 이 책의 나머지 부분을 잘 활용할 수 있도록 기본적인 지식을 제공할 것이다. 시간이 너무 없고 기존 코드를 마이그레이션하려는 경우, 처음 네 챕터를 읽은 후 두 번째 파트로 바로 넘어가도 된다.

코드 예제 사용하기

이 책에는 많은 코드 예제가 포함되어 있다. 모든 코드 예제는 GitHub(https://github.com/java9-modularity/examples)에서 확인할 수 있다. 코드 예제는 챕터별로 정리되어 있다. 이 책에서 다음과 같은 형식으로 코드 예제를 설명하고 있다 : ↳ chapter3/helloworld. 이런 경우 예제는 https://github.com/java9-modularity/examples/chapter3/helloworld에서 찾을 수 있다.

이 책을 읽을 때 코드를 사용하는 것을 적극 권장한다. 왜냐하면 코드 섹션이 길면 코드 편집기에서 더 잘 읽을 수 있기 때문이다. 예를 들어 책에서 설명하는 오류를 재현하려면 직접 코드를 사용하는 것이 좋다. 단지 단어를 읽는 것만으로 배우는 것은 더 어렵다.

이 책에 사용된 아이콘

 이 아이콘은 일반적인 참고 사항을 의미한다.

 이 아이콘은 팁 또는 제안을 의미한다.

 이 아이콘은 경고 또는 주의를 의미한다.

O'Reilly Safari

Safari(구(舊) Safari Books Online)는 기업, 정부, 교사 및 개인을 위한 회원 전용 트레이닝 및 참고 플랫폼이다. 회원들은 250개 이상의 출판사에서 제공하는 수 천권의 책, 교육 비디오, 학습 코스, 인터렉티브 튜토리얼 및 엄선된 재생 목록에 접근할 수 있다(O'Reilly Media, Addison-Wesley Professional, Microsoft Press, Adobe 등 많은 출판사가 함께하고 있다).

자세한 내용은 http://oreilly.com/safari를 참조하기 바란다.

How to Contact Us

Java의 모듈형 개발과 관련된 개발 진행 상황을 알고 싶다면 이 책과 함께 제공되는 Twitter 계정을 팔로우하기 바란다(@Javamodularity:http://twitter.com/javamodularity). 또한 https://javamodularity.com 사이트를 확인하기 바란다.

저자에게 직접 연락할 수도 있다.

⇒ Sander Mak : @sander_mak, sandermak@gmail.com

⇒ Paul Bakker : @pbakker, paul.bakker.nl@gmail.com

이 책과 관련된 의견과 질문이 있으면 출판사로 전달해 주기 바란다.

O'Reilly Media, Inc.

1005 Gravenstein Highway North

Sebastopol, CA 95472

800-998-9938 (in the United States or Canada) 707-829-0515 (international or local) 707-829-0104 (fax)

이 책과 관련된 오류, 예제 및 추가 정보가 제공되는 웹 페이지는 http://bit.ly/java-9-modularity 이다

이 책에 대해 의견 또는 기술적인 질문은 bookquestions@oreilly.com으로 이메일을 보내기 바란다.

서적, 강좌, 컨퍼런스 및 뉴스에 대한 자세한 내용은 http://www.oreilly.com의 웹 사이트를 참조하기 바란다.

⇒ Find us on Facebook: http://facebook.com/oreilly

⇒ Follow us on Twitter: http://twitter.com/oreillymedia

⇒ Watch us on YouTube: http://www.youtube.com/oreillymedia

감사의 글

이 책에 대한 아이디어는 2015년 JavaOne에서 O'Reilly의 Brian Foster와 대화를 하면서 시작되었다. Brian Foster에게 이 프로젝트에 함께 해줘서 고맙다고 전하고 싶다. 그 이후부터 많은 사람들이 "Java 9 Modularity"를 쓸 수 있도록 도와주었다.

Alex Buckley, Alan Bateman 및 Simon Maple의 훌륭한 기술 리뷰가 있었기에 오늘날 이 책이 나올수 있었다. 그들이 책의 개선에 많은 기여를 해 주었기 때문에 그들에게 많은 감사를 표한다. 또한 O'Reilly 편집팀의 지원에도 감사한다. Nan Barber와 Heather Scherer는 세부 사항들을 잘 정리해 주었다.

이 책을 쓰는 것은 아내 Suzanne의 변함 없는 지지가 없었다면 불가능했을 것이다. 그녀와 세명의 아들은 많은 저녁과 주말에 나를 그리워해야만 했다. 끝까지 나와 함께 해 줘서 감사하다고 말하고 싶다! 또한 이 책을 쓸 수 있도록 지원해 준 Luminis에게 감사하고 싶다. "지식은 나눔에 있어 증가하는 유일한 보물이다"라는 모토를 가진 회사의 일원이 되어 기쁘다.

Sander Mak

세계의 반대편으로 이사를 가는 길에도 두 번째 책을 쓰는 동안 저를 도와준 아내 Qiushi에게 감사한다. 또한 나에게 이 책을 쓸 수 있는 시간과 기회를 준 Netflix와 Luminis에게도 감사하다.

Paul Bakker

1, 7, 13, 14 장의 카툰은 Oliver Widder가 그린 것이며 Creative Commons Attribution 3.0 Unported (CC BY 3.0)에 따라 사용이 허가되었다. 저자는 만화를 가로 및 회색으로 변경했다.

목차

part 1 Java 모듈 시스템 소개

chapter 1 모듈화 관련 이슈들

chapter 2 모듈과 모듈형 JDK

chapter 3 모듈 개발하기

chapter 4 서비스

chapter 5 모듈화 패턴

chapter 6 고급 모듈화 패턴

part 2 마이그레이션

chapter 7 모듈로 변환하지 않고 마이그레이션하기

chapter 8 모듈로 마이그레이션

chapter 9 마이그레이션 케이스 스터디 : Spring과 Hibernate

chapter 10 라이브러리 마이그레이션

part 3 모듈 개발을 위한 도구

chapter 11 빌드 도구와 IDE

chapter 12 모듈 테스트

Java 모듈 시스템 소개

모듈화 관련 이슈들

개발자라면 다음과 같은 경험을 한적이 있을 것이다.

⇒ "도대체 이 코드는 왜 여기에 있지? 이 코드를 수정하면 다른 코드에 어떤 영향이 있을까? 어디서부터 손을 대야 하는 걸까?"와 같은 고민을 하는 경우

⇒ 애플리케이션과 함께 배포된 수 많은 JAR 파일들 중에 어디서부터 확인해야 할지 막막함이 생기는 경우

대규모 애플리케이션을 개발하는 기술은 저평가 받고 있다. 더 이상 새로운 이슈도 아니며, Java에 국한된 문제도 아니다. 그러나 Java는 대규모 애플리케이션을 개발하는데 많이 사용되는 주요 언어 중 하나이며, Java 라이브러리 또한 많이 활용되고 있다. 시스템이 너무 커져서 복잡도가 증가하면(시스템을 파악하고 효율적인 개발을 할 수 있는) 개인 역량만으로 처리할 수 없는 경우가 생기기도 한다. 때문에 시스템의 구조가 잘 정의되어 있지 않으면 개발이 진행될 수록 시간/금전적인 손실이 장기간에 걸쳐 발생할 수 있다.

모듈화는 이러한 복잡도를 관리하고 줄이기 위해 사용되는 기술 중 하나이다. Java 9에서는 모듈 시스템을 새롭게 도입하여 애플리케이션 모듈화를 보다 쉽고 편리하게 할 수 있도록 도와준다. 새로운 모듈 시스템은 Java가 모듈 개발을 위해 이전부터 제공하고 있던 추상화 개념을 기반으로 하였으며, 대규모 애플리케이션 개발의 모범 사례들을 참고하였다.

Java 모듈 시스템은 애플리케이션 개발에 엄청난 영향을 줄 것이다. 모듈 시스템의 도입은 Java 플랫폼이 근본적으로 모듈화를 지향하는 방향으로 나아가고 있다는 것을 의미한다. 모듈화는

개발 언어, Java 가상 머신(JVM) 그리고 표준 라이브러리에 대한 변경 사항을 기반으로 하기 때문에 Java를 사용하여 개발하는 경우 개발 시작부터 모듈화의 개념을 접하게 될 것이다. 이것은 획기적인 변화라고 할 수 있다. Java 8에서 스트림(stream)과 람다(lambda)가 추가된 것처럼 눈에 띄게 화려하지는 않지만, 람다와 모듈 시스템 사이에는 근본적인 차이점이 있다. 모듈 시스템은 애플리케이션의 전반적인 구조와 관련이 있고, 내부 클래스를 람다로 바꾸는 것은 단일 클래스 내에서 발생하는 부분적인 변경이다. 애플리케이션을 모듈화하면 디자인, 컴파일, 패키징, 배포 등에 영향을 준다. 단순히 개발 언어에 새로 추가된 기능(feature)이라고 정의하기에는 그 이상의 의미를 가지고 있다.

Java 9에 도입된 모듈화의 개념을 애플리케이션 개발에 바로 적용해보고 싶을 수 있다. 하지만, 모듈 시스템을 최대한 활용하려면 먼저 한 걸음 물러나서 모듈화가 무엇인지 먼저 고민해야 한다. 그리고 더 중요한 것은 왜 우리가 모듈화를 고려해야 하는지에 대한 이유를 알아야 한다.

모듈화는 무엇인가?

앞에서 모듈화의 목표가 "복잡도 관리 및 감소"라고 이야기를 했지만 모듈화가 어떤 것인지에 대해서는 언급하지 않았다. 기본적으로 모듈화는 시스템을 상호 연결된 모듈로 분해하는 것을 의미한다. 모듈은 모듈 자체에 대한 설명, 다른 모듈과의 관계성을 설명하는 메타데이터 그리고 모듈 코드로 구성된 식별 가능한 아티팩트(artifacts)이다. 이론상으로는 이러한 아티팩트(artifact)는 컴파일 시점부터 런타임까지 인식될 수 있으며, 애플리케이션은 함께 연동되는 모듈들로 구성된다.

그래서 모듈은 관련 있는 코드들을 그룹핑해야 한다(물론 단순 그룹핑만 하는 것이 아니라 더 많은 일들이 일어난다). 모듈을 만들 때는 다음 세 가지 핵심 사항을 지켜야 한다.

강력한 캡슐화

모듈은 다른 모듈로부터 내부 코드를 숨길 수 있어야 한다. 이렇게 하면 공개적으로 오픈할 코드와 내부 구현 코드를 명확히 구분할 수 있다. 또한, 코드의 캡슐화를 통하여 모듈 간에 우발적으로 발생하는 또는 원하지 않는 커플링을 방지할 수 있다. 이를 통해 캡슐화된 코드는 해당 모듈을 사용하는 다른 코드에 영향을 주지 않고 자유롭게 수정이 가능하다.

잘 정의된 인터페이스

캡슐화는 좋은 개념이지만 많은 모듈들이 엮여서 동작을 해야 하는 경우, 모든 코드를 캡슐화할 수는 없다. 캡슐화되지 않은 코드는 모듈의 public API로 정의한다. 그리고 다른 모듈이 public API를 사용할 수 있으므로 주의 깊게 관리해야 한다. 캡슐화되지 않은 코드를 변경하게 되면 다른 모듈이 영향을 받을 수도 있기 때문에 모듈은 잘 정의되고 안정된 인터페이스를 다른 모듈에 공개해야 한다.

명시적 의존성

모듈에서 특정 기능 구현을 위해 다른 모듈을 사용하는 경우가 있다. 이러한 의존성은 모듈을 정의하는 시점에 명시되어야 하며, 이러한 명시적 의존성을 이용하여 모듈 그래프를(노드는 모듈을 나타내고 연결선은 모듈 간의 의존성을 나타내는 형태의 그래프) 만들 수 있다. 모듈 그래프는 애플리케이션의 구조와 이를 구성하는 모듈을 이해하는데 도움을 준다. 따라서, 모듈 그래프를 통해 모듈을 안정적으로 구성하기 위한 정보를 얻을 수 있다.

모듈을 사용하게 되면 코드의 유연성, 이해도 및 재사용성을 얻을 수 있다. 모듈은 다양한 환경을 위한 유연성 있는 구성이 가능하며, 명시적 의존성을 이용하여 이러한 구성이 잘 동작한다는 것을 확인할 수 있다. 캡슐화된 모듈을 사용하면 내부 구현을 알 필요가 없기 때문에 해당 모듈과의 의도하지 않은 의존성이 발생하는 것을 방지할 수 있다. 모듈을 사용하기 위해서는 public API 만 있으면 충분하다. 또한 잘 정의된 인터페이스만을 노출하고 세부적인 구현을 캡슐화한 모듈의 경우에는 동일한 형태의 API를 제공하는 다른 모듈로 쉽게 대체할 수 있다.

모듈화된 애플리케이션은 많은 장점을 가지고 있다. 경험 많은 개발자는 대규모 애플리케이션이 모듈화 되어 있지 않을 때에 어떤 일이 벌어지는지 잘 알고 있다. 스파게티 아키텍처, (분리되지 않은) 하나의 대형 코드, "big ball of mud[1]"와 같은 용어를 듣기만 해도 머리가 아파올 것이다. 그러나 모듈화는 만능 열쇠가 아니다. 모듈화는 제대로 적용하는 경우 이런 문제들을 높은 확률로 방지할 수 있는 아키텍처 원칙일 뿐이다.

그래서 이번 장에서는 모듈화 개념에 대하여 추상적으로 접근해 보겠다. 모듈화에 대해서 알게 되면, 컴포넌트 기반 개발(CDB 방법론 – 지난 세기 동안 엄청나게 유행한 개념이다), 서비스 지향 아키텍처(SOA) 또는 현재의 마이크로 서비스가 떠오를 것이다. 사실, 이러한 패러다임들은 다양한 레벨의 추상화를 통하여 유사한 문제를 해결하려고 시도한 결과들이다.

....

1 역자주 : big ball of mud – Brian Foote와 Joseph Yoder가 1997년에 발표한 "big ball of mud"라는 이름의 논문에서 사용된 용어로 우연히 구조화되고 엉성하게 엮여있는 스파게티 코드 정글을 의미한다.

Java로 모듈을 구현하려면 무엇을 해야 할까? 먼저, 기존 Java에서는 어떠한 방식으로 모듈화의 핵심 원칙을 제공하였고 어떤 부분이 부족했는지 확인해보자.

Java 9 이전 버전 살펴보기

Java는 소규모 애플리케이션부터 대규모 애플리케이션까지 다양한 개발에서 사용된다. 대규모 애플리케이션을 구축할 때 Java 9 이전 버전도 많은 도움이 되고 있었다. Java 9 이전 버전을 기준으로 모듈화의 세 가지 핵심 원칙을 다시 한번 살펴 보겠다.

패키지와 접근 제한자(public, protected, private)의 조합을 이용하면 다양한 형태의 캡슐화를 구현할 수 있다. 예를 들어, 클래스를 protected로 정의하면 동일한 패키지에 있는 클래스만 접근할 수 있다. 그렇다면 다음과 같은 경우는 어떻게 해결할 수 있는지 생각해보자.

⇒ 동일 컴포넌트의 다른 패키지에서 해당 클래스에 접근하는 경우는 허용을 하고, 외부 컴포넌트에서의 접근은 막고 싶다면 어떻게 해야 할까?

이런 경우를 해결하기 위한 적절한 방법은 없다. 물론 클래스를 public으로 선언할 수도 있다. 하지만 public 선언은 시스템 전체에서 자유롭게 접근할 수 있기 때문에 캡슐화와 거리가 있다. 물론 이러한 클래스를 .impl 또는 .internal 패키지에 위치시켜서 어떠한 의도로 구현된 클래스인지 표현할 수 있다(internal 패키지의 경우 내부에서 사용하려는 구현 패키지라고 정의를 하여 사용하는 경우가 있다). 그러나 실제로, 누가 그것을 자세히 확인하고 고민할까? 보통은 아무 고민없이 해당 클래스에 접근하여 사용한다. 그렇기 때문에 Java 9이전 버전에서는 구현 패키지를 숨길 수 있는 방법이 없었다.

Java는 초창기부터 모듈화의 개념을 적용하기 위하여 잘 정의된 인터페이스를 사용했다. public 인터페이스를 공개하고, 실제 구현 클래스를 팩토리 뒤에 숨기거나 의존성 주입을 통해 숨기는 것은 이미 검증된 방법이다. 이 책을 읽고 나면 인터페이스가 모듈 시스템에서 핵심적인 역할을 한다는 것을 알 수 있을 것이다.

명시적 의존성을 찾을 수 없는 경우 문제가 발생하는 원인이 된다. 물론, Java에는 명시적인 import 구문이 있다. 하지만 불행히도 이러한 import는 컴파일 시점에 적용된다. 코드를 JAR 파일로 패키징을 하면, 실제 코드가 실행되기 위하여 어떤 JAR 파일이 필요한지를 알 수 없는 매우 심각한 문제가 발생한다. 이 같은 문제를 해결하기 위해 Java와 함께 많은 도구들이 발전해 왔다.

다음을 참조하여 어떠한 도구가 있는지 확인해보자.

의존성 관리를 위한 도구 : Maven 및 OSGi

Maven

Maven은 JAR 간의 의존성을 POM(Project Object Model) 파일에 정의함으로써 컴파일 시점에 발생하는 의존성 관리 문제를 해결하고 있다. Maven이 성공할 수 있었던 요인은 빌드 도구 그 자체가 아니라 Maven Central이라는 공식 저장소를 제공한다는 사실이다. 모든 Java 라이브러리는 POM과 함께 Maven Central에 게시된다. Gradle 또는 Ant와 같은 다양한 빌드 도구들은 동일한 저장소 및 메타데이터를 사용하여, 컴파일 시점에 발생하는 의존성 문제를 자동적으로 해결해 준다.

OSGi

Maven이 컴파일 시점에 적용하는 도구라면 OSGi는 런타임에 적용할 수 있는 도구이다. OSGi를 사용하기 위해서는 import된 패키지를 JAR에 메타데이터로 나열해야 한다(이를 번들이라고 한다). 또한 외부에 노출해야 하는 패키지(다른 번들에서 볼 수 있는 패키지)를 명시적으로 정의해야 한다. 애플리케이션이 실행되는 시점에 import된 모든 번들을 외부에 노출해야 하는 번들과 연결할 수 있는지 여부를 모든 번들을 대상으로 검사하게 된다. 사용자 정의 클래스 로더의 설정을 어떻게 하느냐에 따라 런타임 시 메타데이터가 허용하는 것 외에는 로드되지 않도록 할 수 있다. Maven과 마찬가지로 JAR에서 정확한 OSGi 메타데이터를 제공 받을 수 있어야하는데 Maven이 확실하게 자리잡은 곳에서는 OSGi에 대한 지원이 부족한 편이다.

Maven과 OSGi는 JVM과 Java 언어를 기반에서 동작하지만 JVM이나 Java 언어 자체를 제어하지는 않는다. Java 9은 JVM과 Java 언어를 기반으로 위와 같은 문제를 해결한다. 모듈 시스템은 이러한 도구들을 완벽하게 대체하기 위한 것은 아니다. Maven과 OSGi(또는, 유사한 도구들)는 여전히 각자의 위치를 차지하고 있으며, 이제는 완전히 모듈화된 Java 플랫폼을 기반으로도 구축할 수 있다.

Java는 대규모 애플리케이션 개발 시 모듈화 적용을 위한 구조를 제공하고 있지만 여전히 개선해야 할 부분이 있다.

JAR가 모듈로 사용될 수 있는가?

JAR 파일은 Java 9 이전 버전에서 모듈의 개념을 가장 유사하게 제공할 수 있는 형태라고 할 수 있다. JAR 파일은 이름 그리고 연관된 코드의 집합으로 구성되어 있으며 잘 정의된 public 인터페이스를 제공할 수 있다. JAR의 개념을 모듈로 매칭하여 알아보기 위하여 그림 1-1을 통해 JVM 위에서 실행되는 전형적인 Java 애플리케이션의 예제를 살펴보겠다.

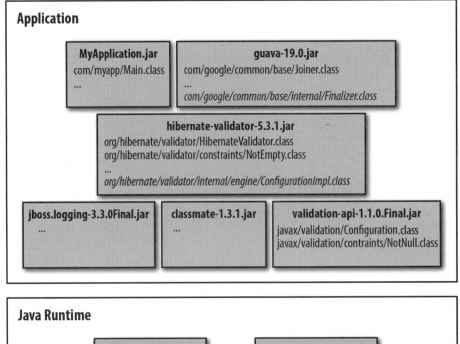

그림 1-1. MyApplication은 JAR 파일로 패키징되어 있으며, 다른 라이브러리들을 사용하는 전형적인 Java 애플리케이션이다.

사용자 정의 애플리케이션 코드가 포함된 MyApplication.jar라는 이름의 JAR 파일이 있다고 하자. 애플리케이션에서는 Google Guava, Hibernate Validator 두 개의 라이브러리를 사용하고 있다. 그리고 추가적으로 3개의 JAR 파일도 필요하다. 이 JAR 파일들은 Hibernate Validator에 의한 전이 의존성을 가지고 있으며 Maven과 같은 빌드 도구를 통해 해석될 수 있다[2]. MyApplication은 Java 9 이전 버전의 런타임에서 실행된다(Java 9 이전의 런타임은 Java 플랫폼 클래스를 번들로 제공하는 다양한 JAR를 통해 외부에 노출된다). Java 9 이전 버전의 런타임은 Java Runtime Environment(JRE) 또는 Java Development Kit(JDK)일 수 있지만 두 경우 모두 Java 표준 라이브러리의 클래스를 제공하는 rt.jar(런타임 라이브러리)를 포함한다.

....

2 역자주 : a → b, b → c의 의존성을 가지고 있을 때, a → c를 전이 의존성을 가지고 있다고 한다

그림 1-1에서 JAR 파일에 표시된 클래스 중 일부는 이탤릭체로 표시되어 있다. 이런 클래스는 라이브러리의 내부 클래스라고 가정한다. 예를 들어 com.google.common.base.internal. Finalizer는 Guava 자체에서 사용되지만 공식 API는 아니다. 다른 Guava 패키지에서 Finalizer를 사용하므로 public 클래스이다. 불행히도 이 뜻은 com.myapp.Main이 Finalizer와 같은 클래스를 아무런 제약 없이 접근할 수 있다는 것을 의미한다. 즉, 이와 같은 상황에서의 JAR 파일은 강력한 캡슐화가 불가능하다.

이러한 이슈는 Java 플랫폼 자체의 내부 클래스에도 동일하게 적용된다. sun.misc와 같은 패키지는 더 이상 지원되지 않는 API로 사용하면 안된다는 엄격한 경고 메시지가 있지만 애플리케이션에서 항상 접근하여 사용할 수 있다. 이러한 경고에도 불구하고 sun.misc.BASE64Encoder와 같은 유틸리티 클래스는 여전히 애플리케이션 코드에서 사용된다. 기술적으로, 이러한 코드들은 내부 구현 클래스가 수정되는 Java Runtime의 업데이트가 발생할 경우 정상 동작을 하지 않을 수도 있다. Java는 하위 호환성을 매우 중요하게 생각하기 때문에 이러한 클래스를 semipublic API로 간주하고 있다. 이런 상황은 해당 클래스의 캡슐화가 제대로 적용되지 않았기 때문에 발생하는 상황이다

앞의 내용으로 알 수 있듯이 JAR에는 의존성에 대한 정보가 없다. MyApplication은 다음과 같이 실행을 해야 한다.

```
java -classpath lib/guava-19.0.jar:\
                lib/hibernate-validator-5.3.1.jar:\
                lib/jboss-logging-3.3.0Final.jar:\
                lib/classmate-1.3.1.jar:\
                lib/validation-api-1.1.0.Final.jar \
        -jar MyApplication.jar
```

위와 같이 올바른 클래스 패스를 사용자가 직접 지정해야 한다. 이는 정확한 의존성 정보를 알 수 없으면 상당히 어려운 작업이다.

클래스 패스 지옥

클래스 패스는 Java 런타임 시 클래스를 찾기 위해 사용된다. 위의 예제에서 Main을 실행하면, 해당 클래스에서 직접적으로 또는 간접적으로 참조하는 모든 클래스가 로딩되며, 로딩된 클래스 리스트를 보면 클래스 패스를 확인할 수 있다. 그 이면에는 더 많은 일들이 발생하지만 이 정도만 알고 있어도 클래스 패스와 관련된 이슈를 이해하기에 충분하다.

MyApplication 실행을 위해 로딩되는 클래스 리스트는 다음과 같다.

```
java.lang.Object
java.lang.String
...
sun.misc.BASE64Encoder
sun.misc.Unsafe
...
javax.crypto.Cypher
javax.crypto.SecretKey
...
com.myapp.Main
...
com.google.common.base.Joiner
...
com.google.common.base.internal.Joiner
org.hibernate.validator.HibernateValidator
org.hibernate.validator.constraints.NotEmpty
...
org.hibernate.validator.internal.engine.ConfigurationImpl
...
javax.validation.Configuration
javax.validation.constraints.NotNull
```

여기에는 JAR 또는 논리적 그룹화에 대한 개념이 들어가 있지 않다. 모든 클래스는 −classpath 옵션에 의해 정의된 순서대로 나열되며 JVM이 클래스를 로드하려고 할 때 클래스 패스를 순차적으로 체크하여 클래스가 발견되면 검색을 중지하고 클래스를 로딩한다.

클래스 패스에서 클래스를 찾을 수 없으면, 런타임 오류가 발생한다. 클래스들은 지연 로딩 방식[3]을 따르기 때문에 운이 없는 경우는 애플리케이션의 버튼을 처음 클릭할 때 로딩될 수도 있다. 그렇기 때문에, JVM의 경우 애플리케이션이 시작되는 시점에 관련된 클래스 패스들의 완전성을 확인할 수 없다. 즉 클래스 패스가 제대로 구성되었는지 또는 다른 JAR 파일을 추가해야 하는지 여부를 미리 알 수 없다. 이런 불확실은 좋지 않다.

---

3 역자주 : Lazy Loading – application 실행 시점에 연관된 모든 클래스를 로딩하는 것이 아니라 필요한 시점에 로딩을 하는 방식을 의미

클래스 패스에 중복 클래스가 있는 경우 쉽게 발견하기 어려운 문제가 발생할 수 있다. 클래스 패스를 직접 설정하지 않고 Maven을 이용하여 클래스 패스에 적용할 JAR를 구성하는 경우를 생각해 보자. Maven을 사용하다 보면 사용자의 의도와 무관하게 동일한 라이브러리의 두 가지 버전 (예 : Guava 19 및 Guava 18)이 클래스 패스에 동시에 설정되는 경우가 종종 발생한다. 이런 경우 처음 설정된 버전이 로딩되는데 로딩되지 않은 버전에 의존성이 있는 클래스가 실행되는 경우 런타임 오류가 발생하게 된다(호환되지 않는 버전을 사용하는 경우에 발생). 일반적으로 클래스 패스에 동일한 이름을 가진 두 개의 클래스가 포함되어 있으면 전혀 관련이 없더라도 하나의 클래스만 로딩된다.

클래스 패스 지옥(JAR 지옥이라고도 함)이라는 용어가 Java 세계에서 왜 그렇게 악명 높은지 이제 이해했을 것이다. 개발자들은 수많은 시행 착오를 통해 클래스 패스 설정 방법을 배우게 된다. 클래스 패스 설정은 많은 사람들에게 좌절감을 주기도 하고, 다양한 문제 발생의 원인이 되기도 한다. 런타임 시에 JAR 파일들 간의 관계에 대하여 자세히 알지 못한다면, 의존성 그래프가 클래스 패스에 숨어있는 것처럼 느껴지며 "언젠가는 의존성 관계가 보이겠지"라는 생각으로 기다릴 수밖에 없다.

이제부터 Java 9 모듈에 대해서 알아보자.

Java 9 모듈

지금까지 Java 9 이전 버전에서 모듈을 구현하려고 할 때 어떠한 한계가 있는지 살펴보았다. Java 9의 모듈 시스템을 사용하면 훌륭한 구조를 가진 애플리케이션을 구축하는데 있어서 큰 도움이 될 것이다. Java 플랫폼 모듈 시스템은 다음과 같은 두 가지 목표를 가지고 있다.

⇒ JDK 자체를 모듈화해야 한다.
⇒ 애플리케이션에서 사용할 수 있는 모듈 시스템을 만들어야 한다.

이 두 가지 목표는 서로 밀접한 관련이 있다. JDK의 모듈화는 애플리케이션 개발 시 Java 9에서 동일한 모듈 시스템을 이용함으로써 완성된다.

모듈 시스템은 모듈의 기본 개념을 Java 언어 및 런타임에 도입했다. 모듈은 패키지를 외부에 노출할 수도 있고, 강력하게 캡슐화할 수도 있다. 또한 다른 모듈에 대한 의존성을 명시적으로 표현한다. 모듈화의 세 가지 원칙은 Java 모듈 시스템에 모두 적용되어 있다.

그림 1-2에서 Java 9 모듈 시스템을 기반으로 MyApplication 예제를 다시 살펴 보자.

각각의 JAR는 다른 모듈에 대한 명시적인 의존성을 가지는 모듈이 된다. hibernate-validator가 jboss-logging, classmate 및 validation-api를 사용한다는 사실은 모듈 디스크립터에 기술된다. 모듈에는 공개적으로 접근할 수 있는 부분(상단에 기술된 부분)과 캡슐화된 부분(하단에 기술된 부분 – 자물쇠로 표시)이 있다. Finalizer는 캡슐화 영역에 기술되어 있기 때문에 MyApplication은 더 이상 Guava의 Finalizer 클래스를 사용할 수 없다. 다이어그램을 보면 MyApplication은 validation-api의 일부 클래스를 사용하고 있는 것을 표시하고 있다. 또한, MyApplication은 JDK 모듈(java.sql)에 명시적인 의존성이 있는 것을 알 수 있다.

그림 1-2를 보면 그림 1-1에 표시된 클래스 패스보다 애플리케이션에 대해 더 많은 정보를 주고 있다. MyApplication은 모든 Java 애플리케이션과 마찬가지로 rt.jar의 클래스를 사용하고 있으며, 아마도 클래스 패스에 있는 수많은 JAR(아마도 불필요한) 파일과 함께 실행될 것이다.

이런 내용들은 애플리케이션 레이어의 모듈에서 발생하는 일들이다. 그림 1-2에서 볼 수 있듯이 JDK 레이어도 모듈이다. 애플리케이션 레이어의 모듈과 마찬가지로 명시적 의존성을 가지며 일부 패키지를 외부에 노출하며 일부 패키지는 내부에 숨긴다. 모듈화된 JDK에서 가장 필수적인 플랫폼 모듈은 java.base이다.

java.lang 및 java.util과 같은 패키지는 외부에 노출되며 모든 모듈들은 해당 패키지들을 사용한다. 그렇기 때문에 모든 모듈에는 묵시적으로 java.base가 필요하다. 애플리케이션 모듈이 java.base 이외의 플랫폼 모듈의 기능을 필요로 하는 경우에는 MyApplication의 java.sql에 대한 의존성을 명시하는 것처럼 관련된 의존성을 명시해야 한다.

위와 같이 Java 9에서는 코드보다 상위 레벨인 모듈 간의 의존성을 표현하는 방법을 제공하고 있다. 의존성 관련된 모든 정보들을 컴파일 시점과 런타임에 사용할 수 있다면 어떤 장점이 있는지 생각해 보자. 먼저, 사용하지 않는 모듈에 대한 의도치 않은 의존성이 생기는 것을 방지할 수 있다. 도구 체인은 모듈의 의존성을 검사하여 모듈을 실행하는데 필요한 추가 모듈이 무엇인지를 알 수 있으며, 이러한 정보를 사용하여 최적화를 할 수 있다.

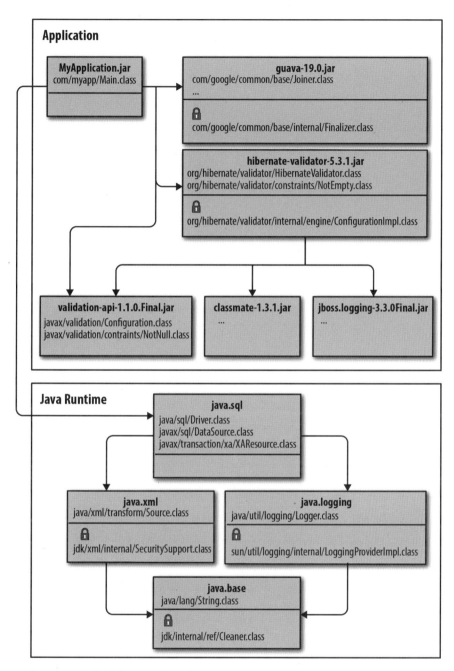

그림 1-2. Java 9을 기반으로 하여 모듈형 애플리케이션으로 구현된 MyApplication

강력한 캡슐화, 잘 정의된 인터페이스 및 명시적 의존성은 이제 Java 플랫폼의 일부이다. 즉, Java 플랫폼 모듈 시스템의 가장 중요한 이점은 다음과 같다.

안정적인 구성

모듈 시스템은 코드를 컴파일하거나 실행하기 전에 주어진 모듈의 조합이 모든 의존성을 만족시키는지 체크를 한다. 이로 인해 런타임 에러를 줄일 수 있다.

강력한 캡슐화

모듈은 다른 모듈에 무엇을 노출할지 명시적으로 선택한다. 이로 인하여 내부 구현 코드에 대하여 의도하지 않은 의존성이 발생하는 것을 방지할 수 있다.

확장성 있는 개발

팀으로 개발을 하는 경우 명시적인 바운더리를 설정하면 많은 개발자들이 동시에 작업을 하면서 유지 보수 가능한 코드를 생성할 수 있다. 모듈 시스템에서는 명시적으로 노출된 public 타입만 공유하기 때문에 자동으로 바운더리가 설정되는 것과 같은 효과를 얻을 수 있다.

보안

강력한 캡슐화는 JVM의 가장 하위 레이어에서 이루어지고 있다. 민감한 내부 클래스에 대한 리플렉션 접근이 불가능하기 때문에 Java 런타임에서 발생할 수 있는 공격 영역을 제한한다.

최적화

모듈 시스템은 플랫폼 모듈을 포함하여 어떤 모듈이 함께 동작하는지 알기 때문에 JVM이 시작되는 동안 다른 코드를 고려할 필요가 없다. 또한 배포용 모듈을 최소한으로 구성할 수 있는 가능성을 열어준다. 이러한 모듈의 특징 등으로 인해 전체 프로그램의 최적화가 가능하다. 모듈을 적용하기 전에는 명시적인 의존성 정보도 없었고 클래스가 클래스 패스의 다른 클래스를 참조할 수 있었기 때문에 최적화가 더 어려웠다.

다음 장에서는 JDK 자체의 모듈을 사용하여 모듈을 정의하는 방법과 상호 작용을 제어하는 개념에 대하여 알아보겠다. JDK에는 그림 1-2에 표시된 것보다 더 많은 플랫폼 모듈이 있다.

2장에서 모듈형 JDK를 공부하는 것은 모듈 시스템 개념을 이해하는 동시에 JDK의 모듈에 익숙해지는 좋은 방법이다. 무엇보다도 2장에서 언급할 모듈은 Java 9 애플리케이션을 개발할 때 가장 먼저 사용하게 될 모듈이다. 2장을 통해 개념을 이해하고 3장에서 자신만의 모듈을 만들어 보자.

chapter **2**

모듈과 모듈형 JDK

Java가 세상에 나온 지 20년이 넘었지만 여전히 인기있는 개발 언어이며 꾸준히 성장해 오고 있다. 플랫폼의 장기적인 성장 여부는 표준 라이브러리들을 보면 정확히 알 수가 있다. Java 모듈 시스템 이전에는 JDK의 런타임 라이브러리가 60MB가 넘는 rt.jar(그림 1-1 참조)로 구성되어 있었고, 여기에는 대부분의 런타임 클래스들이 들어가 있었다. 어떻게 보면 Java 플랫폼의 가장 중요하고 기본이 되는 라이브러리이다. 지난 20년 동안 많은 API들이 추가만 되고 삭제된 적이 없었던 JDK를 유연한 플랫폼으로 거듭나게 하기 위해서 JDK 개발팀은 모듈화 시스템을 도입했다.

한때 미래의 기업용 컴퓨팅으로 생각했던 CORBA는 이젠 잊혀진 기술이 되었다. 하지만 CORBA를 지원하는 Class들은 여전히 JDK의 rt.jar 파일에 포함되어 있다. Java의 모든 배포 버전은 하위 호환성을 보장해야 하기 때문에 사용 여부와 상관없이 CORBA 클래스를 항상 포함하고 있다. 이렇게 사용하지 않는 클래스가 JDK에 포함되어 있기 때문에 불필요한 디스크 공간, 메모리, CPU Time을 낭비하고 있다. 리소스 제약이 있거나 작은 컨테이너를 생성하는 클라우드의 경우에는 리소스가 금방 부족해진다. 그뿐만 아니라 개발 중에 IDE의 자동완성 기능 및 관련 설명을 나타낼 때 쓸모 없는 클래스를 인지해야 하는 오버헤드도 발생한다.

하지만 기존 JDK에서는 하위 호환성 원칙을 지키기 위하여 불필요한 클래스를 쉽게 제거할 수 없었다. 사용하지 않는 API들이라고 제거해버리면 이전 버전과 호환되지 않을 수 있기 때문이다. 비록 사용자들중 일부에게만 영향을 미치겠지만 여전히 많은 사람들은 CORBA와 같은 기술들을 사용하고 있다. 이제는 모듈형 JDK를 통해 사용하지 않는 CORBA를 무시할지 혹은 사용할지 사용자가 선택할 수 있다.

CORBA 또는 JDK에서 사용되지 않는 기술을 제거할 수도 있다. 하지만, 실제로 JDK에서 특정 기술을 제거하려면 여러 번의 릴리즈를 통해 검증도 받아야 하며, 어떤 기술을 제거해야 하는지 JDK 팀에서 결정을 해야 하는데 이 작업이 매우 어려운 부분이다.

 CORBA의 경우, 그 모듈이 더 이상 사용되지 않는다는 의미로 "Deprecated"로 표시되어 있고, 이는 다음 major Java 릴리즈에서 제거될 가능성이 있다.

그러나 모놀리틱 JDK를 분리하는 것은 단순히 쓸모 없는 기술을 제거하는 것만을 의미하지 않는다. 수많은 기술들은 어떤 애플리케이션에서는 유용하게 사용되지만 또 어떤 애플리케이션에서는 사용되지 않을 수 있다. JavaFX는 Java에서 AWT와 Swing 이후 가장 최신의 사용자 인터페이스 기술이다. 이 기술이 확실히 제거되어야 하는 것은 아니지만, 모든 애플리케이션에서 필요로 하는 것도 아니다. 예를 들어 웹 애플리케이션은 Java에 있는 GUI 툴킷을 사용하지 않는다. 하지만 GUI 툴킷을 제외하고 배포 및 실행할 수 있는 방법이 없다.

편의성과 리소스 낭비 뿐만 아니라, 보안성도 고려해야한다. Java는 과거에 많은 보안 취약점이 노출되었다. 이러한 공격의 대부분은 공통적인 특징이 있었다. 공격자가 JDK 안에 있는 불안전한 클래스를 통해 JVM의 보안 샌드박스를 우회하여 접근하였다는 것이다. 그래서 위험한 내부 클래스를 강력하게 캡슐화하는 것은 보안 향상에 큰 도움이 된다. 또한 런타임에 사용 가능한 클래스의 수를 줄이는 것도 보안 향상을 위한 또 다른 방법이다. 애플리케이션이 런타임에 사용하지 않는 많은 클래스들을 포함하고 있으면, 나중에 악용될 여지가 있다. 모듈형 JDK을 사용하면 애플리케이션은 필요한 모듈만 가질 수 있다.

지금까지 JDK에 모듈 도입이 필요한 이유를 알아봤다.

모듈형 JDK

모듈형 JDK로 나아가기 위한 첫 번째 단계는 Java 8에서 콤팩트 Profiles을 도입한 것이다. Profile은 애플리케이션에서 사용 가능한 표준 라이브러리의 패키지의 서브세트를 정의한다. 쉽게 이해할 수 있도록 compact1, compact2, compact3라고 총 3 종류의 Profile을 정의하고 있다. 각 Profile은 이전 Profile에 패키지를 추가하여 구성된다. Java의 컴파일러와 런타임은 미리 정의된 Profile의 정보들로 업데이트된다. JAVA SE Embedded 8(Linux만 지원)은 콤팩트

Profiles[4]을 지원하여 더 낮은 자원을 사용하는(Low-Footprint) 런타임을 제공한다.

개발하고 있는 애플리케이션이 표 2-1에 설명된 Profile들 중에 적합한 Profile이 있다면 작은 런타임을 적용할 수 있지만 미리 정의된 Profile 이외의 다른 클래스가 필요하다면 적용할 수 없다. 이런 점에서 콤팩트 Profiles은 유연성이 많이 부족하다. 그리고 강력한 캡슐화도 처리하지 못한다. 모듈형 JDK로 가는 중간 단계의 솔루션으로써 콤팩트 Profiles의 목적은 달성했지만, 궁극적으로 더 유연한 접근이 필요하다.

Profile	설명
compact1	Java Core, Logging 그리고 Scripting API들만 가진 가장 작은 Profile
compact2	compact1에 XML, JDBC, RMI API들을 추가한 Profile
compact3	compact2에 보안과 관리 API들을 추가한 Profile

표 2-1. Java 8에서 정의하고 있는 Profiles

우리는 이미 그림 1-2에서 JDK 9가 어떻게 나누어 졌는지 보았다. JDK는 하나의 라이브러리가 아닌 90개의 플랫폼 모듈로 구성되어 있다. 애플리케이션 모듈과 달리 플랫폼 모듈은 JDK의 일부이며, 우리가 직접 모듈을 만들 수도 있다. 기술적으로 애플리케이션 모듈과 플랫폼 모듈간의 구분은 없다. 모든 플랫폼 모듈은 logging에서 XML 지원까지 잘 정의된 JDK의 기능으로 구성된다. 모든 모듈은 명시적으로 다른 모듈에 대한 의존성을 정의한다.

이러한 플랫폼 모듈의 서브세트와 그 의존성은 그림 2-1에 나와 있다. 모든 연결선은 모듈간의 단방향 의존성을 나타낸다(실선과 점선의 차이는 나중에 설명하겠다). 예를 들어, java.xml은 java.base에 의존한다. 27페이지에 나와 있는 "Java 9의 모듈"에서와 같이 모든 모듈은 묵시적으로 java.base에 의존성을 가지고 있다. 그림 2-1을 보면 이러한 묵시적 의존성은 java.xml과 같이 java.base가 유일한 의존성인 경우에만 표시된다.

의존성 그래프가 약간 어렵게 보이지만 여기서 많은 정보를 얻을 수 있다. 해당 그래프를 잘 살펴보면 Java의 표준 라이브러리에서 제공하는 기능과 그 기능이 어떻게 연관되어 있는지 알 수 있다. 예를 들어 java.logging은 많은 의존성을 가지고 있다. 이것은 다른 많은 플랫폼 모듈이 사용한다는 것을 의미한다. 이는 로깅과 같은 중앙 집중식 기능에서 자주 보인다. java.xml.bind 모듈(XML 바인딩을 위한 JAXB API를 포함)은 java.desktop에서는 필요하지 않는 많은 의존성을

---

4 역자주 : Compact Profile – Java SE API 중에서 Embedded 기기 등에서 실행할 때 필요하지 않은 기능들을 쉽게 추가하고 뺄 수 있게 하는 것이다. 이를 통해, compact 1, 2, 3이 만들어졌고, 나중에 Java Embedded 의 초석이 됐다. 예) Embedded 장비에서 필요로 하지 않는 JDBC, RMI 같은 기능들 추가하거나 삭제하는 것

가지고 있다. 의존성 그래프를 통해 이런 특성들을 알 수 있는 것은 큰 장점이다. JDK의 모듈화로 인해 명확한 모듈 바운더리와 명시적 의존성을 추론할 수 있게 되었다. 명시적인 모듈 정보를 기반으로 하는 JDK와 같은 대형 코드베이스에 대하여 이해하는 것은 매우 중요하다.

또 주목해야 할 점은 의존성 그래프의 모든 화살표가 아래쪽을 가리킨다는 점이다. 이 그래프에는 사이클이 없는데 이는 우연이 아니다. Java 모듈 시스템은 컴파일 시점에 모듈간의 순환 의존성을 허용하지 않는다.

 순환 의존성은 일반적으로 나쁜 설계를 의미한다. 115 페이지의 "순환 의존성 제거하기"에서 코드의 순환 의존성을 식별하고 해석(Resolution)하는 방법에 대해 설명한다.

그림 2-1의 모든 모듈은 jdk.httpserver와 jdk.unsupported을 제외하고 Java SE 사양의 일부이다. 이들은 java.*로 시작하는 모듈 이름을 가지고 있다. 모든 인증된 Java 구현에는 이러한 모듈이 포함되어야 한다. jdk.httpserver와 같은 모듈에는 도구 및 API의 구현이 포함된다. 이러한 구현 사항이 Java SE 사양에 필수적으로 요구되는 것은 아니지만 완벽하게 동작하는 Java 플랫폼에는 필수적인 모듈이다. JDK에는 더 많은 모듈이 있으며 대부분 jdk.* 네임스페이스 안에 있다.

 "java --list-modules"을 실행하면
전체 플랫폼 모듈 리스트를 얻을 수 있다.

그림 2-1의 상단에 중요한 모듈인 java.se와 java.se.ee가 있다. 이 두 모듈은 보통 집합(aggregator) 모듈이라 하며, 다른 여러 모듈을 논리적으로 그룹화하는 역할을 한다. 이 장의 뒷부분에서 집합(aggregator) 모듈이 동작하는 방식을 살펴 보겠다.

JDK를 모듈로 분해하는 것은 엄청난 양의 작업이었다. 수십만 개의 클래스들이 서로 얽히면서 성장해 온 코드를 하위 호환성을 유지하면서 명확한 바운더리를 가진 모듈로 분해하는 것은 엄청난 시간이 걸린다. Java에 모듈 시스템을 적용하는데 오랜 시간이 걸린 이유에는 이러한 어려움이 한 몫을 했다. 20년이 넘도록 쌓여왔던 수많은 모호한 의존 관계들이 명확하게 정의되었으며, 이러한 노력은 앞으로 JDK의 개발 속도와 유연성을 향상시킬 것이다.

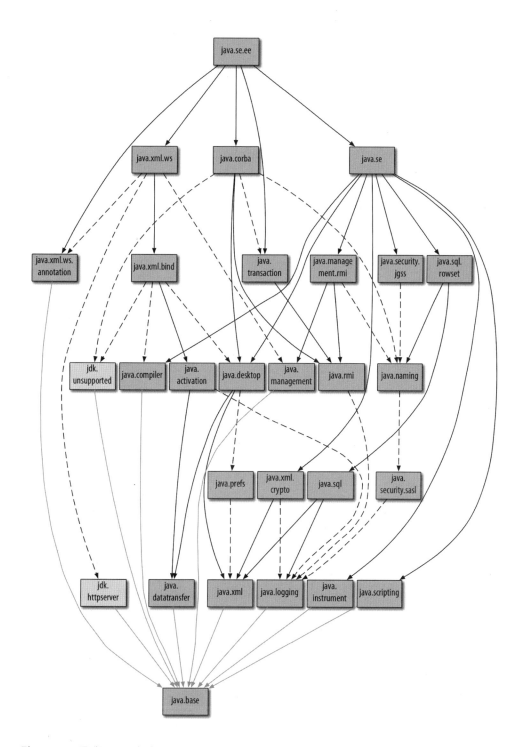

그림 2-1. JDK 플랫폼 모듈의 서브세트

모듈 디스크립터(Module Descriptor)

지금까지 JDK 모듈 구조에 대하여 알아보았다. 이제 모듈이 어떻게 작동하는지 살펴 보겠다. 모듈이란 무엇이며 어떻게 정의할까? 모듈은 이름을 가지며 연관된 코드와 기타 리소스를 그룹화하고 모듈 디스크립터에 의해 설명된다. 모듈 디스크립터는 module-info.java 파일로 표현된다. 예제 2-1은 java.prefs 플랫폼 모듈의 모듈 디스크립터이다.

예제 2-1. module-info.java

```
module java.prefs {
    requires java.xml;        ❶
    exports java.util.prefs;  ❷
}
```

❶ requires 키워드는 의존성을 나타내며 이 경우 모듈 java.xml에 의존성이 있다는 것을 의미한다.

❷ exports 키워드는 java.prefs 모듈의 단일 패키지가 다른 모듈에 노출된다는 것을 의미한다.

모듈은 전역 네임 스페이스에 있기 때문에 모듈 이름은 고유해야 한다. 패키지 이름과 마찬가지로 역방향 DNS 표기법(예 : com.mycompany.project.somemule)과 같은 규칙을 사용하여 자신의 모듈에 대한 고유성을 보장할 수 있다. 모듈 디스크립터는 항상 module 키워드로 시작하고 그 뒤에 모듈 이름이 온다. 그런 다음, module-info.java의 본문에는 모듈의 특성을 기술한다.

java.prefs의 코드는 java.xml의 코드를 사용하여 XML 파일에서 기본 설정을 읽어온다. 이 의존성은 모듈 디스크립터에 표시되어야 한다. 만약 의존성 선언이 없으면 java.prefs 모듈은 모듈 시스템에 의해 컴파일(또는 실행)되지 않는다. 의존성은 require 키워드와 모듈 이름(이 경우 java. xml)으로 선언한다. java.base에 대한 묵시적인 의존성도 모듈 디스크립터에 추가되어야 한다. 하지만 문자열을 사용하는 클래스에서 "import java.lang.String"을 추가하지 않고 사용하는 것처럼 java.base에 대한 묵시적 의존성은 명시적인 구문으로 추가하지 않아도 된다.

모듈 디스크립터에는 exports 구문도 포함될 수 있다. 강력한 캡슐화가 모듈의 기본값이기 때문에 java.util.prefs와 같이 패키지를 명시적으로 exports한 경우에만 다른 모듈에서 접근할 수 있다. 기본적으로 exports하지 않는 모듈 패키지에는 다른 모듈에서 접근할 수 없다. 다른 모듈이 해당 모듈에 의존성을 가지고 있더라도 캡슐화된 패키지 타입을 참조할 수 없다. 그림 2-1을 보면 java.desktop이 java.prefs에 의존성을 가지고 있는 걸 알 수 있다. 즉, java.desktop은 java. prefs 모듈의 java.util.prefs 패키지에 있는 타입만 접근할 수 있다.

가독성(Readability)

모듈들 사이의 의존성을 추론할 때 중요한 개념은 가독성이다. 특정 모듈을 읽어온다는 것은(가독성이 있다는 것은) 해당 모듈에서 exports한 패키지 타입에 접근할 수 있다는 것을 의미한다. 모듈 디스크립터의 requires 구문을 통해 모듈간의 가독성 관계를 설정할 수 있다. 즉, 모듈은 requires로 설정된 다른 모듈을 읽어온다.

java.prefs 모듈을 다시 보면서 가독성의 효과를 알아보자. 예제 2-2의 JDK 모듈에서는 Java. xml 모듈의 클래스를 가져와서 사용한다.

예제 2-2. java.util.prefs.XmlSupport 클래스

```
import org.w3c.dom.Document;
// ...
class XmlSupport {
  static void importPreferences(InputStream is)
      throws IOException, InvalidPreferencesFormatException
  {
      try {
         Document doc = loadPrefsDoc(is);
          // ...
        }
   }
  // ...
}
```

위의 코드를 보면, org.w3c.dom.Document가 import되었다. 이것은 java.xml 모듈에서 제공되는 클래스이다. 예제 2-1에서 보았듯이 java.prefs 모듈 디스크립터에 requires java.xml 구문이 있기 때문에 해당 코드는 문제없이 컴파일된다. java.prefs 모듈 디스크립터에 requires 구문이 없다면, Java 컴파일러는 에러를 발생시킨다. java.prefs 모듈에서 java.xml의 코드를 사용한다는 것을 모듈 디스크립터에 명시적으로 추가해야 한다.

접근성

가독성 관계는 모듈이 다른 모듈을 읽을 수 있는지에 대한 것이다. 그러나 모듈을 읽는 경우 익스포트된 패키지의 모든 부분에 접근할 수 있는 것은 아니다. 일반적인 Java 접근성 규칙은 가독성이 검증된 후에도 계속 적용된다.

Java는 처음부터 언어에 내장된 접근성 규칙을 가지고 있다. 표 2-2는 기존 접근 제한자와 그 범위를 나타낸다.

접근 제한자	클래스	패키지	하위 클래스	제한없음
public	✓	✓	✓	✓
protected	✓	✓	✓	
– (default)	✓	✓		
private	✓			

표 2-2. 접근 제한자 및 접근 범위

접근성은 컴파일 시점과 런타임에 적용된다. 접근성과 가독성을 결합하면 모듈 시스템에서 우리가 원하는 강력한 캡슐화를 보장받을 수 있다.

아래의 두 가지 질문을 통해 모듈 M1에서 모듈 M2의 어떤 타입에 접근 가능한지 판단할 수 있다.

1. M1이 M2를 읽을 수 있는가?
2. 읽을 수 있다면 M2에서 익스포트된 패키지에는 접근 가능한 타입이 있는가?

익스포트된 패키지의 public 타입만 다른 모듈에서 접근할 수 있다. 익스포트된 패키지의 public이 아닌 타입은 전통적인 접근성 규칙에 의하여 사용할 수 없으며 public인 경우에도 익스포트하지 않았다면 모듈 시스템의 가독성 규칙에 의해 해당 타입을 사용하지 못한다. 컴파일 시점에 위반하면 컴파일러 에러가 발생하지만 런타임에 위반하면 IllegalAccessError가 발생한다.

Public은 여전히 Public인가?

익스포트하지 않은 패키지의 타입은 다른 모듈에서 사용할 수 없다. 패키지 내부의 타입이 public인 경우에도 마찬가지다. 이는 Java 언어의 접근성 규칙에 대한 기본적인 원칙이 변경된 사항이다.

Java 9 이전에는 모든 것이 아주 간단했다. 만일 public으로 선언된 클래스 또는 인터페이스가 있다면, 그것은 다른 클래스에서 사용할 수 있었다. Java 9의 경우 public은 동일한 모듈에 있는 다른 패키지에서 사용할 수 있다는 의미이며, 오직 public 타입을 가진 패키지가 익스포트된 경우에만 다른 모듈에서 사용할 수 있다. 이것이 강력한 캡슐화에 대한 모든 것이다. 그렇기 때문에 개발자는 외부 사용을 위해 제공되는 타입이 내부 구현 부분과 명확하게 분리되도록 패키지 구조를 잘 설계해야 한다.

모듈 이전에는 구현 클래스에 대한 강력한 캡슐화의 유일한 방법은 모든 클래스를 하나의 패키지로 유지하고 패키지 전용으로 표시하는 것이었다. 이러한 경우 패키지의 크기가 계속적으로 증가할 수 있기 때문에 실제로 이러한 방법은 제한적인 상황에서만 사용되었다. 모듈을 사용하면 원하는 방식으로 패키지를 구성하고, 모듈 consumer가 접근해야 하는 패키지만 익스포트할 수 있다.

접근성 규칙과 관련한 또 다른 이슈는 리플렉션이다. 모듈 시스템 이전에 setAccessible 메소드는 모든 리플렉션된 객체에서 사용할 수 있었다. setAccessible(true)을 호출하면 public/private 구분없이 모든 영역에 접근할 수 있다. 이 방법은 지금도 사용할 수 있지만 이전에 설명한 것과 동일한 규칙을 따른다. 다른 모듈에서 익스포트한 영역 중 오직 public 영역에 대해서만 setAccessible 호출이 이전과 같이 동작한다. 리플렉션도 강력한 캡슐화를 깨뜨릴 수 없다.

모듈 시스템에서는 새로운 접근 규칙들을 적용하고 있다. 기존의 애플리케이션에 이러한 새로운 규칙을 적용하기 위한 방법의 대부분은 마이그레이션 보조 도구로 간주해야 하며 2 파트에서 다시 설명하겠다.

묵시적 가독성

가독성은 기본적으로 전이되지 않는다. 그림 2-2의 java.prefs의 연결선을 보면 알 수 있다.

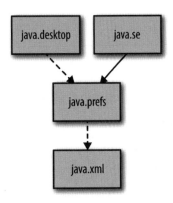

그림 2-2. 가독성은 전이되지 않는다. java.desktop은 java.prefs를 통해 java.xml을 읽을 수 없다.

여기서, java.desktop은 java.pref을 읽는다. 이것은 java.desktop이 java.util.prefs 패키지의 public 타입에 접근할 수 있음을 의미한다. 그러나 java.desktop은 java.prefs에 대한 의존성을 통해 java.xml에 접근할 수 없다. 단지, java.desktop의 모듈 디스크립터에 "requires java.xml" 구문이 있기 때문에 java.desktop이 java.xml의 타입을 사용할 수 있다. 그림 2-1에서는 이 의존성도 확인할 수 있다.

때로는 모듈 M1의 익스포트된 패키지의 타입이 모듈 M2의 타입을 참조하는 경우, 전이 가독성을 원할 수 있다. 하지만, 이 경우 M1과 M2 두 개의 모듈을 읽을 수 있어야 정상적으로 M1, M2 모듈을 사용할 수 있다.

위 내용이 모호하게 들리기 때문에 잘 이해하기 위해서는 그림이 필요하다. 이 내용에 대한 좋은 예가 JDK의 java.sql 모듈에 있는 두 개의 인터페이스(예제 2-3의 Driver 및 예제 2-4의 SQLXML)이며, 해당 인터페이스는 다른 모듈에서 제공하는 타입을 리턴타입으로 사용하는 메소드 시그니처(signature)를 정의하고 있다.

예제 2-3. Driver 인터페이스 – 검색을 위하여 java.logging 모듈의 Logger 클래스를 포함한다.

```
package java.sql;
import java.util.logging.Logger;
public interface Driver {
  public Logger getParentLogger();
  // ..
}
```

```
package java.sql;
import javax.xml.transform.Source;
public interface SQLXML {
  <T extends Source> T getSource(Class<T> sourceClass);
  // ..
}
```

java.sql에 대한 의존성을 모듈 디스크립터에 추가하면 익스포트된 패키지에 java.xml과 java.
logging이 있기 때문에 인터페이스를 구현할 수 있다. 그러나 ParentLogger 또는 getSource
를 호출할 때마다 java.sql에 정의되지 않은 타입의 값이 리턴된다. 첫 번째 경우에는 java.
logging에서 java.util.logging.Logger를 가져오고 두 번째 경우에는 java.xml에서 javax.xml.
transform.Source를 가져온다. 이러한 리턴 값을 사용하기 위해서는(로컬 변수에 할당하거나,
메소드 호출과 같은 작업 등) 다른 모듈을 읽을 필요가 있다.

물론, java.sql을 사용하려는 모듈 디스크립터에 java.logging 또는 java.xml에 대한 의존성을
수동으로 추가할 수 있다. 하지만, 이런 방식은 java.sql과 java.logging/java.xml의 관계에 대
해서 알고 있는 경우에만 가능하다. 때문에, java.sql 모듈 디스크립터에 이러한 전이 가독성 관
계를 기술하여 묵시적 가독성을 표현할 수 있다.

java.sql의 경우 다음과 같이 모듈 디스크립터를 작성할 수 있다.

```
module java.sql {
    requires transitive java.logging;
    requires transitive java.xml;

    exports java.sql;
    exports javax.sql;
    exports javax.transaction.xa;
}
```

requires 키워드에 뒤에 transitive 키워드가 나오면 의미가 약간 변경된다. requires 키워드
만 사용하는 경우에는 requires 모듈의 익스포트된 패키지의 타입만 접근할 수 있다. 하지만
requires transitive는 그 이상의 의미를 가진다. java.sql 모듈을 requires를 통해 사용하면 자동
으로 java.logging과 java.xml도 요구하게 된다. 즉, 이러한 묵시적인 가독성 관계를 통해 java.
logging과 java.xml 모듈의 익스포트된 패키지에 접근할 수 있다. 모듈 작성자는 모듈 사용자를

위해 requires transitive 구문을 사용하여 추가적인 가독성 관계를 설정할 수 있다.

Consumer 측면에서 보면 묵시적 가독성으로 인해 java.sql을 더 쉽게 사용할 수 있게 된다. requires java.sql을 선언하면 java.sql에서 익스포트한 java.sql, javax.sql, javax.transactlon. xa 패키지에 접근할 수 있으며 추가적으로 java.logging, java.xml 모듈에서 익스포트한 모든 패키지에 접근이 가능하다. 이것은 마치 requires transitive를 이용하여 설정한 묵시적 가독성 관계에 의하여, java.sql이 java.logging, java.xml 모듈의 패키지를 다시 익스포트한 것과 같다. 명확하게 얘기하면 다른 모듈의 패키지를 다시 익스포트한 것과 같은 일은 일어나지 않지만, 이러한 방식으로 생각하는 것이 묵시적 가독성의 효과를 이해하는 데 도움이 될 것이다.

java.sql을 사용하는 애플리케이션 모듈 app의 경우, 아래와 같은 모듈 정의로 충분하다.

```
module app {
  requires java.sql;
}
```

이 모듈 디스크립터에서 알 수 있는 묵시적 가독성의 효과는 그림 2-3과 같다.

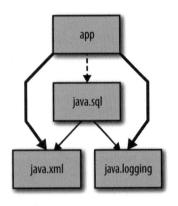

그림 2-3. 묵시적 가독성(굵은 실선으로 표시)의 효과

java.xml과 java.logging에 대한 묵시적 가독성은(그림 2-3의 굵은 실선) java.sql에 있는 requires transitive 구문으로 인해(그림 2-3의 실선) app에게 부여되었다. app은 아무것도 익스포트하지 않고, 오직 캡슐화된 구현에서만 java.sql을 사용하기 때문에 일반적인 requires 구문으로 충분하다(그림 2-3의 점선). 내부 구현에서 다른 모듈을 사용해야 하는 경우는 일반적인 requires 구문으로 충분하지만 익스포트하는 구현에서 다른 모듈을 사용하는 경우는 requires transitive 구문이 필요하다. 모듈에서 묵시적인 가독성이 언제, 어떻게 중요한지에 대해

102 페이지의 "API 모듈"에서 자세히 설명하겠다.

이제 그림 2-1을 다시 살펴 보도록 하겠다. 그래프의 모든 실선들은 requires transitive 의존성을 가지고 있다. 반대로 점선은 일반적인 requires 의존성이다. transitive가 아닌 의존성은 모듈의 내부 구현 시 필요한 의존성을 의미하며, transitive 의존성은 모듈의 API 구현 시 필요한 의존성을 의미한다. transitive 의존성이 더 중요하기 때문에 실선으로 표시하고 있다.

이러한 개념을 가지고 그림 2-1을 살펴보면 묵시적 가독성의 또 다른 활용 사례로, 여러 모듈을 하나의 새로운 모듈로 묶는데 사용할 수 있는 것을 알 수 있다. 예를 들어, java.se는 어떤 코드도 포함하지 않고 모듈 디스크립터로만 구성된 모듈이다. 이 모듈 디스크립터에서 Java SE 사양의 일부인 모듈에 대하여 requires transitive 구문이 작성되어 있다. 모듈에서 java.se가 필요한 경우, 묵시적 가독성으로 인해 java.se가 포함한 모든 모듈의 익스포트된 API에 접근할 수 있다.

```
module java.se {
    requires transitive java.desktop;
    requires transitive java.sql;
    requires transitive java.xml;
    requires transitive java.prefs;
    // .. many more
}
```

묵시적 가독성도 전이(transitive)가 가능하다. java.se.ee라는 플랫폼에 있는 다른 집합(aggregator) 모듈을 살펴보자. 그림 2-1을 보면, java.se.ee가 java.se보다 더 많은 모듈로 구성되어 있다는 것을 알 수 있다. 이를 위해서 "requires transitive java.se" 구문을 사용하고, Java Enterprise Edition(EE) 사양의 일부를 포함하는 여러 모듈을 추가하였다.

java.se.ee 집합(aggregator) 모듈 디스크립터는 다음과 같다.

```
module java.se.ee {
    requires transitive java.se;
    requires transitive java.xml.ws;
    requires transitive java.xml.bind;
    // .. many more
}
```

java.se에 대하여 requires transitive을 선언하면 java.se.ee를 요청하는 경우, java.se를 구성하고 있는 모든 모듈에 대해 묵시적인 가독성을 보장한다. 또한 java.se.ee는 여러 Java Enterprise Edition(EE) 모듈에 대한 묵시적인 가독성을 설정한다.

결국, java.se와 java.se.ee는 전이 의존성을 통하여 엄청난 수의 모듈에 대한 묵시적인 가독성을 제공한다.

 애플리케이션 모듈에서 java.se.ee 또는 java.se를 require하는 것은 적절하지 않다. 이것은 모듈에서 모든 rt.jar에 접근할 수 있게 하는 Java 9 이전 버전의 동작을 복제하는 것이다. 의존성은 최대한 주의 깊게 정의해야 한다. 모듈 디스크립터에는 실제 사용하는 모듈에 대해서만 requires 구문을 사용하도록 많은 주의를 기울여야 한다.

109 페이지의 "집합(aggregator) 모듈"에서는 모듈형 라이브러리 설계에서 집합(aggregator) 모듈 패턴이 어떻게 도움이 되는지 살펴 보겠다.

제한적인 익스포트(Qualified exports)

경우에 따라 특정한 모듈한테만 패키지를 익스포트하기 원할 수 있다. 이는 모듈 디스크립터에서 제한적인 익스포트 구문을 사용하여 수행할 수 있다. 제한적인 익스포트 예제는 java.xml 모듈에서 확인할 수 있다.

```
module java.xml {
  ...
  exports com.sun.xml.internal.stream.writers to java.xml.ws
  ...
}
```

위의 코드는 내부 패키지를(com.sun.xml.internal.stream.writers) 다른 플랫폼 모듈과(java.xml.ws) 공유하는 것을 의미한다. 익스포트되는 패키지는 to 키워드 뒤에 지정된 모듈에서만(쉼표를 구분자로 하여 여러 모듈 이름을 나열할 수 있다) 접근할 수 있다. to 키워드 뒤에 언급되지 않은 모듈에서는 익스포트된 패키지의 타입에 접근할 수 없다.

제한적인 익스포트를 꼭 사용할 필요는 없다. 일반적으로 애플리케이션에서 모듈 간에 제한적인 익스포트는 피해야 한다. 제한적인 익스포트을 사용하면 익스포트된 모듈과 Consumer 사이에 긴밀한 연결 관계가 형성된다. 모듈화 관점에서 보면 이것은 바람직하지 않다. 모듈이 가지는 훌륭한 점 중 하나는 API Consumer와 개발자를 효과적으로 분리한다는 것이기 때문이다. 제한적인 익스포트는 Consumer 모듈의 이름이 Provider 모듈의 디스크립터에 포함되기 때문에 이러한 장점을 손상시킨다.

그러나 JDK를 모듈화하는 경우에는 제한적인 익스포트가 사용될 수 밖에 없다. 제한적인 익스포트는 기존 레거시 플랫폼을 모듈화하는 데 없어서는 안될 필수 요소이다. 많은 플랫폼 모듈은 코드의 일부는 캡슐화하고, 일부 내부 모듈은 제한적인 익스포트를 하며, public API는 일반적인 익스포트 구문을 사용한다. 제한적인 익스포트를 사용하면 코드를 복제하지 않고도 플랫폼 모듈을 보다 세분화할 수 있다.

모듈 해석(resolution)과 모듈 패스

명시적 의존성의 정보가 단순히 의존성 그래프 생성에만 유용하게 사용되는 것은 아니다. Java 컴파일러와 런타임은 모듈을 컴파일하고 실행할 때 올바른 모듈을 선택하기 위해 모듈 디스크립터를 사용한다. 모듈은 클래스 패스가 아니라 모듈 패스에서 찾게 된다. 클래스 패스는 JAR 파일뿐 아니라 다양한 종류의 파일을 포함하고 있지만, 모듈 패스는 모듈만 포함한다. 앞에서 배웠던 것처럼 모듈은 각자가 익스포트하는 패키지에 대한 명시적인 정보를 제공함으로써 모듈 패스를 효율적으로 인덱싱할 수 있다. Java 런타임 및 컴파일러는 지정된 패키지에서 타입을 찾을 때 모듈 패스에서 필요한 모듈을 정확하게 찾을 수 있다. 이전에는 클래스 패스 전체를 검사해야만 필요한 타입을 찾을 수 있었다.

모듈로 패키지된 애플리케이션을 실행하기 위해서는 모든 의존성이 필요하다. 모듈 해석(resolution)은 의존성 그래프를 이용하여 선택한 루트 모듈이 필요로 하는 최소한의 모듈 세트를 찾는 프로세스이다. 루트 모듈에서 연결할 수 있는 모든 모듈은 결국 해석(Resolution)된 모듈 세트가 된다. 수학적으로 말하자면 이것은 의존성 그래프에서 전이 폐쇄(transitive closure)[5]를 계산하는 것이다. 어렵게 들릴 수 있지만 프로세스는 매우 직관적이다.

1. 단일 루트 모듈로 시작하며 루트 모듈을 해석(resolve) 세트에 추가한다.
2. module-info.java에 requires/requires transitive 구문으로 선언된 모듈들을 해석(resolve) 세트에 추가한다.
3. 2 단계에서 해석(resolve) 세트에 추가 된 모듈에 대해 2 단계를 반복한다.

이 프로세스는 새로 추가된 모듈에 대해서만 프로세스를 반복하기 때문에 언젠가는 종료가 된다. 그렇기 때문에 의존성 그래프는 비순환적이어야 한다. 여러 루트 모듈에 대한 해석(resolve) 모듈

---

5 역자주 : 전이 폐쇄(transitive closure) – 수학적으로, 집합 X에서 R에 대한 전이 폐쇄는 R을 포함하고 있는 가장 작은 X의 부분 집합을 의미한다.

을 찾으려면, 위의 알고리즘을 각 루트 모듈에 적용한 다음, 결과 세트를 통합해야 한다.

예를 들면, 모듈 app을 해석(resolution) 프로세스의 루트 모듈이라고 가정하자. 모듈 app은 아래와 같이 java.sql만 사용한다.

```
module app {
    requires java.sql;
}
```

이제 모듈 해석(resolution) 프로세스를 살펴보자. 모듈의 의존성을 고려할 때 java.base를 생략하고 그것이 항상 해석(resolve) 모듈의 일부라고 가정한다. 그림 2-1의 연결선을 보면서 다음을 따라가보자.

1. 해석(resolve) 세트에 app을 추가한다. requires java.sql 구문을 확인할 수 있다.
2. 해석(resolve) 세트에 java.sql을 추가한다. requires java.xml 구문과 requires java.logging 구문을 확인할 수 있다.
3. 해석(resolve) 세트에 java.xml을 추가한다. requires 구문이 없는 것을 확인할 수 있다.
4. 해석(resolve) 세트에 java.logging을 추가한다. requires 구문이 없는 것을 확인할 수 있다.
5. 새롭게 추가되는 모듈이 없다. 해석(resolution)이 완료된다.

이 해석(resolution) 프로세스의 결과는 app, java.sql, java.xml, java.logging 및 java.base를 포함하는 세트이다. app을 실행하면 모듈이 이러한 방식으로 해석(resolve)되고 모듈 시스템은 모듈 패스에서 모듈을 가져온다.

이 과정에서 추가 검사가 수행된다. 예를 들어, 같은 이름을 가진 두 개의 모듈이 존재하는 경우 런타임 시에 발생하는 클래스로딩 실패가 아닌, 애플리케이션을 시작할 때 에러가 발생한다. 또 다른 검사는 익스포트된 패키지의 고유성 검사이다. 모듈 패스에 있는 두 개 이상의 모듈에서 동일한 이름으로 패키지를 익스포트할 수 없다. 114 페이지의 "분할 패키지"에서는 다수의 모듈에서 동일한 이름의 패키지를 익스포트하는 경우 에 발생하는 문제점에 대해 설명한다.

> **버전**
>
> 지금까지 버전을 언급하지 않고 모듈 해석(resolution)에 대해 논의했다. Maven POM과 같이 의존성에 대해서 특정 버전을 지정하여 사용한 경험이 있는 경우, 버전에 대해 언급하지 않는 것이 이상하게 보일 수 있다. Java 모듈 시스템에서 모듈의 버전을 고려하지 않는 것은 신중하게 결정된 사항이다. 때문에, 모듈 해석(resolution)시 모듈의 버전은 고려하지 않는다. 126 페이지의 "모듈 버전 관리"에서 이 부분에 대해 더 깊이 논의한다.

모듈 해석(resolution) 프로세스 및 추가 검사는 애플리케이션이 안정적으로 실행되며 런타임에 오류가 발생할 가능성이 적다는 것을 보장해준다. 3 장에서는 사용자 모듈을 컴파일하고 실행할 때 모듈 패스를 만드는 방법을 배운다.

모듈화되지 않은 코드에서 모듈형 JDK 사용하기

앞에서, 모듈 시스템에 도입된 새로운 개념에 대해 배웠다. 이러한 새로운 개념들이 모듈화되지 않은 기존 코드에 어떤 영향을 미치는지 궁금할 것이다. 기존의 코드를 모듈로 변환하지 않아도 Java 9을 사용할 수 있다. 모듈 시스템은 기존의 애플리케이션 코드를 완전히 지원하고 있으며 클래스 패스도 여전히 사용 가능하다.

물론 JDK 자체는 모듈로 구성된다. 기존의 애플리케이션을 Java 9에서 어떻게 실행할 수 있는지 예제 2-5를 통해 확인해 보자.

예제 2-5. NotInModule.java

```java
import java.util.logging.Level;
import java.util.logging.Logger;
import java.util.logging.LogRecord;

public class NotInModule {

  public static void main(String... args) {
    Logger logger = Logger.getGlobal();
    LogRecord message = new LogRecord(Level.INFO, "This still works!");
    logger.log(message);
  }

}
```

여기에는 어떤 모듈도 없고 오직 클래스만 있다. 이 코드는 JDK에서 java.logging 모듈의 타입을 사용한다. 그러나 이 의존성을 표현하는 모듈 디스크립터가 없다. 모듈 디스크립터 없이 이 코드를 컴파일하고 클래스 패스에 추가하고 실행하면 동작 할 것이다. 모듈이 아닌 코드가 컴파일되고 로드되는 경우 이름 없는(unnamed) 모듈이 된다. 반대로, 지금까지 본 모든 모듈은 명시적 모듈이며 module-info.java에 이름을 정의한다. 이름 없는 모듈은 특별히 java.logging 모듈 뿐 아니라 다른 모든 모듈을 읽을 수 있다.

이름 없는 모듈을 통해 아직 모듈화되지 않은 코드가 JDK 9에서 계속 실행될 수 있다. 클래스 패스에 코드를 삽입하면 자동으로 이름 없는 모듈로 사용하게 된다. 즉, 올바른 클래스 패스 구성의 책임은 개발자의 몫이다. 이름 없는 모듈을 사용할 때 우리가 지금까지 논의한 모듈 시스템의 모든 장점들이 거의 없어진다.

Java 9에서 클래스 패스를 사용할 때는 두 가지를 더 알아 둘 필요가 있다.

첫 번째, 플랫폼이 모듈화되어 있기 때문에 플랫폼 내부 구현 클래스는 강력하게 캡슐화되어 있다. Java 8 및 이전 버전에서는 이러한 내부 API를 아무런 제한없이 사용할 수 있었다. Java 9에서는 플랫폼 모듈에서 캡슐화된 타입을 사용하는 코드의 경우 컴파일할 수 없다. 하지만, 마이그레이션을 돕기 위해 이러한 경우도 이전 버전의 Java에서 컴파일된 코드는 JDK 9 클래스 패스에서 실행할 수 있다. 즉, 컴파일은 할 수 없지만 실행은 가능하다.

 JDK 9 클래스 패스에서 애플리케이션을 실행하는 경우(컴파일하는 것과는 다르다)는 강력한 캡슐화가 보다 유연한 형식으로 활성화된다. JDK 8 및 이전 버전에서 접근할 수 있었던 모든 내부 클래스는 JDK 9에서 런타임에 접근할 수 있다. 이러한 캡슐화된 타입을 리플렉션을 통해 접근하면 경고를 표시한다.

두 번째, 이름 없는 모듈에서 코드를 컴파일할 때 주의해야 할 점은 컴파일하는 동안 java.se가 루트 모듈로 간주된다는 것이다. 예제 2-5에서 볼 수 있듯이 java.se을 통해 이용할 수 있는 모든 모듈의 타입에 접근할 수 있다. 반대로 java.se.ee의 모듈이지만, java.se가 아닌(java.corba 및 java.xml.ws와 같은) 모듈은 해석되지 않으므로 접근할 수 없다. 이 정책에서 가장 알려진 사례 중 하나가 JAXB API이다.

위 두가지 제약들의 근본적인 이유와 접근 방법에 대해서는 7장에서 자세히 다룬다.

이 장에서는 JDK가 어떤 방식으로 모듈화되었는지 살펴 보았다. JDK 9에서는 모듈이 중심 역할을 하지만 애플리케이션에서는 모듈을 선택적으로 사용할 수 있다. JDK 9 이전의 클래스 패스에서 실행중인 애플리케이션이 계속 동작하도록 보장하기 위해 주의를 기울였지만, 앞에서 언급한 것 같이 몇 가지 주의 사항이 있다. 다음 장에서는 지금까지 논의한 모듈 개념을 사용하여 모듈을 직접 빌드해보자.

chapter 3

모듈 개발하기

이 장에서는 Java 9을 이용한 모듈 개발의 첫 번째 단계를 밟아보려고 한다. 기존 JDK의 모듈을 살펴보는 대신에 우리가 직접 모듈을 구현해 볼 것이다. 먼저 간단한 HelloWorld 예제를 모듈로 만들어 보자. HelloWorld 예제도 만들어 본 다음에는 이 책 전체에서 사용될 "EasyText"라는 다수의 모듈로 구성되어 있는 예제를 다루게 될 것이다. 이 예제는 모듈 시스템에 대해 좀 더 깊게 이해할 수 있도록 설계되었다.

첫 번째 모듈 만들기

이전 장에서 모듈 디스크립터를 살펴 보았다. 하지만, 모듈은 일반적으로 하나의 디스크립터로 구성되지 않는다. 때문에 HelloWorld 예제도 하나 이상의 소스로 구성되어 있다. 그럼 이제 단일 모듈을 컴파일, 패키징 그리고 실행하면서 모듈을 위한 다양한 옵션들에 대해 알아 보자.

모듈 구조

첫 번째 목표는 예제 3-1의 클래스를 모듈로 컴파일하고 실행하는 것이다. 하나의 패키지의 단일 클래스를 단일 모듈로 확장할 것이다. 모듈은 패키지에 속한 타입만 포함할 수 있기 때문에 먼저 패키지 정의를 해야 한다.

```java
package com.javamodularity.helloworld;

public class HelloWorld {

    public static void main(String... args) {
        System.out.println("Hello Modular World!");
    }

}
```

파일 시스템상의 소스 코드 구조는 다음과 같다

```
src
└── helloworld ❶
    ├── com
    │   └── javamodularity
    │       └── helloworld
    │           └── HelloWorld.java
    └── module-info.java ❷
```

❶ 모듈 디렉토리

❷ 모듈 디스크립터

Java 소스 파일의 기존 구조와 비교해 보면 두 가지의 주요 차이점을 발견할 수 있다.

첫째, src 디렉토리 아래에 생성하려는 모듈과 동일한 이름의 모듈 디렉토리가 있다. 위의 예제에서는 helloworld 디렉토리가 생성됐다.

둘째, 모듈 디렉토리 안에 소스 파일(기존 Java 소스와 동일하게 패키지 구조와 동일한 형태로 존재)과 모듈 디스크립터가 있다. 모듈 디스크립터는 module-info.java라는 이름을 가지며 Java 모듈의 핵심 요소이다. 이 모듈 디스크립터가 있기 때문에 Java 컴파일러에서 일반 Java 소스가 아닌 모듈로 작업을 하게 된다.

모듈과 일반 Java 소스가 컴파일러에서 동작하는 방식이 매우 다르다. 그렇기 때문에 모듈 디스크립터는 모듈 디렉토리의 루트에 있어야한다. 모듈 디스크립터는 다른 소스 파일과 함께 module-info.class라는 클래스 파일로 컴파일된다.

그럼 이제 모듈 디스크립터는 어떻게 구성되는지 살펴보자. helloworld 모듈은 단순하다.

```
module helloworld {
}
```

먼저 module 키워드와 모듈 이름(helloworld)을 작성하여 모듈을 선언한다. 모듈 이름은 모듈 디스크립터가 들어있는 디렉토리의 이름과 일치해야 한다. 그렇지 않으면 컴파일이 실패하게 된다.

 이와 같이 네임-매칭 관련 제약사항은 컴파일러를 다중 모듈 모드로 실행하는 경우에 해당되며 일반적인 시나리오이다. 52 페이지의 "컴파일하기"에서 설명한 단일 모듈 시나리오의 경우 디렉토리 이름은 별로 중요하지 않다. 하지만, 모듈 이름을 디렉토리 이름으로 사용하는 것을 추천한다.

모듈 선언의 body 부분이 비어 있는 것은 helloworld 모듈에서는 외부에 공개하는 부분이 없다는 것을 의미한다. 모든 패키지는 기본적으로 강력한 캡슐화가 되어 있다. 위의 코드에는 아직 의존성 정보가 없지만 묵시적으로 java.base 모듈과 의존성 관계가 있다는 것을 기억하자.

module이라는 새로운 키워드가 추가되었기 때문에 기존 코드에서 module이라는 키워드를 사용하고 있을 경우 충돌이 발생할 것 같지만 다행히도 그렇지 않다. module 키워드는 제한된 키워드이기 때문에 다른 소스코드에서 module이라는 키워드를 계속 사용할 수 있다. 이것은 module-info.java 내에서만 키워드로 취급된다. requires 키워드와 모듈 디스크립터에서 지금까지 본 다른 새로운 키워드들도 마찬가지이다.

---

module-info 네이밍

일반적으로 Java 소스 파일의 이름은 파일에 들어있는 public 클래스의 이름을 사용한다. 예를 들어, HelloWorld 클래스는 HelloWorld.java라는 파일에 있어야한다. module-info의 이름은 이러한 규칙에 얽매이지 않는다. module-info는 "-"를 포함하고 있기 때문에 Java의 네이밍 규칙조차도 따르지도 않고 있다. 이는 모듈을 지원하지 않는 도구에서 moduleinfo.java 또는 module-info.class를 맹목적으로 처리하는 것을 방지하기 위한 의도적인 목적이다.

특정 소스 파일의 이름을 예약하여 사용한 사례가 있다. 잘 알려지지는 않았지만 module-info.java 이전에는 Java 5부터 package-info.java가 사용되어 왔다. package-info.java에 패키지 선언을 위해 주석과 어노테이션을 추가할 수 있다. module-info.java와 마찬가지로 Java 컴파일러에 의해 클래스 파일로 컴파일된다.

현재, 하나의 소스 파일과 모듈 정의만 포함하고 있는 모듈 디스크립터가 있다. 현재 상태로도 첫 번째 모듈을 컴파일할 수 있다.

모듈 이름 정하기

이름 짓기는 어렵지만 중요하다. 특히 모듈의 경우, 애플리케이션의 하이레벨 구조를 파악하는데 도움을 주기 때문에 매우 중요하다.

모듈 이름은 Java의 다른 네임스페이스와 분리된 전역 네임스페이스에 있다. 따라서 이론적으로는 모듈 이름과 동일하게 클래스, 인터페이스 또는 패키지 이름을 사용할 수 있다. 하지만, 동일한 이름을 사용하게 되면 혼란스럽다.

모듈 이름은 고유(unique)해야 한다(애플리케이션은 주어진 이름에 대해 하나의 모듈만 가질 수 있다). Java에서는 일반적으로 역 DNS 표기법을 사용하여 패키지 이름을 전역적으로 고유하게 만든다. 동일한 방식을 모듈에도 적용할 수 있다. 예를 들어 helloworld 모듈의 이름을 com.javamodularity.helloworld로 변경할 수 있다. 하지만 이것은 다소 길고 투박해 보인다.

애플리케이션의 모듈 이름이 글로벌하게 고유해야 할까? 물론 모듈이 공개된 라이브러리이고 많은 애플리케이션에서 사용되는 경우에는 글로벌하게 고유한 모듈 이름을 선택하는 것이 좋다. 241 페이지의 "라이브러리 모듈 이름 선택하기"에서 이 개념에 대해 더 자세히 설명할 것이다. 애플리케이션 모듈의 경우는 더 짧고 기억하기 쉬운 이름을 선택하는 걸 추천한다.

이 책에서는 예제의 가독성을 높이기 위해 짧은 모듈 이름을 사용했다.

컴파일하기

소스를 보면 모듈은 하나 밖에 없지만 컴파일을 하지 않으면 모듈을 실행할 수 없다. Java 9 이전에는 Java 컴파일러가 컴파일할 소스와 디렉토리를 함께 아래와 같이 호출했었다.

```
javac -d out src/com/foo/Class1.java src/com/foo/Class2.java
```

Maven이나 Gradle과 같은 빌드 도구를 사용하여 이 작업을 수행하는 경우에도 원칙은 동일하다 (input으로 들어온 (패키지 구조로 표현되는) 디렉토리에서 클래스가 추출된다). helloworld 모듈의 경우도 이와 동일하게 아래와 같이 컴파일할 수 있다.

```
javac -d out/helloworld \
        src/helloworld/com/javamodularity/helloworld/HelloWorld.java \
        src/helloworld/module-info.java
```

여기에는 주목해야 할 두 가지 차이점이 있다.

⇒ 클래스 파일을 생성할 디렉토리 이름은 모듈 이름과 동일하게 설정한다(helloworld 디렉토리).

⇒ 컴파일할 소스 파일에 module-info.java를 추가한다.

컴파일할 파일 리스트에 module-info.java가 있으면 javac가 모듈 모드로 호출된다. 그리고 컴파일을 실행하면 다음과 같이 분해 모듈(exploded module)[6] 형식의 결과가 나온다.

```
out
└── helloworld
    ├── com
    │   └── javamodularity
    │       └── helloworld
    │           └── HelloWorld.class
    └── module-info.class
```

이와 같이 모듈의 이름으로 분해 모듈을 포함하는 디렉토리를 명명하는 것이 가장 좋지만 필수는 아니다. 원칙적으로 모듈 시스템은 디렉토리 이름이 아니라 디스크립터에 정의된 모듈의 이름을 가져온다. 55 페이지의 "모듈 실행하기"에서 이 분해 모듈을 가져와 실행해 볼 예정이다.

다수의 모듈 컴파일하기

지금까지 단일 모듈을 컴파일해 보았다. 일반적으로 프로젝트는 여러 개의 모듈로 구성된다. 이 모듈들은 서로 참조할 수도 있고 그렇지 않을 수도 있다. 또는 프로젝트가 단일 모듈로 구성될 수도 있지만 이미 컴파일된 다른 모듈을 사용하기도 한다. 이런 경우에는 --module-source-path 또는 --module-path와 같은 컴파일러 옵션을 사용해야 한다. 이 옵션들은 오래 전부터 javac에서 사용된 -sourcepath와 -classpath 옵션의 개념을 모듈에 적용하기 위한 것이다. 이 의미는 61 페이지의 "두 개의 모듈"에서 다중 모듈 예제를 통해 설명하겠다. 모듈 소스 디렉토리의 이름은 다중 모듈 모드에서 module-info.java에 선언된 이름과 일치해야 한다.

빌드 도구들

일반적으로 개발을 할 때 커맨드 창에서 Java 컴파일러를 직접 사용하여 옵션을 조작하고 모든 소스 파일을 수동으로 나열하는 경우는 드물다. 주로 Maven 또는 Gradle과 같은 빌드 도구를

---

6 역자주 : javac 명령어로 모듈을 컴파일 하면 위와 같은 형식의 패키지화 되지 않은 형태의 결과를 얻을 수 있으며, 이를 분해 모듈(exploded module) 이라고 부른다.

사용하여 이러한 세부적인 작업을 수행하게 된다. 때문에 Java 컴파일러와 런타임에 추가된 새로운 옵션의 세부 사항은 자세히 언급하지 않을 것이다. 자세한 내용은 공식 문서에서 확인할 수 있다. 11 장에서는 Java 9에서 가장 많이 사용되는 빌드 도구들의 사용법을 다루겠다.

패키징하기

지금까지 하나의 모듈을 생성하고 그것을 분해 모듈 형식으로 컴파일했다. 다음 절에서는 분해 모듈을 어떻게 실행하는지 알아보자. 분해 모듈 형식으로 컴파일하는 방식은 실제 개발을 진행할 때 사용되는 방식이며, 제품을 출시 할 때는 모듈을 좀 더 편리하게 배포하고 싶을 것이다. 이런 경우를 위해서 모듈을 패키징하여 JAR 파일에서 사용하게 할 수 있다. 즉 모듈형 JAR 파일이 생성되는 것이다. 모듈형 JAR 파일은 일반 JAR 파일과 비슷하지만 내부에 module-info.class를 포함한다.

Java 9에서 모듈과 연동할 수 있도록 JAR 도구도 업데이트되었다. 아래와 같이 명령어를 실행하면 helloworld 모듈을 패키징할 수 있다.

```
jar -cfe mods/helloworld.jar com.javamodularity.helloworld.HelloWorld \
    -C out/helloworld .
```

명령어에 사용된 옵션을 하나씩 살펴보면 우선 -cf 옵션을 통해 mods 디렉토리에 helloworld. jar이라는 새 아카이브를 만든다(물론 디렉토리 존재 여부를 먼저 확인해야 한다). 그리고 -e 옵션을 통해 이 모듈에 대한 진입점(entry point)을 HelloWorld 클래스로 지정한다(모듈을 실행할 때 특정 클래스를 지정하지 않으면 HellwWorld 클래스가 디폴트값으로 적용된다). 진입점(entry point) 설정 시에는 정규화된 클래스 이름(com.javamodularity.helloworld.HelloWorld)을 사용해야 한다. 마지막으로 -C 옵션을 통해 out/helloworld 디렉토리 아래 있는 모든 컴파일된 파일을 JAR 파일에 넣도록 한다. JAR 파일의 구성은 분해 모듈 구성에 MANIFEST.MF 파일이 추가된 형태와 유사하다.

```
helloworld.jar
├── META-INF
|   └── MANIFEST.MF
├── com
|   └── javamodularity
|       └── helloworld
|           └── HelloWorld.class
└── module-info.class
```

모듈 디렉토리 이름과는 다르게 모듈형 JAR 파일의 이름은 컴파일할 때 중요하지 않다. 모듈은 module-info.class에 선언된 이름으로 식별되기 때문에 JAR 파일은 원하는 이름으로 사용할 수 있다.

모듈 실행하기

지금까지 언급한 내용을 요약해 보면 먼저 HelloWorld 예제를 만들기 위해 하나의 HelloWorld. java 소스 파일과 모듈 디스크립터로 helloworld 모듈을 생성했다. 그런 다음 모듈을 분해 모듈 형식으로 컴파일했다. 마지막으로, 분해 모듈을 모듈형 JAR 파일로 패키지화했다. 이 JAR 파일에는 컴파일된 클래스와 모듈 디스크립터가 포함되어 있으며 어떠한 클래스를 메인으로 실행해야 하는지에 대한 정보가 포함되어 있다.

이제 모듈을 실행해 보자. 분해 모듈 형식과 모듈형 JAR 파일을 모두 실행할 수 있으며 분해 모듈 형식은 다음과 같이 실행할 수 있다.

```
$ java --module-path out \
        --module helloworld/com.javamodularity.helloworld.HelloWorld

Hello Modular World!
```

 --module-path 대신 -p로 줄여서 사용할 수 있으며,
--module 옵션은 -m으로 사용할 수 있다

Java 명령어에는 클래스 패스를 기반으로 동작하는 애플리케이션 외에도 모듈에 대한 작업을 지원하기 위한 새로운 옵션들이 있다. --module-path 옵션 값으로 out 디렉토리(분해 모듈 형식의 helloworld 모듈이 위치한 디렉토리)를 입력한다. 모듈 패스는 클래스 패스와 같은 개념이다.

다음으로 --module 옵션값으로 실행할 모듈을 입력한다. 이 입력값은 모듈 이름 뒤에 슬래시가 오고 그 다음 실행될 클래스를 적는다. 반면 모듈형 JAR를 실행하는 경우에는 아래와 같이 모듈 이름만 입력하면 된다.

```
$ java --module-path mods --module helloworld
Hello Modular World!
```

위와 같이 모듈 이름만 입력하는 것은 모듈형 JAR의 경우 메타데이터로부터 실행할 클래스의 정보를 읽어올 수 있기 때문에 가능하다. 앞에서 모듈형 JAR를 구성 할 때 명시적으로 진입점 (entry point)을 com.javamodularity.helloworld.HelloWorld로 설정했다.

 --module 또는 -m 옵션의 경우 가장 마지막에 위치해야 하며 해당 모듈 이름 및 메인 클래스(옵션)를 입력 값으로 사용한다. 추가되는 입력 값은 해당 모듈이 실행될 때 메인 클래스로 전달된다.

위와 같은 두 가지 방식을 통하여 helloworld는 실행 가능한 루트 모듈이 된다. JVM은 이 루트 모듈에서부터 시작하여 루트 모듈을 실행하는 데 필요한 모듈이 어떤 것인지 모듈 패스 안에서 모두 해석을 한다. 필요한 모듈을 해석하기 위해서는 재귀적인 프로세스가 필요하다. 새로 추가된 모듈에서 다른 모듈을 필요로 하는 경우, 45 페이지의 "모듈해석과 모듈 패스"에서 설명한대로 모듈 시스템이 이를 자동으로 가져온다.

HelloWorld 예제는 매우 간단하기 때문에 해석된 모듈이 거의 없다.

다음과 같이 java 명령어에 --show-module-resolution 옵션을 추가하여 모듈 시스템에서 해석한 모듈의 리스트를 확인할 수 있다.

```
$ java --show-module-resolution --limit-modules java.base \
        --module-path mods --module helloworld
root helloworld file:///chapter3/helloworld/mods/helloworld.jar
Hello Modular World!
```

(--limit-modules java.base 옵션은 서비스 바인딩을 통해 다른 플랫폼 모듈이 해석되는 경우를 방지하기 위하여 추가되었다. 서비스 바인딩은 다음 장에서 설명한다.)

HelloWorld를 실행하기 위해서는 묵시적으로 필요한 플랫폼 모듈 java.base 외에 다른 모듈이 필요하지 않다. 그래서 루트 모듈인 helloworld만 모듈 리스트에 나타난다. 즉, HelloWorld 예제를 실행하기 위해서는 helloworld와 java.base라는 두 개의 모듈만 필요하다. 다른 플랫폼 모듈이나 모듈 패스에 있는 다른 모듈이 필요하지 않다. 그렇기 때문에 클래스 로딩 중에 애플리케이션과 관련 없는 클래스 검색을 위한 리소스 낭비가 발생하지 않는다.

 필요한 모듈 리스트에 대한 더 자세한 정보는 -Xlog : module = debug 옵션을 사용하여 표시할 수 있다. -X로 시작하는 옵션은 표준이 아니며 OpenJDK을 기반으로 한 Java 구현이 아닌 경우는 지원되지 않을 수 있다.

만약 HelloWorld를 실행하는데 필요로 하는 모듈이 모듈 패스(또는 JDK 플랫폼 모듈의 일부)에 없는 경우 실행 시점에 에러가 발생한다. 모듈 시스템 이전의 클래스 패스 기반에서는 런타임시에 JVM이 존재하지 않는 클래스를 로드하려고 할 때 누락된 의존성이 발견되었다. 하지만 지금은 모듈 디스크립터의 명시적 의존성 정보를 사용하여 필요한 모듈을 찾을 수 있어서, 코드를 실행하기 전에 모듈이 정상적으로 동작할 수 있는 환경설정이 되었다는 것을 보장할 수 있다. 클래스 패스를 사용할 때와 비교하면 크게 개선된 부분이라고 할 수 있다.

모듈 패스

모듈 패스는 클래스 패스와 매우 유사하다고 생각할 수 있지만 실제는 다르게 동작한다. 모듈 패스는 모듈을 포함하는 개별 모듈과 디렉토리에 대한 패스 목록이다. 모듈 패스의 각 디렉토리에는 0 개 이상의 모듈 정의가 포함될 수 있다. 여기서 모듈 정의는 분해 모듈 또는 모듈형 JAR 파일일 수 있다. 세 가지 옵션을 모두 포함하는 모듈 패스의 예는 다음과 같다:

⇒ out/:myexplodedmodule/:mypackagedmodule.jar.

위와 같이 설정을 하면, out 디렉토리에 있는 모든 모듈과 myexplodedmodule(디렉토리) 모듈 그리고 mypackagedmodule(모듈형 JAR 파일)이 모듈 패스에 위치한다.

 모듈 패스의 항목은 플랫폼의 기본 분리 기호로 구분된다. Linux / macOS는 콜론 (java –p dir1 : dir2)을 Windows에서는 세미콜론 (java –p dir1; dir2)을 사용한다. –p 옵션은 ––module–path의 줄임말이다.

가장 중요한 점은 모듈 패스에 있는 모든 아티팩트가 모듈 디스크립터를 가지고 있다는 것이다(즉 석에서 만들어진 모듈 디스크립터를 포함 – 200 페이지의 "자동 모듈"에서 배울 것이다). 이 정보를 사용하여 모듈 패스에서 올바른 모듈을 찾을 수 있다. 모듈 패스의 동일한 디렉토리에 같은 이름을 가진 모듈이 여러 개 있는 경우에는 에러를 표시하고 애플리케이션을 실행하지 않는다. 다시 말해서, 클래스 패스에서 발생했던 충돌하는 JAR 파일이 있는 시나리오를 방지할 수 있다.

 같은 이름을 가진 여러 모듈이 모듈 패스의 다른 디렉토리에 있으면 오류가 발생하지 않는다. 대신 첫 번째 모듈이 선택되고 같은 이름을 가진 나머지 모듈은 무시된다.

모듈 연결하기

이전 섹션에서 우리가 다루는 예제는 helloworld와 java.base 두 개의 모듈만 필요로 하다는 것을 알았다. 이러한 사전 지식을 활용하여 애플리케이션을 실행하는데 필요한 최소한의 Java 런타임을 포함하는 특별한 배포판을 작성할 수 있다면 좋지 않을까? Java 9에서 사용자 정의 런타임 이미지를 제공함으로써 이러한 작업을 수행할 수 있다.

Java 9에서는 컴파일과 런타임 사이에 선택적인 연결 단계가 도입되었다. jlink라는 새로운 도구를 사용하면 애플리케이션을 실행하는 데 필요한 모듈만 포함하는 런타임 이미지를 만들 수 있다. 아래의 명령어를 사용하여 helloworld 모듈을 루트로 사용하는 새로운 런타임 이미지를 만들어 보자.

```
$ jlink --module-path mods/:$JAVA_HOME/jmods \
        --add-modules helloworld \
        --launcher hello=helloworld \
        --output helloworld-image
```

 jlink 도구는 JDK가 설치된 패스의 bin 디렉토리에 있다. 기본적으로 시스템 패스에 추가되지 않으므로 위와 같이 사용하려면 시스템 패스에 먼저 추가해야 한다.

--module-path 옵션은 mods 디렉토리(helloworld가 있는 곳)와 이미지에 연결하려는 플랫폼 모듈이 있는 JDK 설치 디렉토리를 포함하는 모듈 패스를 구성한다. javac 및 java와는 달리 jlink는 플랫폼 모듈을 모듈 패스에 명시적으로 추가해야한다. 그런 다음, --add-modules 옵션으로 helloworld가 런타임 이미지에서 실행해야 하는 루트 모듈임을 정의하고, --launcher 옵션을 사용하여 이미지에서 모듈을 실행하기 위한 진입점(entry point)을 정의한다. 마지막으로, --output으로 런타임 이미지의 디렉토리 이름을 정의한다.

이 명령어를 통해 helloworld를 실행하기 위한, 사용자 정의 Java 런타임을 포함하는 새로운 디렉토리가 생성된다.

```
helloworld-image
├── bin
│   ├── hello   ❶
│   ├── java    ❷
│   └── keytool
├── conf
│   └── ...
```

```
├── include
│   └── ...
├── legal
│   └── ...
├── lib
│   └── ...
└── release
```

❶ helloworld 모듈을 직접 실행하는 스크립트

❷ helloworld와 관련된 의존성의 해석을 위한 Java 런타임

helloworld 외에 java.base만 필요하기 때문에 런타임 이미지에 더 이상 아무것도 추가되지 않았다. 따라서 런타임 이미지는 전체 JDK보다 훨씬 작다. 사용자 정의 런타임 이미지는 리소스가 제한된 장치에서 사용하거나 클라우드에서 애플리케이션을 실행하기 위한 컨테이너 이미지의 기반으로 사용할 수 있다. 이러한 작업은 사용자의 선택 사항이지만 애플리케이션의 공간을 크게 줄일 수 있다. 13장에서는 사용자 정의 런타임 이미지의 장점과 jlink 사용에 대해 자세히 설명하겠다.

혼자 동작하는 모듈은 없다

지금까지 우리는 모듈 생성 및 관련된 도구들의 메커니즘 이해를 위하여 의도적으로 작고 단순한 모듈을 다루었다. 그러나 실제 마법은 여러 개의 모듈을 작성할 때 발생한다. 이런 경우에 모듈 시스템의 장점이 명확해진다.

HelloWorld 예제를 확장하는 것은 지루할 수 있다. 그래서 EasyText라는 보다 재미있는 애플리케이션 예제을 사용하려고 한다. EasyText 예제는 단일 모듈에서 시작하여 다중 모듈 애플리케이션으로 확장할 것이다. 다행스럽게도 EasyText는 엔터프라이즈 애플리케이션만큼 크지는 않지만 실무에서 접할 수 있는 다양한 고려사항들을 다루고 있기 때문에 연습용으로 적당하다.

EasyText 예제 알아보기

EasyText는 텍스트 복잡성을 분석하는 애플리케이션이다. 텍스트의 복잡성을 계산하는데 사용할 수 있는 알고리즘들은 다양하게 있다. 자세한 내용에 관심이 있다면 60 페이지의 "간단하게 확인하는 텍스트 복잡성"을 참조하기 바란다.

물론 이 책에서는 텍스트 분석 알고리즘이 아닌 EasyText 모듈의 구조에 중점을 두고 진행할 것이다. 우리의 목표는 Java 모듈을 사용하여 유연성있고 유지 보수가 쉬운 애플리케이션을 만드는 것이다. EasyText 모듈 구현을 통해 얻고자 하는 요구 사항은 다음과 같다.

⇒ 기존 모듈을 수정하거나 재컴파일하지 않고 새 분석 알고리즘을 추가할 수 있어야한다.
⇒ 다양한 프론트엔드에서(예 : GUI 및 커맨드라인) 동일한 분석 알고리즘을 재사용할 수 있어야 한다.
⇒ 재 컴파일 없이 그리고 각 구성에 대한 모든 코드를 배포하지 않고도 다양한 설정을 지원할 수 있어야 한다.

물론 이러한 모든 요구 사항들은 모듈을 사용하지 않아도 구현이 가능하다. 하지만, 말처럼 쉬운 일이 아니다. Java 모듈 시스템을 사용하면 이러한 요구 사항을 충족하는데 큰 도움을 얻을 수 있다.

간단하게 확인하는 텍스트 복잡성

EasyText 예제의 초점은 솔루션의 구조이지만, 텍스트 분석에 대한 새로운 지식을 배울 수 있다. 텍스트 분석은 오랜 역사를 가진 분야이다. EasyText 애플리케이션은 텍스트에 가독성 분석 수식을 적용한다. 가장 인기있는 가독성 공식 중 하나는 Flesch-Kincaid 스코어이다.

$$complexity_{flesch\_kincaid} = 206.835 - 1.015\, \frac{totalwords}{totalsentences} - 84.6\, \frac{totalsyllables}{totalwords}$$

텍스트에서 비교적 쉽게 유도할 수 있는 메트릭이 주어지면 점수가 계산된다. 텍스트 점수가 90에서 100 사이이면 평균 11 세 학생이 쉽게 이해할 수 있다. 반면에 0에서 30 사이의 점수를 받은 텍스트는 대학원 수준의 학생들에게 가장 적합하다.

각 언어에 특화된 수많은 공식 뿐 아니라, Coleman-Liau와 Fry와 같은 다양한 가독성 공식들이 있다. 각 수식에는 특화된 영역이 있으며, 모든 것을 아우르는 최상의 수식은 없다. 이런 다양한 공식들의 존재가 EasyText를 유연하게 만들려는 이유 중 하나이다.

이 장과 후속 장에서 이 요구 사항 각각에 대해 설명할 예정이다. 기능적 관점에서 보면 텍스트 분석은 다음과 같은 단계로 구성된다.

1. 입력된 텍스트를 읽는다(파일, GUI 또는 다른 방법을 통하여).
2. 많은 가독성 공식들은 문장 또는 단어 단위에 적용되기 때문에 텍스트를 문장과 단어로 나눈다.
3. 텍스트에 하나 이상의 분석 알고리즘을 적용한다.
4. 사용자에게 결과를 보여 준다.

처음에는 하나의 모듈로 EasyText가 구성된다. 아직까지는 특별하게 관심 가질 만한 부분은 없다. 예제 3-2와 같이 모듈에는 하나의 패키지만 있다(지금까지 본 예제 코드와 유사하다).

```
src
└── easytext
    ├── javamodularity
    │   └── easytext
    │       └── Main.java
    └── module-info.java
```

모듈 디스크립터는 비어 있다. Main 클래스는 입력 파일을 읽고 복잡도 알고리즘을(Flesch-Kincaid) 적용하고, 그 결과를 콘솔에 출력한다. 모듈을 컴파일하고 패키징하면 다음과 같이 실행시킬 수 있다.

```
$ java --module-path mods -m easytext input.txt
Reading input.txt
Flesh-Kincaid: 83.42468299865723
```

이 같은 단일 모듈은 앞에서 언급한 모든 요구 사항을 만족시키지 않기 때문에 이제부터 모듈을 하나씩 추가해 보자.

두 개의 모듈

첫 번째 단계로 텍스트 분석 알고리즘과 메인 프로그램을 두 개의 모듈로 분리해 보자. 이렇게 하면 나중에 다른 프론트엔드 모듈에서 분석 모듈(분석 알고리즘을 위한)을 재사용할 수 있게 된다. 메인 모듈은 그림 3-1과 같이 분석 모듈을 사용한다.

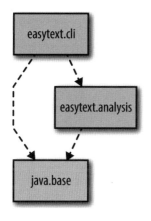

그림 3-1. 2개의 모듈로 구성된 EasyText 애플리케이션

easytext.cli 모듈에는 명령어 처리 로직과 파일 파싱 코드가 들어 있고 easytext.analysis 모듈에는 Flesch-Kincaid 알고리즘이 구현되어 있다. 단일 easytext 모듈을 분리하기 위하여 예제 3-3과 같이 두 개의 다른 패키지로 두 개의 새로운 모듈을 생성한다.

예제 3-3. 2개의 모듈로 구성된 EasyText (↳ chapter3/easytext-twomodules)

```
src
├── easytext.analysis
│   ├── javamodularity
│   │   └── easytext
│   │       └── analysis
│   │           └── FleschKincaid.java
│   └── module-info.java
└── easytext.cli
    ├── javamodularity
    │   └── easytext
    │       └── cli
    │           └── Main.java
    └── module-info.java
```

하나의 모듈로 구성하는 경우와 비교하면 Main 클래스가 알고리즘 분석을 FleschKincaid 클래스에 위임한다는 차이점이 있다. 상호 의존적인 두 개의 모듈이 있기 때문에 javac의 다중 모듈 모드를 사용하여 모듈을 컴파일해야 한다.

```
javac -d out --module-source-path src -m easytext.cli
```

이제부터는 예제의 모든 모듈이 항상 함께 컴파일된다고 가정한다. 모든 소스 파일을 컴파일러의 입력으로 나열하는 대신 컴파일할 실제 모듈을 -m으로 지정한다. 지금은 easytext.cli 모듈을 제공하는 것으로 충분하다. 컴파일러는 모듈 디스크립터를 통해 easytext.cli에 easytext.analysis 가 필요하다는 것을 알고 모듈 소스 패스에서 읽어와 컴파일한다. HelloWorld 예제에서 보았듯이 모든 소스 파일 목록(-m을 사용하지 않음)(Linux / macOS 시스템에서는 이를 위하여 컴파일러의 마지막 인수로 $ (find. -name '* .java')을 사용하여 쉽게 제공할 수 있다)을 제공하는 것만으로도 동작한다.

--module-source-path 옵션은 컴파일 시점에 소스 형식의 다른 모듈의 위치를 javac에 알려준다. 다중 모듈 모드로 컴파일할 때 -d 옵션을 사용하여 출력 디렉토리를 지정해야 한다. 컴파일 후, 출력 디렉토리에는 컴파일된 모듈이 분해 모듈 형식으로 포함된다. 이 출력 디렉토리는 모듈을 실행할 때 모듈 패스의 요소로 사용될 수 있다.

이 예제에서 javac가 Main.java를 컴파일할 때 모듈 소스 패스에서 FleschKincaid.java를 찾는다. 그렇다면, 이 클래스가 easytext.analysis 모듈에 있다는 것을 컴파일러가 어떻게 알 수 있는 걸까? 이전의 클래스 패스 상황에서는 컴파일 클래스 패스에 있는 JAR를 모두 살펴보았어야 했다. 클래스 패스에는 다양한 타입이 포함되어 있지만 모듈 패스는 모듈만 포함되어 있다. 물론, 이런 정보는 모듈 디스크립터에 있다. 이들은 주어진 패키지를 익스포트하는 올바른 모듈을 찾는 데 필요한 정보를 제공한다. 그렇기 때문에 모든 클래스들을 목적 없이 스캐닝하지 않아도 된다.

예제가 동작하려면 그림 3-1에서 확인할 수 있는 의존성을 표현해야 한다. 분석 모듈은 FleschKincaid 클래스를 포함하는 패키지를 익스포트해야 한다.

```
module easytext.analysis {
    exports javamodularity.easytext.analysis;
}
```

exports 키워드를 사용하면 모듈의 패키지가 다른 모듈에서 접근할 수 있도록 외부에 노출되며, 모듈은 여러 패키지를 익스포트할 수 있습니다. 위와 같이 javamodularity.easytext.analysis 패키지를 익스포트하면, 해당 패키지의 모든 public 타입을 다른 모듈에서 사용할 수 있다. 이 경우에는 FleschKincaid 클래스만 다른 모듈에서 접근할 수 있다. 물론, 익스포트되지 않은 패키지는 다른 모듈에서 접근할 수 없다.

지금까지 분석 모듈이 FleschKincaid 클래스가 포함된 패키지를 어떻게 익스포트하는지 살펴 보았다. 이제 easytext.cli의 모듈 디스크립터는 분석 모듈에 대한 의존성을 표현해야 한다.

```
module easytext.cli {
    requires easytext.analysis;
}
```

Main 클래스에서 FleschKincaid 클래스를 임포트하기 때문에 easytext.analysis 모듈이 필요하다. 각각의 모듈 디스크립터에 관련된 정보가 있기 때문에 코드가 컴파일되어 실행할 수 있다.

만약에 모듈 디스크립터에서 requires 구문을 생략하면 다음과 같은 컴파일 에러가 발생한다.

```
src/easytext.cli/javamodularity/easytext/cli/Main.java:11:
    error: package javamodularity.easytext.analysis is not visible
import javamodularity.easytext.analysis.FleschKincaid;
                                       ^
(package javamodularity.easytext.analysis is declared in module easytext.analysis,
but module easytext.cli does not read it)
```

컴파일러는 FleschKincaid.java 소스 파일을 사용할 수 있지만 위와 같은 에러가 발생을 한다. 분석 모듈의 디스크립터에서 exports 구문을 생략하는 경우에도 유사한 에러가 발생한다. 우리는 위의 상황을 통해서 소프트웨어 개발 프로세스의 모든 단계에서 의존성을 명시적으로 표시하면 어떤 장점이 있는지 알 수 있다. 모듈은 실제 필요한 것만 사용할 수 있으며, 컴파일러가 이를 강제한다. 런타임에는 애플리케이션이 동작하기 전에 필요한 모든 모듈이 있는지 확인하기 위해 동일한 정보를 이용한다. 이제는 컴파일 시점에 의도치 않은 라이브러리 의존성이 발생하거나, 클래스 패스에 필요한 라이브러리가 없어서 런타임 시에 에러가 발생하는 문제를 피할 수 있다.

그리고, 모듈 시스템에서는 순환 의존성에 대하여 체크한다. 이전 장에서 컴파일 시점에 모듈 간의 가독성 관계가 비순환적이어야 한다는 것을 이야기했었다. 우리는 언제든지 모듈 내에서 클래스 간의 순환 관계를 만들 수 있다. 소프트웨어공학 관점에서 실제로 그렇게 해야 하는지에 대한 여부는 논란의 여지가 있지만 그렇게 할 수는 있다. 그러나 모듈 레벨에서는 선택의 여지가 없다. 모듈 간의 의존성은 비순환적이고 방향성있는 그래프로 표시할 수 있어야 한다. 확장을 하는 경우에도 서로 다른 모듈의 클래스 사이에서 순환 의존성이 생겨서는 안된다. 순환 의존성이 있는 경우 컴파일러에서는 에러를 발생한다. requires easytext.cli 구문을 분석 모듈 디스크립터에 추가하여 그림 3-2와 같이 순환 의존성이 발생하도록 해보자.

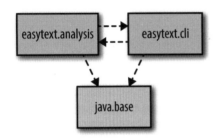

그림 3-2. 순환 의존성을 가진 EasyText 모듈

컴파일을 하게 되면 아래와 같은 에러가 발생하게 된다.

```
src/easytext.analysis/module-info.java:3:
    error: cyclic dependence involving easytext.cli
    requires easytext.cli;
         ^
```

그림 3-3과 같이 간접적으로 순환 의존성이 발생할 수도 있다. 이러한 경우도 직접적인 순환 의존성과 동일하게 Java 모듈 시스템에서 에러가 발생한다.

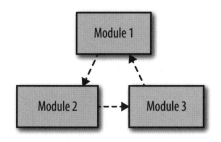

그림 3-3. 간접적인 순환 의존성.

실제 현실세계의 많은 애플리케이션은 구성 요소 사이에 순환 의존성을 가지고 있다. 115 페이지의 "순환 의존성 제거하기"에서는 애플리케이션의 모듈 그래프에서 순환 의존성을 방지하고 제거하는 방법에 대해 설명하겠다.

플랫폼 모듈을 사용하여 동작하기

플랫폼 모듈은 Java 런타임과 함께 제공되며 XML 파서, GUI 도구킷 및 표준 라이브러리에서 제공될 것으로 예상되는 기타 기능을 포함한다. 그림 2-1에서 이미 플랫폼 모듈의 하위 집합을 보았다. 개발자의 관점에서 보면 애플리케이션 모듈과 동일하게 동작한다. 플랫폼 모듈은 특정 코드를 캡슐화하고 패키지를 익스포트할 수 있으며 다른 (플랫폼) 모듈과 의존성을 가지기도 한다. 모듈형 JDK를 사용한다는 것은 애플리케이션 모듈에서 사용중인 플랫폼 모듈에 대해서 알아야한다는 것을 의미한다.

이 섹션에서는 EasyText 애플리케이션에 새로운 모듈을 추가할 것이다. 지금까지 작성한 모듈과는 달리 플랫폼 모듈을 사용할 것이다. 기술적으로 이미 플랫폼 모듈, 즉 java.base 모듈을 사용했다. 그러나 이는 묵시적인 의존관계를 가지고 있다. 새로 만들 모듈은 다른 플랫폼 모듈과 명시적인 의존관계를 가진다.

적합한 플랫폼 모듈 찾기

만약 플랫폼 모듈을 사용하고 싶을 때 어떤 플랫폼 모듈이 있는지 어떻게 알 수 있을까? 만약 이름을 아는 경우에는 해당 (플랫폼) 모듈을 이용할 수 있다. 아래와 같이 java --list-modules을 실행하면 런타임에서 사용 가능한 모든 플랫폼 모듈의 리스트를 확인할 수 있다.

```
$ java --list-modules
java.base@9
java.xml@9
javafx.base@9
jdk.compiler@9
jdk.management@9
```

위의 리스트는 다양한 타입의 플랫폼 모듈을 포함하고 있다. java로 시작하는 모듈은 Java SE 플랫폼 모듈 의미하며, Java SE를 위한 Java Community Process에 의해 표준화된 API를 익스포트한다. javafx로 시작하는 경우는 JavaFX API를 익스포트하며, jdk로 시작하는 경우는 JDK 구현에 따라 다를 수 있는 JDK의 특정 코드를 포함하는 것을 의미한다.

--list-modules 옵션은 플랫폼 모듈을 찾는데 좋은 방법이긴 하지만 플랫폼 모듈에 대해서 더 많은 정보가 필요하다. java.base에서 제공하지 않는 패키지를 임포트하는 경우, 해당 패키지를 제공하는 플랫폼 모듈에 대해 알아야 requires 구문을 사용하여 module-info.java에 추가할 수 있다. 이제 예제 애플리케이션에서 플랫폼 모듈을 이용하여 어떤 작업이 진행되는지 알아 보자.

GUI 모듈 만들기

지금까지는 EasyText가 두개의 모듈로 동작하였다. 커맨드라인으로 동작하는 메인 애플리케이션은 분석 로직과 분리되어 있다. 처음에 언급한 요구사항에는 동일한 분석 로직을 다양한 프론트엔드에 적용하고 싶다는 내용이 있다. 이제 커맨드라인 버전 외에 GUI 프론트엔드를 만들어 보려고 한다. 분명한 것은 기존의 분석 모듈을 재사용해야 한다는 점이다.

JavaFX를 사용하여 EasyText를 위한 간단한 GUI를 만들어 보자. Java 8의 경우 JavaFX GUI 프레임워크는 Java 플랫폼의 일부였으며 이전의 Swing 프레임워크를 대체하기 위한 것이다. GUI는 그림 3-4와 같이 구성된다.

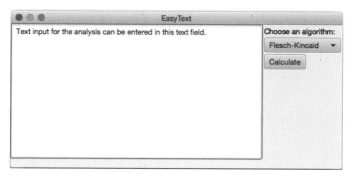

그림 3-4. EasyText를 위한 간단한 GUI

Calculate 버튼을 클릭하면 텍스트 필드에 입력한 텍스트에 분석 로직을 적용하고 그 결과를 GUI에 표시하고자 한다. 현재 드롭다운 메뉴에서 선택할 수 있는 분석 알고리즘은 하나 뿐이지만 확장성을 고려하여, 나중에는 분석 알고리즘이 추가될 수 있게 할 것이다. 지금은 간단하게 FleschKincaid 분석만 사용할 수 있다고 가정하자. 예제 3-4에서 볼 수 있듯이 GUI Main 클래스의 코드는 매우 간단하다.

예제 3-4. EasyText GUI 구현 (↳ chapter3/easytext-threemodules)

```
package javamodularity.easytext.gui;
import java.util.ArrayList;
import java.util.List;
import javafx.application.Application;
import javafx.event.*;
import javafx.geometry.*;
import javafx.scene.*;
import javafx.scene.control.*;
import javafx.scene.layout.*;
import javafx.scene.text.Text;
import javafx.stage.Stage;
import javamodularity.easytext.analysis.FleschKincaid;

public class Main extends Application {
    private static ComboBox<String> algorithm;
    private static TextArea input;
    private static Text output;

    public static void main(String[] args) {
        Application.launch(args);
    }

    @Override
    public void start(Stage primaryStage) {
```

```
        primaryStage.setTitle("EasyText");
        Button btn = new Button();
        btn.setText("Calculate");
        btn.setOnAction(event ->
            output.setText(analyze(input.getText(), (String) algorithm.getValue()))
        );
        VBox vbox = new VBox();
        vbox.setPadding(new Insets(3));
        vbox.setSpacing(3);
        Text title = new Text("Choose an algorithm:");
        algorithm = new ComboBox<>();
        algorithm.getItems().add("Flesch-Kincaid");
        vbox.getChildren().add(title);
        vbox.getChildren().add(algorithm);
        vbox.getChildren().add(btn);
        input = new TextArea();
        output = new Text();
        BorderPane pane = new BorderPane();
        pane.setRight(vbox);
        pane.setCenter(input);
        pane.setBottom(output);
        primaryStage.setScene(new Scene(pane, 300, 250));
        primaryStage.show();
    }

    private String analyze(String input, String algorithm) {
        List<List<String>> sentences = toSentences(input);
        return "Flesch-Kincaid: " + new FleschKincaid().analyze(sentences);
    }

    // implementation of toSentences() omitted for brevity
}
```

Main 클래스는 8개의 JavaFX 패키지를 임포트하였다. module-info.java에 requires 구문으로 추가해야 하는 플랫폼 모듈이 무엇인지 어떻게 알 수 있을까? 패키지가 어느 모듈에 있는지 알아내는 한 가지 방법은 JavaDoc을 사용하는 것이다. Java 9의 경우 JavaDoc은 각 타입이 포함된 모듈 이름을 포함하도록 업데이트되었다.

또 다른 방법은 java --listmodules 명령어를 이용하여 사용 가능한 JavaFX 모듈을 검사하는 것이다. 이 명령을 실행하면 다음과 같이 이름에 javafx가 포함된 8 개의 모듈이 표시된다.

```
javafx.base@9
javafx.controls@9
javafx.deploy@9
```

```
javafx.fxml@9
javafx.graphics@9
javafx.media@9
javafx.swing@9
javafx.web@9
```

모듈 이름과 모듈을 가지고 있는 패키지가 일대일 대응이 되는 것은 아니기 때문에 적합한 모듈을 선택하기 위해서는 위의 목록을 보고 추측하는 방법 밖에는 없다. --describe-module 옵션을 사용하면, 플랫폼 모듈에 있는 모듈 정의 부분을 검사하여 제대로 추측하였는지 확인할 수 있다. 예를 들어, javafx.controls에 javafx.scene.control 패키지가 포함되어 있다고 생각되면 다음과 같이 확인할 수 있다.

```
$ java --describe-module javafx.controls
javafx.controls@9
exports javafx.scene.chart
exports javafx.scene.control          ❶
exports javafx.scene.control.cell
exports javafx.scene.control.skin
requires javafx.base transitive
requires javafx.graphics transitive
...
```

❶ javafx.controls 모듈은 javafx.scene.control 패키지를 익스포트한다.

실제로 원하는 패키지는 이 패키지에 포함되어 있다. 이런 식으로 올바른 플랫폼 모듈을 수동으로 찾는 과정은 약간 지루할 수 있다. 추후 IDE가 Java 9 지원하게 되면 이러한 지루한 작업에 도움을 줄 것으로 예상된다. EasyText GUI의 경우 두 개의 JavaFX 플랫폼 모듈이 필요하다.

```
module easytext.gui {
    requires javafx.graphics;
    requires javafx.controls;
    requires easytext.analysis;
}
```

위와 같이 모듈 디스크립터를 구성하면 GUI 모듈이 올바르게 컴파일된다. 그러나 실행하면 다음과 같은 에러가 발생한다.

```
Exception in Application constructor
Exception in thread "main" java.lang.reflect.InvocationTargetException
    ...
Caused by: java.lang.RuntimeException: Unable to construct Application instance:
class javamodularity.easytext.gui.Main
    at javafx.graphics/..LauncherImpl.launchApplication1(LauncherImpl.java:963)
    at javafx.graphics/..LauncherImpl.lambda$launchApplication$2(LauncherImpl.java)
    at java.base/java.lang.Thread.run(Thread.java:844)
Caused by: java.lang.IllegalAccessException: class ..application.LauncherImpl
            (in module javafx.graphics) cannot access class
                    javamodularity.easytext.gui.Main
            (in module easytext.gui) because module easytext.gui does not export
            javamodularity.easytext.gui to module javafx.graphics
    at java.base/..Reflection.newIllegalAccessException(Reflection.java:361)
    at java.base/..AccessibleObject.checkAccess(AccessibleObject.java:589)
```

 Java 9의 또 다른 변화는 stacktrace에서 클래스가 어느 모듈로부터 왔는지를 보여주는 것이다. 슬래시 (/) 앞의 이름은 슬래시 뒤에 주어진 클래스가 들어있는 모듈이다.

무슨 일이 발생한 것일까? Main 클래스를 로드할 수 없기 때문에 IllegalAccessException이 발생하였다. Main은 javafx.application.Application(javafx.graphics 모듈에 있음)을 extend하였고, main 메소드에서 Application::launch를 호출한다. 이것은 JavaFX 애플리케이션을 이용하여 JavaFX 프레임 워크에 UI 작성을 위임하는 일반적인 방법이다. 그런 다음 JavaFX는 리플렉션을 사용하여 Main을 인스턴스화하고 이후에 start 메소드를 호출한다. 그래서 javafx.graphics 모듈은 easytext.gui의 Main 클래스에 접근할 수 있어야한다. 38 페이지의 "접근성"에서 배웠듯이 다른 모듈의 클래스에 접근을 하기 위해서는 해당 모듈에 대한 가독성이 있어야 하며, 해당 모듈이 지정된 클래스를 익스포트해야 한다.

위의 경우, javafx.graphics는 easytext.gui와 가독성 관계가 있어야한다. 다행히 모듈 시스템은 GUI 모듈에 가독성 관계를 동적으로 설정한다(모듈에서 다른 모듈에 있는 클래스를 리플렉션을 사용하여 로드할 때 발생한다). 문제는 Main이 있는 패키지가 절대로 GUI 모듈에 노출되지 않는다는 것이다. Main이 익스포트되어있지 않기 때문에 javafx.graphics 모듈에서 접근할 수 없다. 이와 같은 에러 메시지가 나온 이유이다.

한 가지 해결 방법은 모듈 디스크립터에 javamodularity.easytext.gui 패키지에 대한 exports 구문을 추가하는 것이다. 이런 경우 GUI 모듈을 사용하는 모듈은 Main 클래스를 접근할 수 있게 된다. 이게 정말로 우리가 원하는 것일까? Main 클래스가 실제로 우리가 지원하고자하는 public

API의 일부일까? 그렇지 않다. 접근성이 필요한 유일한 이유는 JavaFX가 Main 클래스를 인스턴스화 하기 위해서이다. 이런 상황에서 유용하게 사용할 수 있는 것이 제한적인 익스포트이다.

```
module easytext.gui {
    exports javamodularity.easytext.gui to javafx.graphics;
    requires javafx.graphics;
    requires javafx.controls;
    requires easytext.analysis;
}
```

 컴파일 시점에, 제한적인 익스포트의 타겟 모듈은 모듈 패스에 존재하거나 또는 같이 컴파일되어야 한다. 분명히 이것은 플랫폼 모듈에 대해서는 문제가 아니지만 비 플랫폼 모듈에 대한 제한적인 익스포트를 사용할 때 알아 두어야 할 사항이다.

제한적인 익스포트를 통하여 javafx.graphics만 Main 클래스에 접근할 수 있다. 이제 우리는 애플리케이션을 실행할 수 있고, JavaFX는 Main을 인스턴스화할 수 있다. 140 페이지의 "오픈 모듈과 패키지"에서는 런타임에 모듈 내부에 대한 리플렉션 접근을 처리하는 다른 방법에 대해 알아보겠다.

런타임 시점에 재미있는 상황이 발생한다. 앞에서 언급된 것처럼 javax.graphics 모듈은 런타임에 easytext.gui와 가독성 관계를 동적으로 설정한다(그림 3-5에 굵은 선으로 표시).

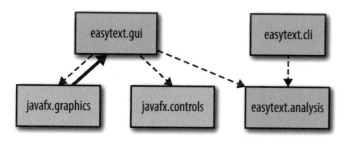

그림 3-5. 런타임에 설정되는 가독성 관계

하지만 이 그림을 보면 가독성 그래프에 순환 참조가 있는 것을 알 수 있다. 앞에서 분명히 순환 참조는 불가능하다고 언급을 하였다. 물론 컴파일 시점에 순환참조 발생은 허용이 안된다. 예제는 javafx.graphics에 대한 의존성(따라서 가독성 관계)이 있는 easytext.gui를 컴파일한다. 런타임 시 javax.graphics는 main을 반영하여 easytext.gui에 대한 가독성 관계를 자동으로 설정한다.

가독성 관계는 런타임에 순환 참조가 있을 수 있다. 제한적인 익스포트를 적용하였기 때문에 javafx.graphics만 Main 클래스에 접근할 수 있다. easytext.gui와 가독성 관계를 설정하는 다른 모듈들은 javamodularity.easytext.gui 패키지에 접근할 수 없다.

캡슐화의 한계

이번 장에서 모듈을 생성하고 실행하고, 플랫폼 모듈을 사용하는 방법을 배웠다. 예제 애플리케이션인 EasyText는 한개의 모듈에서 시작하여 다중 모듈 Java 애플리케이션으로 발전하였다. 동시에 다양한 프론트엔드에서 동일한 분석 모듈을 재사용할 수 있도록 지원하여, 커맨드 라인이나 GUI를 대상으로 다양한 모듈 구성을 만들 수 있었다.

그러나 다른 요구 사항을 살펴보면 여전히 많은 부분이 부족하다. EasyText 경우 두 프론트엔드 모듈은 분석 모듈에서 특정 구현 클래스(FleschKincaid)를 인스턴스화하여 작업을 수행한다. 코드가 별도의 모듈에 있지만 강한 커플링이 발생을 한다. 우리가 다른 분석 알고리즘을 애플리케이션에 적용하려면 어떻게 해야할까? 모든 프론트엔드 모듈을 수정하여 새로운 구현 클래스를 적용해야 할까? 이런 경우에는 캡슐화가 좋지 않은 것 같다.

프론트엔드 모듈이 새로 도입된 분석 모듈에 대한 의존성을 가지도록 업데이트해야 할까? 확실히 모듈의 개념에 적합한 것 같지는 않다. 또한 기존 모듈을 수정하거나 다시 컴파일하지 않고 새로운 분석 알고리즘을 추가해야한다는 요구 사항에도 맞지 않는다. 그림 3-6은 두 개의 프론트엔드와 두 개의 분석모듈의 관계가 얼마나 엉망인지 보여준다(Coleman-Liau은 또 다른 잘 알려진 복잡도 분석 매트릭이다).

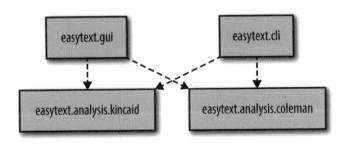

그림 3-6. 모든 프론트엔드 모듈은 익스포트하는 구현 클래스를 인스턴스화하기 위해서 모든 분석 모듈과 의존성이 발생한다.

요약하면 다음과 같은 두 가지 이슈가 있다.

⇒ 프론트엔드는 구체적인 분석 구현 타입 및 모듈과 분리되어야 한다. 분석 모듈은 강한 커플링을 방지하기 위해 이러한 타입을 익스포트해서는 안된다.

⇒ 프론트엔드는 코드의 변경없이 새로운 모듈에서 제공하는 분석 코드를 사용할 수 있어야 한다.

이 두 가지 문제를 해결해야 프론트엔드를 건드리지 않고도 모듈 패스에 새로운 분석 알고리즘을 추가할 수 있다는 요구 사항을 만족시킬 수 있다.

인터페이스와 인스턴스화

이론적으로는 인터페이스를 활용하여 다양한 분석 알고리즘을 추상화할 수 있다. 분석하려는 문장을 전달하고 각 알고리즘에 의한 점수를 얻는 것이다.

```java
public interface Analyzer {
    String getName();
    double analyze(List<List<String>> text);
}
```

위의 코드를 이용하면 알고리즘의 이름을 가져올 수 있고(화면에 표시해야 한다), 복잡성을 계산할 수 있다. 이런 종류의 추상화는 인터페이스를 위해 만들어졌다. Analyzer 인터페이스는 안정적이며 자체 모듈(예 : easytext.analysis.api)을 통해 제공될 수 있다. 이 인터페이스가 프론트엔드 모듈이 알아야 할 사항이다. 분석 구현 모듈에서는 이 API 모듈을 이용하여 Analyzer 인터페이스를 구현한다.

그러나, 여전히 문제는 남아 있다. 프론트엔드 모듈은 Analyzer 인터페이스를 통해 analyze 메소드 호출에만 신경 쓰면 되지만 이 메소드를 호출하기 위한 실제 구현된 인스턴스를 가져와야 한다.

```java
Analyzer analyzer = ???
```

특정 구현 클래스에 대해 의존하지 않고 Analyzer를 구현하는 인스턴스를 얻으려면 어떻게 해야 할까? 다음과 같은 방법을 사용할 수 있다.

```java
Analyzer analyzer = new FleschKincaid();
```

안타깝게도 위와 같이 사용하기 위해서는 FleschKincaid 클래스가 익스포트되어 있어야 한다,

다시 처음 상황으로 돌아가게 된다. 구체적인 구현 클래스를 참조하지 않고 인스턴스를 얻을 수 있는 방법이 필요하다.

컴퓨터 과학의 다른 모든 문제와 마찬가지로 우리는 새로운 레이어를 추가하여 이를 해결할 수 있다. 다음 장에서는 팩토리 패턴과 이것을 서비스로 이용하는 방법에 대해 자세히 언급함으로써 이 문제에 대한 솔루션을 살펴 볼 것이다.

chapter 4

서비스

이 장에서는 모듈형 코드를 만들기 위해 사용되는 중요한 기능인 서비스를 어떻게 사용해야 하는지 알아보겠다. 어떻게 서비스를 제공하고, 사용하는지에 대한 기본 개념을 알아본 후 EasyText에 서비스를 적용하여 확장성을 높여보자.

팩토리 패턴(Factory Pattern)

이전 장에서 디커플링 모듈을 만들려고 할 때 캡슐화만으로는 부족하다는 것을 알았다.

```
MyInterface i = new MyImpl();
```

구현 클래스를 사용하기 위하여 위의 코드를 작성하는 경우, 구현 클래스는 익스포트되어 있어야 한다. 결과적으로 구현 클래스의 Provider와 Consumer 사이에는 여전히 강한 커플링이 남아 있다. Consumer가 Provider 모듈이 익스포트한 구현 클래스를 사용하기 위해서는 해당 모듈과 requires 관계를 가진다. 이런 경우, 구현 클래스에 변경이 있는 경우 모든 Consumer에게 직접적인 영향을 미친다. 서비스는 이러한 문제를 해결할 수 있는 훌륭한 솔루션이다. 서비스에 대해 알아보기 전에 모듈 시스템에 대한 지식을 바탕으로 기존 패턴을 사용하여 이 문제를 해결할 수 있는지 알아 보자.

팩토리 패턴은 위와 같은 문제를 해결할 수 있는 대표적인 생성 디자인 패턴(creational design pattern)으로 알려져 있다. 이 패턴의 목표는 특정 클래스의 인스턴스로부터 객체 Consumer를 분리하는 것이다. 팩토리 패턴은 GoF의 Design Patterns(Addison-Wesley) 책에 소개된 이후 다양하게 변형되어 사용되었다. 이 패턴의 간단한 버전을 구현해보고, 이것이 디커플링 모듈과 관련해서 얼마나 큰 영향을 미치는지 살펴보자.

이를 위해, EasyText 애플리케이션에 Analyzer 인스턴스를 위한 팩토리를 구현할 것이다. 예제 4-1에서 볼 수 있듯이 주어진 알고리즘 이름에 대한 구현 클래스를 가져오는 코드는 매우 간단하다.

예제 4-1 Analyzer instances의 팩토리 클래스 (↳ chapter4/easytext-factory)

```
public class AnalyzerFactory {
    public static List<String> getSupportedAnalyses() {
        return List.of(FleschKincaid.NAME, Coleman.NAME);
    }

    public static Analyzer getAnalyzer(String name) {
        switch (name) {
            case FleschKincaid.NAME:
                return new FleschKincaid();
            case Coleman.NAME:
                return new Coleman();
            default:
                throw new IllegalArgumentException("No such analyzer!");
        }
    }
}
```

이 코드를 추가함으로써 팩토리에서 지원되는 알고리즘 목록을 검색하고 알고리즘 이름에 대한 Analyzer 인스턴스를 요청할 수 있다. 이제 AnalyzerFactory 호출자는 Analyzer의 구현 클래스를 알지 못한다.

그렇다면 이 팩토리는 어디에 위치해야 할까? 먼저, 팩토리는 구현 클래스를 가지고 있는 분석 모듈에 접근할 수 있어야 한다. 그렇지 않으면 getAnalyzer에서 다양한 구현 클래스의 인스턴스화는 불가능하다. 팩토리를 API 모듈에 넣을 수는 있지만 API 모듈이 모든 구현 모듈에 대해 컴파일 시점에 의존성을 가진다는 것이 마음에 들지 않는다. API는 구현과 강한 커플링이 있으면 안된다.

일단 그림 4-1처럼 팩토리를 자체 모듈로 만들어 보자.

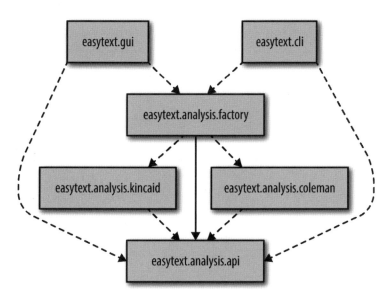

그림 4-1. factory 모듈은 프론트엔드와 분석 구현 모듈을 분리한다. 이제는 프론트엔드 모듈과 분석 구현 모듈 간에 requires 관계가 필요하지 않다.

이제, 프론트엔드 모듈은 API와 factory에 대해서만 알고 있으면 된다.

```
module easytext.cli {
    requires easytext.analysis.api;
    requires easytext.analysis.factory;
}
```

Analyzer 인스턴스를 얻는 것은 간단하다.

```
Analyzer analyzer = AnalyzerFactory.getAnalyzer("Flesch-Kincaid");
```

이러한 팩토리 패턴을 적용했을 때 복잡도가 증가하는 것 말고 어떤 장점이 있을까?

이제는 프론트엔드 모듈이 분석 모듈과 구현 클래스를 알지 못한다. 따라서, 분석 모듈의 Provider와 Consumer 사이에는 더 이상 직접적인 requires 관계가 필요 없다. 프론트엔드 모듈은 분석 구현 모듈과 독립적으로 컴파일할 수 있다. 팩토리가 추가적인 분석 알고리즘을 제공하면 프론트엔드는 수정하지 않고 사용할 수 있다(AnalyzerFactory::getSupportedAnalyses를 사용하면 알고리즘 이름을 검색하여 인스턴스를 요청할 수 있다).

반면에, 팩토리 모듈에는 커플링 문제가 여전히 존재한다. 새로운 분석 모듈이 추가될 때마다 팩토리는 이에 대한 의존성이 생기고 getAnalyzer 구현을 확장해야 한다. 또한 분석 모듈은 팩토리 모듈을 위해서 구현 클래스를 익스포트해야 한다. 물론, 노출 범위를 제한하기 위해 팩토리모듈에 대하여 제한적인 익스포트를(44 페이지의 "제한적인 익스포트" 참고) 할 수 있다. 그러나 이러한 방식은 분석 모듈이 팩토리 모듈에 대해 알고 있다는 가정하에 가능하며 이는 우리가 원하지 않는 커플링의 또 다른 형태이다.

결국 팩토리 패턴은 완전한 해결책이 아니다. requires와 exports만으로는 근본적인 한계가 있다. 인터페이스 프로그래밍은 훌륭하고 좋은 방법이지만 인스턴스를 만들기 위해 캡슐화를 희생해야 한다. 다행히도 Java 모듈 시스템에는 이를 위한 솔루션이 있다. 다음 섹션에서는 서비스를 사용하여 어떻게 이 문제를 해결할 수 있는지 알아보자.

의존성 주입

많은 Java 애플리케이션에서는 DI(의존성 주입) 프레임워크를 사용하여 구현 클래스에 대한 강한 커플링 없이 인터페이스에 대한 프로그래밍 문제를 해결하고 있다. DI 프레임워크는 어노테이션 또는 (더 전통적으로) XML과 같은 메타데이터에 기반하여 구현 인스턴스를 생성한다. 그런 다음 DI 프레임워크는 정의된 인터페이스에 따라 인스턴스를 코드에 주입한다. 이 원칙을 IoC(Inversion of Control)라고 하는데 그 이유는 프레임워크가 애플리케이션 코드 자체보다는 클래스 인스턴스화를 제어하기 때문이다.

DI는 코드를 분리하는 훌륭한 방법이지만 모듈에 적용할 때는 몇 가지 주의해야 할 사항이 있다. 이 장에서는 모듈 시스템에서 디커플링을 위하여 제공하는 서비스 형식의 솔루션에 대하여 중점적으로 다룰 것이다.

서비스는 의존성 주입이 아닌 다른 방법을 통해 IoC를 제공한다. 144페이지의 "의존성 주입"에서 동일한 수준의 디커플링을 달성하기 위하여 모듈과 함께 DI 프레임워크를 어떻게 사용할 수 있는지 또 다른 방법 살펴 보겠다.

구현을 숨기기 위한 서비스

앞에서 팩토리 패턴을 사용하여 구현 클래스를 숨기려고 했지만 부분적으로 성공했다. 주요 문제는 팩토리가 여전히 컴파일 시점에 사용 가능한 모든 구현을 알아야하며, 구현 클래스는 익스포트되어 있어야 한다는 것이다. 구현클래스를 발견하기 위해 전통적인 클래스 패스 스캐닝과 유사한 솔루션을 사용한다면 모듈의 모든 구현 클래스에 대한 가독성이 요구되기 때문에 적합한 해결책이 아니다. 애플리케이션에 구현클래스를 추가하기 위해서는(EasyText의 경우는 새로운 분석 알고리즘) 코드를 변경하거나 다시 컴파일을 해야 한다. 이것은 완벽한 확장성과는 거리가 멀게 느껴진다.

Java 모듈 시스템의 서비스 메커니즘을 적용한다면 디커플링을 좀 더 쉽게 구현할 수 있다. 서비스를 사용하면 public 인터페이스만 공유하고, 캡슐화된 구현 코드가 있는 패키지를 익스포트하지 않아도 된다. 강력한 캡슐화(exports 사용) 및 명시적 의존성(requires 사용)과 달리 모듈 시스템의 서비스 사용은 선택 사항이다. 서비스를 꼭 사용할 필요는 없지만 서비스는 디커플링 모듈을 만들 수 있는 강력한 방법이라고 할 수 있다.

서비스는 ServiceLoader API를 사용하여 모듈 디스크립터와 코드로 표현할 수 있다. 이런 점에서 서비스를 사용하는 것은 침입적(intrusive)이므로 애플리케이션이 서비스를 사용할 수 있도록 설계해야 한다. 78 페이지의 "의존성 주입"에서 설명한 것처럼 서비스를 사용하지 않아도 IoC를 위한 다른 방법이 있다. 이 장의 나머지 부분에서는 서비스가 어떻게 디커플링과 확장성을 향상시키는지 알아보자.

EasyText 애플리케이션에서 서비스를 사용하도록 리팩토링할 것이다. 우리의 목표는 분석 알고리즘 구현을 제공하는 다수의 모듈을 추가하는 것이다. 프론트엔드 모듈은 컴파일 시점에 Provider 모듈을 몰라도 이러한 분석 알고리즘 구현을 사용할 수 있어야 한다.

서비스 제공하기

구현 클래스를 익스포트하지 않고 서비스 구현을 다른 모듈에 노출시키는 것은 모듈 시스템의 특별한 지원이 있어야 가능하다. Java 모듈 시스템은 서비스 제공 및 사용을 위하여 module-info.java에서 관련된 구문를 추가할 수 있게 하였다.

EasyText 코드에서 이미 서비스 인터페이스 타입으로 사용될 Analyzer 인터페이스를 정의했다. 인터페이스는 API 전용 모듈인 easytext.analysis.api 모듈에서 익스포트되었다.

```
package javamodularity.easytext.analysis.api;
import java.util.List;
public interface Analyzer {
        String getName();
        double analyze(List<List<String>> text);
}
```

일반적으로 서비스 타입은 위와 같이 인터페이스이다. 그러나 추상 클래스 혹은 구현 클래스가 될 수도 있다(기술적인 제한은 없다). 또한 Analyzer는 서비스 Consumer가 직접 사용하기 위한 것이다. factory 또는 proxy처럼 동작하는 서비스 타입을 노출하는 것도 가능하다. 예를 들어 Analyzer 인스턴스가 인스턴스화하는 데 비용이 많이 들거나 초기화를 위해 추가적인 작업이나 매개변수가 필요한 경우 서비스 타입은 AnalyzerFactory와 유사할 수 있다. 이런 방식으로 Consumer는 인스턴스화를 보다 잘 제어할 수 있다.

이제 Coleman-Liau 알고리즘 구현을(easytext.algorithm.coleman 모듈에 의해 제공된다) 서비스 Provider로 리팩토링하자. 예제 4-2와 같이 module-info.java만 변경하면 된다.

예제 4-2. Analyzer 서비스를 제공하는 모듈 디스크립터(↳ chapter4/easytext- services)

```
module easytext.analysis.coleman {
    requires easytext.analysis.api;
    provides javamodularity.easytext.analysis.api.Analyzer
        with javamodularity.easytext.analysis.coleman.ColemanAnalyzer;
}
```

provides... with... 구문은 이 모듈이 ColemanAnalyzer를 구현 클래스로 사용하여 Analyzer 인터페이스의 구현을 제공한다는 것을 의미한다. 서비스 타입(provides 키워드 다음에 위치한)과 구현 클래스(with 키워드 다음에 위치한)는 모두 정규화된 타입의 이름이어야 한다. 가장 중요한 점은 ColemanAnalyzer 구현 클래스를 포함한 패키지가 이 Provider 모듈에서 익스포트되지 않았다는 것이다.

이 구조는 provides 구문이 있는 모듈이 서비스 타입과 구현 클래스 모두 접근할 수 있는 경우에만 동작한다. 이를 위해서는 일반적으로 인터페이스(위의 경우는 Analyzer)가 모듈의 일부이거나 필요한 다른 모듈에서 익스포트되어야 한다. 구현 클래스는 일반적으로 캡슐화된(export되지 않은) 패키지의 Provider 모듈의 일부이다.

provides 구문에 존재하지 않거나 접근할 수 없는 타입을 사용하면 모듈 디스크립터가 컴파일되지 않고 컴파일러 에러가 발생한다. 선언문의 with 구문에서 사용되는 구현 클래스는 일반적으로 익스포트되지 않는다. 결국, 서비스의 중요 포인트는 구현의 세부 사항을 숨기는 것이다.

서비스 타입 또는 구현 클래스를 서비스로 제공하기 위하여 코드를 변경할 필요가 없다. module-info.java에 provides with 구문만 추가하면 된다. 서비스 구현은 순수 Java 클래스이며 특별한 어노테이션을 추가하거나 특정 API를 구현할 필요도 없다.

서비스를 통해 모듈은 구체적인 구현 클래스를 익스포트하지 않고도 다른 모듈에게 구현을 제공할 수 있다. 모듈 시스템은 Consumer를 대신하여 Provider 모듈에서 익스포트되지 않은 구현 클래스를 인스턴스화할 수 있는 특별한 권한을 가지고 있다. 그래서 서비스 Consumer는 직접 해당 클래스에 접근하지 않아도 구현 클래스의 인스턴스를 사용할 수 있다. 또한 서비스 Consumer는 어떤 모듈이 구현을 제공하는지 알지 못하며 알 필요도 없다. Provider와 Consumer는 서비스 타입(대부분의 경우 인터페이스)만 공유하기 때문에 진정한 디커플링이 된다.

이제 하나의 서비스를 제공했으므로 위의 프로세스를 또 다른 Analyzer 구현에 대해 반복할 수 있으면 절반은 완료했다고 할 수 있다. 다시 말하지만 이러한 서비스 제공 모듈은 패키지를 익스포트하지 않는다. 처음에는 exports 없이 모듈을 사용것이 이상하게 보일 수도 있다. 그럼에도 불구하고, 이러한 analysis 구현 모듈은 런타임에 서비스 메커니즘을 통해 유용한 기능성을 제공하며 컴파일 시점에 세부 구현 정보를 캡슐화한다.

지금까지 서비스 제공을 위해 코드를 리팩토링했다면 이제는 Analyzer 서비스 사용을 위해서 CLI 모듈을 리팩토링해보자.

서비스 사용하기

너무 당연한 이야기이지만 서비스를 사용하려는 모듈이 있어야 서비스를 제공하는 의미가 있다. Java 모듈 시스템에서 서비스를 사용하려면 두 단계가 필요하다. 첫 번째 단계는 CLI 모듈의 module-info.java에 uses 구문을 추가하는 것이다.

```
module easytext.cli {
    requires easytext.analysis.api;
    uses javamodularity.easytext.analysis.api.Analyzer;
}
```

uses 구문은 이 모듈이 Analyzer 구현을 사용하기를 원한다는 것을 ServiceLoader에게 알려주고(ServiceLoader에 대해서는 뒤에서 따로 언급할 예정이다) ServiceLoader는 Analyzer 인스턴스를 모듈에서 사용할 수 있도록 만들어 준다.

uses 구문은 컴파일 시점에 Analyzer 구현을 호출하지 않는다. 따라서 서비스 구현을 제공하는 모듈은 컴파일 시점에는 모듈 패스에 존재하지 않을 수도 있다. 서비스는 Provider와 Consumer가 런타임 시점에 바인딩되기 때문에 확장성을 제공할 수 있다. 서비스 Provider를 찾을 수 없어도 컴파일이 실패하지 않는다. 하지만, 서비스 타입(Analyzer)은 컴파일 시점에 접근할 수 있어야하므로 모듈 디스크립터에 requires easytext.analysis.api 구문이 있어야 한다.

uses 구문이 런타임 시점에 Provider가 있다는 것을 보장하지는 않는다. 애플리케이션은 서비스 Provider가 없어도 성공적으로 실행된다. 즉, 런타임 시점에 사용 가능한 Provider가 없을 수도 있다. 이러한 문제는 코드에서 처리해야 한다.

모듈에서 Analyzer 구현을 사용하기로 선언했으므로 이제 서비스를 사용하는 코드를 작성할 수 있다. ServiceLoader API를 통해서 서비스를 사용할 수 있다. ServiceLoader API는 Java 6부터 있었다. JDK에서는 널리 사용되고 있지만 ServiceLoader를 알고 있거나 사용하는 Java 개발자는 거의 없다. 83 페이지의 "Java 9 이전의 ServiceLoader"에서 더 많은 역사적 배경을 설명한다.

ServiceLoader API는 모듈과 함께 사용할 수 있도록 Java 모듈 시스템에서 용도가 변경되었으며, Java 모듈 시스템을 사용하여 개발을 할 때 중요한 프로그래밍 구조이다. 예제 4-3을 통해 하나씩 확인해 보자.

예제 4-3. Main.java

```java
Iterable<Analyzer> analyzers = ServiceLoader.load(Analyzer.class);      ❶

for (Analyzer analyzer: analyzers) {                                    ❷
    System.out.println(analyzer.getName() + ": " + analyzer.analyze(sentences));
}
```

❶ Analyzer 타입의 서비스를 사용하기 위하여 ServiceLoader를 초기화한다.

❷ 인스턴스들을 돌면서 analyze 메소드를 호출한다.

ServiceLoader::load 메소드는 Iterable을 구현한 ServiceLoader 인스턴스를 반환한다. 위와 같이 반복문을 수행하면 요청된 Analyzer 인터페이스에 대해 검색된 모든 Provider 타입에 대한 인스턴스가 만들어진다. 여기서는 실제 인스턴스만 확인할 수 있으며 어떤 모듈에서 제공되었는지에 대한 추가 정보는 확인할 수 없다.

서비스에 대한 반복문이 수행된 후에는 일반적인 Java 객체처럼 사용할 수 있다. 사실, ServiceLoader에 의해 인스턴스화되어 있다는 것을 제외하고는 순수 Java 객체이다. 일반적인 Java 인스턴스이므로 서비스 호출 시 오버헤드가 발생하지 않는다. 서비스에 있는 메소드 호출은 성능을 저하시키는 프록시 또는 기타 우회 메커니즘이 없는 직접적인 메소드 호출이다.

이러한 변경 사항을 적용하여 EasyText의 부분적으로 분리되어 있었던 팩토리 구조를 그림 4-2와 같이 완전히 모듈화하고 확장 가능하도록 리팩토링했다.

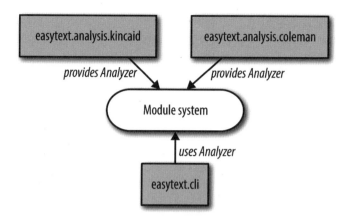

그림 4-2. 확장성을 위해 ServiceLoader를 사용한 EasyText의 구조

이제는 CLI 모듈이 Analyzer 구현을 제공하는 모듈에 대해 알 필요가 없기 때문에 코드는 완전히 분리된다. 새로운 Provider 모듈을 모듈 패스에 추가만 하면 새로운 Analyzer 구현을 추가할 수 있으므로 애플리케이션을 쉽게 확장할 수 있다. 이러한 추가 모듈에서 제공하는 모든 서비스는 ServiceLoader 서비스 검색을 통해 자동으로 선택된다. 코드를 수정하거나 다시 컴파일할 필요가 없다. 논란의 여지는 있지만 가장 좋은 점은 코드가 깨끗하다는 것이다. 서비스를 사용한 프로그래밍은 순수 Java 코드를 작성하는 것만큼 간단하지만(순수 Java 코드이기 때문에 당연한 사실이다), 아키텍처 및 설계에 미치는 영향은 매우 긍정적이다.

Java 9 이전의 ServiceLoader

ServiceLoader는 Java 6부터 사용되어 왔다. Java를 더 Pluggable[7]하게 만들기 위해 설계되었으며 JDK에서는 여러 곳에서 사용되어 왔다. 다양한 프레임워크와 라이브러리에서는 기존 ServiceLoader에 의존하기는 하지만 애플리케이션 개발에 널리 사용되지는 않았다.

원칙적으로 ServiceLoader는 Java 모듈 시스템의 서비스와 동일한 목표를 가지고 있었지만 메커니즘은 달랐으며 모듈 이전에는 진정한 강력한 캡슐화가 불가능했다. Provider를 등록하려면, JAR 파일의 META-INF 폴더에 정해진 명명 규칙에 따르는 파일을 추가해야 한다. 예를 들어, Analyzer 구현을 제공하려면 META-INF/services/javamodularity.easytext.analysis.api.Analyzer라는 파일을 만들어야 한다. 파일의 내용은 javamodularity.easytext.analysis.coleman.ColemanAnalyzer와 같이 구현 클래스의 정규화된 이름을 나타내는 단일행으로 표현되어야 한다.

Java 모듈 시스템을 사용하는 경우에도 Consumer 모듈에서 서비스 타입에 접근 할 수 있다면, "이전" 방식으로 제공된 서비스 사용이 가능하다.

---

7 역자주 : Pluggable – 모듈/코스 등의 교체, 추가, 삭제가 편리함을 의미

서비스는 디커플링을 쉽게 구현할 수 있는 하나의 방안이라고 할 수 있다. 서비스를 모듈 개발의 초석이라고 생각하면 된다. 모듈의 바운더리를 정의하는 강력한 메커니즘이 모듈 설계를 향한 첫 번째 단계라고 한다면 서비스는 엄격하게 분리된 모듈을 만들고 사용하기 위하여 필요한 개념이다.

서비스 라이프 사이클

ServiceLoader가 제공된 서비스 인스턴스를 생성할 책임이 있는 경우에 정확히 어떻게 동작하는지 아는 것이 중요하다. 예제 4-3에서 반복문을 통해 Analyzer 구현 클래스가 인스턴스화되었다. ServiceLoader도 지연 로딩방식으로 동작하기 때문에 ServiceLoader::load 호출 시점에 모든 Provider 구현 클래스를 즉시 인스턴스화하지 않는다.

Java 9의 새로운 ServiceLoader는 ServiceLoader::load를 호출할 때마다 인스턴스화된다. 그리고 ServiceLoader는 실제 Provider 클래스에 대한 요청이 발생할 때 해당 클래스를 인스턴스화한다. 기존에는 ServiceLoader 인스턴스에서 서비스를 요청하면 Provider 클래스의 캐시된 인스턴스가 반환됐다.

아래 예제 코드를 통해 실제 어떻게 동작하는지 확인해 보자:

```
ServiceLoader<Analyzer> first = ServiceLoader.load(Analyzer.class);
System.out.println("Using the first analyzers");
for (Analyzer analyzer: first) {                              ❶
     System.out.println(analyzer.hashCode());
}
Iterable<Analyzer> second = ServiceLoader.load(Analyzer.class); System.out.println("Using
the second analyzers");
for (Analyzer analyzer: second) {                             ❷
     System.out.println(analyzer.hashCode());
}
System.out.println("Using the first analyzers again, hashCode is the same");
for (Analyzer analyzer: first) {                              ❸
     System.out.println(analyzer.hashCode());
}
first.reload();                                               ❹
System.out.println("Reloading the first analyzers, hashCode is different");
for (Analyzer analyzer: first) {
    System.out.println(analyzer.hashCode());
}
```

❶ first를 반복하면서 ServiceLoader는 Analyzer 구현을 인스턴스화한다.

❷ 새로운 ServiceLoader인 second는 자체의 새로운 Analyzer 구현을 인스턴스화한다. first가 반환하는 인스턴스와는 다른 인스턴스가 반환된다.

❸ first를 다시 반복하는 경우, 첫 번째 ServiceLoader에 캐시되어 있던 서비스 인스턴스가 반환된다.

❹ reload 이후에, 기존의 first ServiceLoader는 새로운 인스턴스를 제공한다.

위의 코드는 다음과 같은 결과를 출력한다(실제 hashCodes는 다를 수 있다).

```
Using the first analyzers
1379435698
Using the second analyzers
876563773
Using the first analyzers again, hashCode is the same
1379435698
Reloading the first analyzers, hashCode is different
87765719
```

ServiceLoader::load를 호출할 때마다 새로운 서비스 인스턴스가 생성되기 때문에 같은 서비스를 사용하더라도 각각의 모듈은 모두 고유한 인스턴스를 갖게 된다. 이러한 특징은 상태(state)가 포함된 서비스를 사용할 때 기억해야 할 사항이다. 이러한 상태는 특별한 조건이 없는 한 동일한 서비스 타입에 대해 서로 다른 ServiceLoader를 사용하는 경우 공유되지 않는다. 의존성 주입 프레임 워크에서 일반적으로 나타나는 것과는 달리 싱글톤 서비스 인스턴스는 없다.

서비스 Provider 메소드

서비스 인스턴스는 두 가지 방법으로 생성할 수 있다. 매개변수 없는 public 생성자를 가진 서비스 구현 클래스 혹은 정적 Provider 메소드를 가진 서비스 구현 클래스를 사용할 수 있다. 서비스 구현 클래스가 매개변수 없는 public 생성자를 갖는 것이 항상 바람직하지는 않다. 더 많은 정보를 생성자에게 전달해야하는 경우에는 정적 Provider 메소드가 더 좋다. 또는, 매개변수 없는 생성자를 가지지 않은 기존 클래스를 서비스로 사용하기 원하는 경우도 있을 것이다.

Provider 메소드는 매개변수 없는 정적 public 메소드를 의미하며 Provider라고 부르기도 한다. Provider는 서비스 타입을 반환하며 올바른 타입(또는 하위 타입:subtype)의 서비스 인스턴스를 반환해야 한다. 이 메소드로 서비스를 인스턴스화하는 방법은 Provider 구현에 따라 다르다. 아마도 싱글톤(singleton)이 캐싱되어 반환되거나, 호출될 때마다 새로운 서비스 인스턴스를 인스턴스화할 수 있다.

Provider 메소드를 사용할 때 "provides .. with" 구문은 with 뒤에 나오는 Provider 메소드를 포함하는 클래스를 참조한다. 이것은 서비스 구현 클래스 자체일 수도 있고, 다른 클래스일 수도 있다. with 뒤에 나오는 클래스에는 Provider 메소드 또는 매개변수 없는 public 생성자가 있어야한다. 정적 Provider 메소드가 없는 경우 클래스는 서비스 구현 그 자체로 인식되기 때문에 매개변수 없는 public 생성자를 가져야 한다. 이러한 조건들이 맞지 않을 경우 컴파일러는 에러를 발생한다.

Provider 메소드 예제(예제 4-4)를 살펴보자. 우리는 Provider 메소드의 사용을 강조하기 위해서 또 다른 Analyzer 구현을 사용할 것이다.

예제 4-4. ExampleProviderMethod.java (↳ chapter4/providers/ provider.method.example)

```java
package javamodularity.providers.method;

import java.util.List;
import javamodularity.easytext.analysis.api.Analyzer;

public class ExampleProviderMethod implements Analyzer {

    private String name;

    ExampleProviderMethod(String name) {
        this.name = name;
    }

    @Override
    public String getName() {
        return name;
    }

    @Override
    public double analyze(List<List<String>> sentences) {
        return 0;
    }

    public static ExampleProviderMethod provider() {
        return new ExampleProviderMethod("Analyzer created by static method");
    }
}
```

위의 Analyzer 구현은 특별한 용도의 코드는 아니지만 Provider 메소드의 사용법을 확인할 수 있다. 이 예제의 module-info.java는 지금까지 본 것과 똑같을 것이다. 그래서 Java 모듈 시스템은 클래스를 인스턴스화하는 올바른 방법을 찾아 낼 것이다. 이 예제에서 Provider 메소드는 구현 클래스의 일부이다. 만약 다른 방식으로 사용하기를 원한다면, Provider 메소드를 다른 클래스에 배치한 다음 서비스 구현을 위한 팩토리로 사용할 수 있다. 예제 4-5에서 이러한 사용 방법을 확인 할 수 있다.

예제 4-5. ExampleProviderFactory.java (↪ chapter4/providers/ provider.factory.example)

```java
package javamodularity.providers.factory;
public class ExampleProviderFactory {
    public static ExampleProvider provider() {
        return new ExampleProvider("Analyzer created by factory");
    }
}
```

이제 위와 같은 변경사항을 반영하기 위해 module-info.java를 수정해 보자. "provide .. with" 구문은 예제 4-6에 표시된 것처럼 정적 Provider 메소드를 포함하는 클래스를 가리켜야 한다.

예제 4-6. module-info.java (↪ chapter4/providers/provider.factory.example)

```java
module provider.factory.example {
    requires easytext.analysis.api;
    provides javamodularity.easytext.analysis.api.Analyzer
        with javamodularity.providers.factory.ExampleProviderFactory;
}
```

ServiceLoader는 Provider 클래스가 public인 경우에만 서비스를 인스턴스화 할 수 있다. Provider 클래스 자체만 public이면 된다. 두 번째 예제는 Provider 클래스가 public인 경우 구현이 package-private 이 될 수 있음을 보여준다.

모든 경우에 노출된 서비스 타입 Analyzer는 변경되지 않는다. Consumer의 관점에서 볼 때 서비스가 어떻게 인스턴스화 되는지는 아무런 차이가 없다. 정적 Provider 메소드는 Provider 측에 더 많은 유연성을 제공한다. 대부분의 경우, 서비스 구현 클래스에 대한 매개변수 없는 public 생성자만으로 충분하다.

모듈 시스템은 서비스 종료 또는 서비스 등록 취소 메커니즘을 제공하지 않는다. 가비지 컬렉션을 통해 서비스가 묵시적으로 종료된다. 가비지 컬렉션은 Java의 다른 오브젝트와 마찬가지로 서비스 인스턴스에 대해서도 동일하게 동작한다. 객체에 대한 하드 참조가 없으면 가비지 컬렉션에서 처리될 수 있다.

팩토리 패턴 재검토

Consumer 모듈은 ServiceLoader API를 통해 서비스를 얻을 수 있다. 원하는 경우 적절한 패턴을 사용하여 Consumer에서 ServiceLoader API를 사용하지 않도록 할 수도 있다. 실제로, 이 장의 시작 부분에 나오는 팩토리 예제와 비슷한 API를 Consumer에게 제공할 수 있다. 이것은 Java 8에서 인터페이스에 정적 메소드를 가질 수 있는 특징을 기반으로 한다.

서비스 타입 자체는 예제 4-7에 나온 것 처럼 ServiceLoader 조회를 수행하는 정적 메소드(팩토리 메소드)로 확장된다.

예제 4-7. 서비스 인터페이스에 팩토리 메소드를 제공 (↳ chapter4/easytext- services-factory)

```
public interface Analyzer {
    String getName();
    double analyze(List<List<String>> text);
    static Iterable<Analyzer> getAnalyzers() {
        return ServiceLoader.load(Analyzer.class);        ❶
    }
}
```

❶ 이제 서비스 타입 내에서 조회가 수행된다.

ServiceLoader 조회는 API 모듈의 Analyzer에서 수행되므로 모듈 디스크립터에 uses 구문이 추가되어야 한다.

```
module easytext.analysis.api {
    exports javamodularity.easytext.analysis.api;
    uses javamodularity.easytext.analysis.api.Analyzer;
}
```

이제 API 모듈은 인터페이스를 exports하고, Analyzer 인터페이스의 구현을 uses한다. Analyzer 구현을 사용하고자 하는 Consumer 모듈은 더 이상 ServiceLoader를 사용할 필요가 없다(물론 여전히 사용할 수 있다). 대신, Consumer 모듈은 API 모듈을 필요로 하고 Analyzer :: getAnalyzers를 호출해야 한다. Consumer의 관점에서 더 이상 uses 구문이나 ServiceLoader API가 필요하지 않다.

이 메커니즘을 통해 API 사용자는 서비스 또는 ServiceLoader에 대해 알 필요 없이 디커플링 및 확장성의 이점을 가져갈 수 있게 된다.

디폴트 서비스 구현

지금까지는 API 모듈이 있고 이 API를 구현한 여러 개의 Provider가 있다는 가정하에 작업을 했다. 이러한 방식이 서비스를 제공하는 유일한 방법은 아니다. 서비스 타입을 익스포트하는 모듈에 구현을 추가할 수도 있다. 서비스 타입이 명백한 디폴트 구현을 가지고 있는 경우, 동일한 모듈에서 직접 제공할 수 있다.

JDK 내에서 서비스를 사용할 때 이러한 패턴을 많이 볼 수 있다. javax.sound.sampled.spi. AudioFileWriter 또는 javax.print.PrintServiceLookup에 대한 구현을 직접 제공할 수도 있지만 대부분의 경우 java.desktop 모듈에서 제공하는 디폴트 구현으로 충분히 사용이 가능하다. 이러한 서비스 타입은 java.desktop에서 익스포트되며 동시에 디폴트 구현도 같이 제공된다.

사실, java.desktop 자체도 이러한 서비스 타입을 위하여 uses 구문을 사용한다. 이것은 모듈이 API 소유자, 서비스 Provider 및 Consumer의 역할을 동시에 수행하는 방법이라고 볼 수 있다.

디폴트 서비스 구현을 서비스 타입과 함께 제공하면 적어도 하나의 구현은 항상 사용할 수 있다. 이 경우 Consumer 측에서 방어 코딩이 필요하지 않게 된다. 일부 서비스는 디폴트 구현을 제공하여 Consumer 측에서 선택할 수 있도록 하고 있다. 하지만, 서비스 타입과 디폴트 구현을 같이 제공하는 모듈의 경우는 이러한 시나리오를 배제한다. 이러 경우 별도의 API 모듈이 필요하다. 124 페이지 "서비스를 이용한 선택적 의존성 구현"에서 이 패턴을 자세히 살펴 보겠다.

서비스 구현 선택

여러 Provider가 있는 경우 반드시 모든 Provider를 사용할 필요는 없다. 특성을 기반으로 하여 구현을 필터링하고 선택하기를 원하는 경우가 있다.

Provider의 특성을 기반하여 사용할 서비스를 결정하는 것은 항상 Consumer이다. Provider는 서로를 전혀 인지하지 못하기 때문에 Provider의 관점에서 특정 구현을 선택할 방법이 없다. 예를 들어, 두 Provider가 "디폴트" 또는 "베스트" 구현으로 자신을 지정하면 어떻게 될까? 어떠한 서비스가 적당한지 결정하는 기준은 애플리케이션에 따라 다르며 Consumer에 의해 결정된다.

ServiceLoader API 자체가 상당히 제한적이라는 것을 알았다. 지금까지는 제공되는 모든 서비스 구현에 대해서 반복 작업을 수행했다. 만약 다수의 Provider가 있지만, "베스트" 구현(가장 적합한 구현)에 대해서만 관심이 있다면 어떻게 해야 할까? Java 모듈 시스템은 사용자의 요구에 가장 적합한 구현이 무엇인지 알 수 없다. 각 도메인은 이와 관련하여 자체 요구 사항이 있다. 따라서 Consumer는 서비스가 제공하는 메소드의 기능을 파악하고 이러한 메소드를 기반으로 하여 적절한 서비스를 선택해야 한다. 이것은 복잡할 필요가 없으며 일반적으로 서비스 인터페이스에 self-describing 메소드[8]를 추가하는 것만으로 가능하다.

예를 들어, Analyzer 서비스 인터페이스는 getName 메소드를 제공한다. ServiceLoader는 이 메소드에 대해 알지 못하거나 신경 쓰지 않지만, getName이라는 이름으로 어떤 구현인지 식별하여 Consumer 모듈에서 이를 사용할 수 있다. 알고리즘을 이름으로 사용하는 방법 외에도 getAccuracy 또는 getCost같이 다른 특성을 설명하는 방법을 생각할 수도 있다. 이러한 방식으로 Analyzer 서비스 사용자는 어떠한 구현이 적합한지 선택할 수 있는 정보를 얻을 수 있다. 이를 위해 ServiceLoader API에서 명시적으로 지원하는 기능은 없다. 그렇기 때문에 이 모든 것은 self-describing 인터페이스를 설계해야 가능하다.

서비스 타입 검사 및 지연 인스턴스화

앞에서 설명한 메커니즘으로 모든 시나리오에 대응할 수는 없다. 올바른 구현을 구별할 수 있는 서비스 인터페이스가 없다면 어떻게 될까? 또는 서비스 인스턴스화 비용이 많이 발생하는 경우에는 어떻게 해야 할까? 적당한 서비스 구현을 찾기 위해서는 ServiceLoader 반복을 통해 모든 서비스 구현에 대한 초기화를 해야 하며 이런 경우 초기화 비용이 발생하게 된다. 대부분의 시나리오에서 이것은 큰 이슈가 아니며 문제가 되는 경우에도 해결책이 존재한다.

Java 9에서 ServiceLoader는 인스턴스화 전에 서비스 구현 타입 검사를 지원하도록 개선되었다. 지금까지 수행한 모든 제공된 인스턴스를 반복하는 방법 외에도 ServiceLoader.Provider의 스트림의 설명을 검사할 수도 있다. ServiceLoader.Provider 클래스를 사용하면 인스턴스를 요청하기 전에 서비스 Provider를 검사할 수 있다. ServiceLoader의 stream 메소드는 검사할 ServiceLoader.Provider 객체의 스트림을 반환한다.

다시 EasyText 예제를 살펴 보자.

먼저 예제 4-8에서 올바른 서비스 구현을 선택하는 데 사용할 수 있는 자체 어노테이션을 소개한다. 이러한 어노테이션은 Provider와 Consumer가 공유하는 API 모듈의 일부가 될 수 있다. 예제 어노테이션은 Analyzer의 Fast 여부를 설명해 주고 있다.

---

8 역자주 : self-describing 메소드 – 메소드의 이름으로 기능을 유추할 수 있는 메소드

```
package javamodularity.easytext.analysis.api;
import java.lang.annotation.Retention;
import java.lang.annotation.RetentionPolicy;
@Retention(RetentionPolicy.RUNTIME)
public @interface Fast {
    public boolean value() default true;
}
```

이 어노테이션을 사용하여 서비스 구현에 메타데이터를 추가할 수 있다. Analyzer에 추가해 보자.

```
@Fast
public class ReallyFastAnalyzer implements Analyzer {
    // Implementation of the analyzer
}
```

이제 Analyzer를 필터링하기 위한 코드가 필요하다.

```
public class Main {
    public static void main(String args[]) {
        ServiceLoader<Analyzer> analyzers = ServiceLoader.load(Analyzer.class);

        analyzers.stream()
            .filter(provider -> isFast(provider.type()))
            .map(ServiceLoader.Provider::get)
            .forEach(analyzer -> System.out.println(analyzer.getName()));
    }
    private static boolean isFast(Class<?> clazz) {
        return clazz.isAnnotationPresent(Fast.class)
            && clazz.getAnnotation(Fast.class).value() == true;
    }
}
```

Provider의 type 메소드를 통해 서비스 구현의 java.lang.Class 표현에 접근할 수 있으며 필터링 을 위해 isFast 메소드에 전달한다.

isFast 메소드는 @Fast 주석의 존재 여부를 확인하여 해당 값이 true인지 체크를 한다(디폴트 값은 true 이다). 어노테이션이 없는 Analyzer 구현은 무시되지만 @Fast 또는 @Fast (true) 어노테이션이 있는 서비스는 인스턴스화되고 가져오게 된다. 스트림 파이프 라인에서 필터를 제거하면 모든 Analyzer를 제한없이 가져온다.

이 장의 예제에서는 ServiceLoader API가 기본이지만 서비스 메커니즘이 강력하다는 것을 보여준다. 서비스는 Java 모듈 시스템에서 코드를 모듈화 할 때 중요한 구성 요소이다.

 디커플링을 향상시키기 위한 수단으로 서비스를 이용하는 것은 새로운 것이 아니다. 예를 들어, OSGi는 서비스 기반 프로그래밍 모델을 제공한다. OSGi에서 실제로 모듈형 코드를 작성하려면 서비스를 사용해야 한다. 우리는 이미 검증된 개념을 바탕으로 해서 구축하고 있다.

서비스 바인딩을 사용한 모듈 해석

45 페이지의 "모듈 해석 및 모듈 패스"에서 모듈 디스크립터의 requires 구문을 기반으로 모듈이 해석된다는 것을 설명했다. 재귀적으로 루트 모듈에서 시작하는 모든 requires 관계를 따라가면서 해석 모듈 세트는 모듈 패스에 있는 모듈로 구축된다. 이 과정에서 누락된 모듈을 찾아낼 수 있기 때문에 안정적인 구성이 가능해 지는 것이다. 필요한 모듈이 없는 경우 애플리케이션이 시작되지 않는다.

서비스 privides와 uses 구문은 해석 프로세스에 다른 측면의 개념을 추가한다. requires 구문은 모듈 간의 엄격한 컴파일 시점 관계를 나타내지만 서비스 바인딩은 런타임에 발생한다. 서비스 Provider 모듈과 Consumer 모듈 모두 명시적으로 모듈 디스크립터에 자신의 의도를 기술하기 때문에 모듈 해석 프로세스 중에도 이러한 정보를 사용할 수 있다.

이론적으로 애플리케이션은 런타임에 바인딩되는 서비스가 없어도 시작할 수 있다. ServiceLoader::load를 호출해도 인스턴스가 생성되지 않는다. 때문에 모듈 시스템은 런타임에 필요한 서비스 Provider 모듈을 모듈 패스에 배치한다.

uses 구문이 있는 모듈이 해석되면 모듈 시스템은 모듈 패스에서 지정된 서비스 타입에 대한 모든 Provider 모듈을 찾아서 해석 프로세스에 추가한다. 이러한 Provider 모듈과 그 의존성은 런타임 모듈 그래프에 포함된다. 이러한 모듈 해석에 대한 확장이 무엇을 의미하는지는 예제를 통해 더욱 명확히 알아보자. 그림 4-3을 통해 모듈 해석 관점에서 EasyText 예제를 다시 살펴보자.

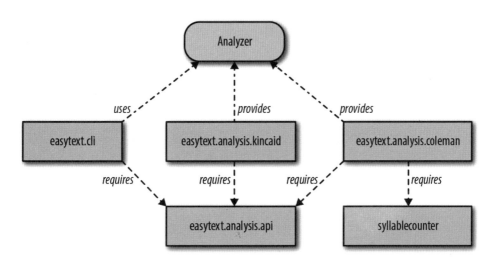

그림 4-3. 서비스 바인딩이 모듈 해석에 미치는 영향

모듈 패스에는 cli(루트 모듈), api, kincaid, coleman 및 가상 모듈 syllablecounter라는 다섯 개의 모듈이 있다고 가정하자. 모듈 해석은 cli부터 시작한다. cli는 api와 requires 관계를 가지므로, api 모듈을 해석 모듈 세트에 추가한다. 아직까지는 새로운 게 없다.

그러나 cli에는 Analyzer를 위한 uses 구문이 있다. 모듈 패스에는 이 인터페이스의 구현을 제공하는 두 개의 provider 모듈이 있다. 따라서 provider 모듈인 kincaid와 coleman이 해석 모듈 세트에 추가된다. cli는 다른 requires 또는 uses 구문이 없으므로 cli의 모듈 해석이 중지된다.

kincaid의 경우 해석 모듈에 추가할 내용이 없다. kincaid와 requires 관계에 있는 api 모듈이 이미 해석 세트에 추가되어 있다. coleman의 경우는 상황이 더 재미 있다. 서비스 바인딩으로 인하여 coleman은 해석되었다. 이 예제에서 coleman 모듈과 syllablecounter 모듈은 requires 관계에 있다. 따라서 syllablecounter 모듈도 해석되며 두 모듈이 런타임 모듈 그래프에 추가된다.

syllablecounter 모듈에 requires(또는 심지어 uses) 구문이 있는 경우 모듈 해석이 적용된다. 반대로, 모듈 패스에 syllablecounter 모듈이 없으면 해석이 실패하고 애플리케이션이 시작되지 않는다. 만약 Consumer 모듈인 cli가 coleman provider 모듈에 대한 정적인 정보를 가지고 있지 않더라도 서비스 바인딩에 의해서 coleman 모듈 그리고 coleman 모듈과 의존관계에 있는 모든 모듈이 해석된다.

Consumer가 최소한 하나의 구현이 필요하다고 명시할 수 있는 방법은 없다. 서비스 Provider 모듈이 없으면 애플리케이션이 바로 시작된다. ServiceLoader를 사용하는 코드는 이 가능성을 고려해야 한다. 많은 JDK 서비스 타입에는 디폴트 구현이 있다. 서비스 타입을 공개하는 모듈에 디폴트 구현이 있다면, 최소한 하나의 서비스 구현을 사용할 수 있다는 것을 보장할 수 있다.

이 예제에서 모듈 해석은 coleman이 모듈 패스에 없는 경우에도 성공한다. 이런 경우에 런타임 시 ServiceLoader::load가 호출되면 kincaid 관련 구현만 찾게 된다. 그러나 앞에서 설명했듯이, coleman은 모듈 패스에 있지만 syllablecounter가 없는 경우에는 모듈 해석 실패로 인해 애플리케이션이 시작되지 않는다. 모듈 시스템에서 이러한 문제를 무시할 수도 있지만 그런 경우 모듈 디스크립터를 기반으로 한 안정적인 구성에 대하여 의구심을 가지게 만든다.

서비스 및 연결하기

58 페이지의 "모듈 연결하기"에서 jlink를 사용하여 사용자 정의 런타임 이미지를 만드는 방법을 배웠다. 서비스를 사용하는 EasyText 구현도 이미지로 만들 수 있다. 이전 장에서 배운 것을 토대로 다음과 같은 jlink 명령을 사용할 수 있다.

```
$ jlink --module-path mods/:$JAVA_HOME/jmods --add-modules easytext.cli \
        --output image
```

jlink는 bin 디렉토리를 포함하는 image 디렉토리를 생성한다. 다음 명령을 사용하여 이미지에 포함된 모듈을 검사할 수 있다.

```
$ image/bin/java --list-modules

java.base@9
```

```
easytext.analysis.api
easytext.cli
```

api 및 cli 모듈은 예상대로 이미지의 일부이지만 두 개의 분석 Provider 모듈은 어떻게 될까? 이 방법으로 애플리케이션을 실행하면 서비스 Provider가 선택 사항이므로 정상적으로 실행된다. 하지만 analyzer들이 없다면 아무런 쓸모가 없다.

jlink는 루트 모듈 easytext.cli에서 시작하여 모듈 해석을 수행한다. 해석된 모든 모듈은 결과 이미지에 포함된다. 그러나 해석 과정은 이전 섹션에서 논의한 시작 시점에 모듈 시스템에 의해 수행되는 해석 방법과 다르다. 모듈 해석 중에는 jlink가 서비스 바인딩을 수행하지 않는다. 즉 uses 구문을 기반으로 하는 서비스 Provider들은 이미지에 자동으로 포함되지 않는다.

이 사실을 모르는 사용자에게는 예상치 못한 결과가 발생할 수 있지만 이것은 의도적으로 선택한 메커니즘이다. 서비스는 종종 확장성을 위해 사용된다. EasyText 애플리케이션은 이에 대한 좋은 예이다. 새로운 서비스 Provider 모듈을 모듈 패스에 추가하여 새로운 알고리즘을 사용할 수 있다. 이러한 서비스가 반드시 애플리케이션 실행을 위해 필요하지는 않다. 사용하려는 서비스 Provider는 애플리케이션에 따라 다르다. 빌드 타임에는 서비스 Provider에 대한 의존성이 없으며 링크 타임에는 사용 가능한 서비스 Provider를 선택하도록 이미지를 만드는 것은 작성자의 몫이다.

 jlink에서 자동 서비스 바인딩을 수행하지 않는 이유는 java.base에 엄청난 수의 uses 구문이 있기 때문이다. 이러한 서비스 타입의 Provider는 다양한 플랫폼 모듈에서 제공된다. 이러한 모든 서비스를 기본적으로 바인딩하면 최소 이미지 크기가 훨씬 커진다. jlink에서 자동 서비스 바인딩을 사용하지 않으면 이 예제와 같이 java.base 및 애플리케이션 모듈만 포함하는 이미지를 만들 수 있다. 일반적으로 자동 서비스 바인딩을 사용하게 되면 모듈 그래프가 예상치 못한 사이즈로 커질 수 있다.

커맨드라인에서 실행되도록 구성된 EasyText 애플리케이션의 런타임 이미지를 생성해 보자. Analyzer를 포함하기 위해 추가하려는 Provider 모듈을 jlink의 --add-modules 옵션과 함께 실행한다.

```
$ jlink --module-path mods/:$JAVA_HOME/jmods \
        --add-modules easytext.cli              \
        --add-modules easytext.analysis.coleman \
        --add-modules easytext.analysis.kincaid \
        --output image
$ image/bin/java --list-modules
```

```
java.base@9
   easytext.analysis.api
   easytext.analysis.coleman
   easytext.analysis.kincaid
   easytext.cli
```

이 방법이 더 나아 보이지만 애플리케이션을 실행할 때 문제를 발견할 수 있다.

```
$ image/bin/java -m easytext.cli input.txt
```

애플리케이션을 실행하면 다음과 같은 오류가 발생하면서 종료된다.

```
java.lang.IllegalStateException: SyllableCounter not found.
```

kincaid 모듈은 SyllableCounter 타입의 다른 서비스를 사용한다. 이것은 서비스 Provider가 다른 서비스를 사용하여 기능을 구현하는 경우에 발생한다. jlink에는 자동으로 서비스 Provider가 포함되지 않으므로 SyllableCounter 예제를 가진 모듈이 없다. 아래와 같이 --add-modules 옵션을 추가하여 완전한 기능을 제공하는 이미지를 얻을 수 있다.

```
$ jlink --module-path mods/:$JAVA_HOME/jmods \
      --add-modules easytext.cli                  \
      --add-modules easytext.analysis.coleman \
      --add-modules easytext.analysis.kincaid \
      --add-modules easytext.analysis.naivesyllablecounter \
      --output image
```

jlink가 기본적으로 서비스 Provider를 포함하지 않기 때문에 링크 타임에 약간의 추가 작업이 필요하다. 특히 서비스가 다른 서비스를 사용하는 경우 더욱 그렇다. 그 대신 런타임 이미지의 내용을 세밀하게 조정할 수 있는 많은 유연성을 제공한다. 포함되는 서비스 Provider를 어떻게 구성하는지에 따라 다양한 이미지를 다른 타입의 사용자에게 제공할 수 있다. "적합한 서비스 Provider 모듈 찾기"(293 페이지)에서는 jlink가 관련 서비스 Provider 모듈을 찾고 링크하는 추가 옵션을 제공한다는 것을 알 수 있다.

이전 장에서는 Java 모듈 시스템의 기본 사항에 대해 설명했다. 모듈화는 디자인과 아키텍처 관련하여 많은 부분을 차지하며, 실제로 흥미로운 부분이다. 다음 장에서는 모듈을 사용하여 구축된 시스템의 유지 보수성, 유연성 및 재사용성을 향상시키는 패턴을 살펴 보겠다.

chapter 5

모듈화 패턴

어떤 면에서 새로운 기술이나 언어를 습득하는 것은 새로운 강력한 힘을 얻는 것과 같다. 우리는 새로운 기술이나 언어가 가진 잠재력을 바로 파악하여 적용함으로써 세상이 변화되기를 원할 수 있다. 만화에 나오는 수퍼 히어로들이 세상을 흑백논리로 판단할 수 없다는 사실을 보여준것 을 기억하기 바란다. 새로운 힘이 생겼다고 바로 좋은 방향 혹은 나쁜 방향으로 사용하는 것은 힘들 다. 거대한 힘에는 큰 책임이 따르게 된다.

Java 모듈 시스템을 배우는 것도 마찬가지다. 만약 모듈형 디자인의 원리를 모른다면 단순히 모 듈 시스템을 아는 것만으로는 모듈 시스템이 가지는 강력한 힘을 제대로 사용할 수 없다. 모듈화 는 새로운 기능의 도입에 의한 단순한 구현상의 문제가 아니라 디자인과 아키텍처 레벨의 이슈이 다. 모듈형 디자인을 적용하려면 장기적 관점에서 수행해야 한다. 그래야만 다양한 요구 사항과 환경, 팀 그리고 기타 예상치 못한 상황에 대하여 대응할 수 있다.

이번 장에서는 모듈을 사용하여 구축된 시스템의 유지 보수성, 유연성 및 재사용성을 개선하기 위 해 많이 사용되는 패턴에 대해 설명하겠다. 이러한 패턴과 디자인 관행 중 많은 부분이 기술에 의 존하지 않는다는 것을 기억하는 것이 중요하다. 이번 장에서 예제로 사용하는 코드는 Java 모듈 시스템 환경에서 적용될 수 있는 추상 패턴을 이해하는데 도움을 줄 것이다. 우리가 초점을 맞춰 야 하는 부분은 모듈화 패턴을 적용하여 시스템을 효과적으로 모듈화하는데 있다.

만약 이러한 패턴을 명확히 이해할 수 있다면 지금까지 꾸준하게 모듈형으로 개발을 했다고 할 수 있다. Java 모듈 시스템은 그 어느 때보다도 모듈형 코드 작성에 대한 많은 지원을 하고 있다.

이러한 지원은 개인 뿐만 아니라 팀 그리고 Java 생태계 전반을 위한 것이다. 만약 이러한 패턴이 익숙치 않다고 해도 전혀 문제될 것이 없다. 지금부터 이러한 패턴과 디자인 방식을 배우고 적용함으로써 애플리케이션을 유지 관리 및 확장을 더 쉽게 할 수 있을 것이다.

이번 장에서는 애플리케이션 개발을 할 때 자주 접할 수 있는 기본적인 모듈화 패턴에 대해 설명할 것이다. 일반적인 모듈 디자인 가이드부터 시작하여 구체적인 모듈 패턴을 설명할 것이다. 6장에서는 일반 애플리케이션 컨테이너나 플러그인 기반 시스템과 같이 유연한 애플리케이션을 개발하는 고급 패턴에 대해 설명하겠다.

모듈 바운더리 정하기

좋은 모듈을 만들기 위해서는 어떻게 해야 할까? 이 질문은 여러분이 생각하는 것보다 상당히 오래 전부터 있었다. 시스템을 작고, 관리 가능한 모듈로 나누는 것은 우리의 업종이 시작된 이래로 중요한 전략으로 여겨져 왔다. 1972 년 논문에서 인용한 내용을 살펴 보자.

"모듈화"의 효과는 시스템을 모듈로 나눌 때 어떤 기준을 적용하는가에 달려있다.

—D.L. Parnas, "시스템을 모듈로 분해할 때 사용되는 기준"

이 논문의 주요 요점 중 하나는 코딩을 하기 전에 모듈화가 시작된다는 것이다. 모듈의 바운더리는 시스템의 설계 및 의도에 따라 결정된다. 다음 글에서 Parnas가 이 문제를 어떻게 접근했는지 알 수 있다. 위의 논문에서 이야기한 것처럼 바운더리를 어떤 기준으로 정하는지에 따라 모듈화의 성공 여부가 결정된다. 그렇다면 그 기준은 무엇일까? 너무 당연하지만 그 기준은 상황에 따라 다르다.

Parnas 파티셔닝

1972년에 발표한 논문에 의하면 D.L. Parnas는 Parnas 파티셔닝이라는 모듈화 방법론을 고안했다. 모듈 바운더리를 고민할 때는 항상 변경 가능성을 고려하는 것이 좋다. Parnas 파티셔닝 방법론을 사용하면 그냥 지나치기 쉬운 고려사항들을 찾을 수 있다. 예를 들면, 추후에 변경이 발생할 것 같은 시스템 혹은 그에 따른 디자인 결정이 필요한 시스템들을 찾을 수 있게 된다(변경 확률도 같이 계산할 수 있다). 기능들을 분류할 때 이러한 변경이 발생할 때 생기는 영향도가 최소화 될 수 있도록 모듈로 분류를 한다. 변경될 확률이 높은 항목은 캡슐화를 해야 할 주요 모듈 후보이다. 이러한 리스트를 만드는 것은 어렵지 않다. 이는 기술적/비기술적 이해 관계자와 함께 할 수 있는 것이다.

Parnas 파티셔닝에서 리스트를 어떻게 만드는지 읽어볼 것을 추천한다.

재사용을 위해 설계된 모듈형 라이브러리를 만드는 것과 가독성/유지보수성이 주된 관심사인 대규모 엔터프라이즈 애플리케이션을 만드는 것에는 큰 차이가 있다. 일반적으로 모듈을 설계할 때 다음과 같은 다양한 기준을 고려해야 한다.

이해도

모듈간의 관계에는 시스템의 전반적인 구조와 의도가 반영되어 있다. 누구든지 사전 지식없이 코드를 봤을 때, 전반적인 구조와 기능을 바로 파악할 수 있어야 한다. 모듈 구조는 전체 시스템에서 특정 기능을 찾을 때 개발자에게 가이드 역할을 해야 한다.

변경 용이성

요구 사항은 지속적으로 변경된다. 모듈을 사용하여 변경될 가능성이 있는 로직을 캡슐화하면 변경이 발생하였을 때 시스템에 미치는 영향이 줄어든다. 기능은 유사하지만 예상되는 변경 영역이 다른 두 시스템은 서로 다른 최적의 모듈 바운더리를 가질 수 있다.

재사용성

모듈은 재사용이 가능한 이상적인 단위이다. 재사용성을 높이려면 모듈에서 제공하는 기능을 최대한 작게 가져야하며 가능한 한 독립적이어야한다. 재사용 가능한 모듈은 다양한 애플리케이션에서 여러 가지 방법으로 조합하여 사용될 수 있다.

팀워크

때로는 여러 팀이 공동 작업을 하는 경우에 서로의 작업 영역을 명확하게 하기 위해 모듈 바운더리를 사용한다. 작업 영역을 구분할 때 기술적인 고려 사항을 기준으로 구분하는 대신 모듈 바운더리를 기준으로 구분할 수 있다.

위의 기준들은 서로 간에 트레이드 오프가 있다. 모든 상황에 딱 맞는 해결 방법은 없다. 특정 영역에서 변경 가능성이 중요하다고 생각되면 이해도가 조금 떨어지더라도 추상화를 처음부터 도입할 수 있다. 예를 들어, 프로세스에서 특정 단계가 다른 단계보다 자주 변경될 것으로 예상된다면 별도의 모듈로 분리하여 구현을 하는게 좋다. 그러면 논리적으로 주 프로세스에 속하지만 별도의 모듈에 있다. 이렇게 하면 전체적으로 구현된 프로세스에 대한 이해도는 조금 떨어질 수 있지만 변경사항이 생겼을 때 반영하기가 더 수월하다.

또 다른 중요한 트레이드 오프는 재사용성을 추구할 때 발생할 수 있다. 일반적인 컴포넌트 또는 재사용 가능한 라이브러리는 다양한 시나리오에 적용하기 위해 내부 구현이 복잡해질 수 있다. 재사용이 불가능한 애플리케이션의 구성 요소는 많은 Consumer의 요구를 만족시킬 수는 없지만 보다 직관적이고 구체적일 수 있다.

재사용을 위해 설계할 때는 다음 두 가지 사항을 고려해야 한다.

> ⇒ 한 가지 일만 하고 그것을 잘하는 유닉스 철학을 고수해야 한다.
> ⇒ 모듈 자체가 가지고있는 의존성을 최소화 해야 한다. 그렇지 않으면 재사용하는 모든 Consumer들이 그 전이 의존성에 대한 부담을 가지게 된다.

물론 이런 모든 사항들을 사용 편의성, 이해도 그리고 개발 속도가 중요한 애플리케이션 모듈을 개발할 때 항상 고려하지는 않는다. 애플리케이션 모듈의 개발 속도를 높이고, 보다 단순하게 만들 수 있다면 라이브러리 모듈을 사용하는게 좋다. 다른 한편으로, 재사용 가능한 라이브러리 모듈을 만들고 싶다면 미래의 Consumer가 전이 의존성을 신경 쓰지 않도록 해야 한다. 여기에는 정답은 없다. 단지 트레이드오프만 있을 뿐이다. 모듈 시스템은 이를 명확하게 선택할 수 있게 해준다.

일반적으로 재사용 가능한 모듈은 일회용 애플리케이션 모듈과 비교하였을 때, 더 작고 하나의 기능에만 집중하는 경우가 많다. 반면에 많은 소규모 모듈을 조정하는 것만으로도 복잡도가 높아진다. 그래서 재사용성을 당장에 고려해야 할 상황이 아니라면 큰 모듈을 갖는 것이 합리적 일 수 있다.

다음에는 모듈 크기에 대한 개념을 살펴 보자.

린(lean) 모듈

모듈은 얼마나 커야 할까? 당연한 질문인 것 같지만 애플리케이션이 얼마나 커야 할지 묻는 것과 같다. 모듈의 목적을 수행하기에 충분할 정도의 크기만 가져야 하지 불필요하게 더 커지면 안된다. 당연한 내용이지만, 딱히 도움이 되는 대답도 아니다.

모듈을 디자인할 때 크기보다 더 중요하게 고려해야 할 사항이 있다. 모듈 측정에 대해 생각할 때 다음 두 가지 매트릭에 대하여 고려를 해야한다.

public (외부에 오픈하는) 영역의 사이즈와 내부 구현 영역의 사이즈

모듈에서 공개적으로 익스포트하는 부분을 단순화하고 최소화하는 것은 두 가지 이유에서 좋다.

첫째, 크고 복잡한 API보다 간단하고 작은 API를 사용하는 것이 더 쉽다. 모듈을 사용하는 입장에서는 불필요한 세부 사항을 알 필요가 적어진다. 모듈화의 전체적인 포인트는 관심사를 다루기 쉬운 크기로 분해하는 것이다.

둘째, 모듈의 public 파트를 최소화하면 모듈의 유지 관리자의 책임이 줄어든다. 외부에서 접근할 수 없는 파트에 대하여 고려할 필요가 없기 때문에 모듈 작성자는 많은 고민없이 내부의 세부적인 구현 부분을 자유롭게 변경할 수 있다. 노출되는 부분이 적을수록 Consumer와 의존성이 생길 확률이 낮아지고 API가 더 안정적일 수 있다. 모듈에서 노출된 부분은 모듈 생산자와 Consumer 사이의 계약관계가 된다. 모듈의 하위호환성을 유지하기 위해서는(기본적으로 가져야 하는 개념이다) 많은 고민이 필요하다. 모듈의 public 부분은 최소화하는 것이 좋다.

나머지 메트릭은 모듈에서 외부에 노출되지 않은 부분의 사이즈이다. 여기에서 모듈의 public 파트와 마찬가지로 기본 사이즈에 대해 이야기하는 것은 별로 중요하지 않다. 다시 말하지만, 모듈의 private 부분의 구현은 API 요구사항을 만족시킬 수 있는 만큼 커야 한다. 더 중요한 것은 다음 질문이다. 기능을 구현하기 위해 다른 모듈이 얼마나 많이 필요할까? 린 모듈은 다른 모듈과의 의존성을 피하면서 가능한 한 독립적이어야 한다. 특정 모듈을 사용해야 하기 때문에 시스템에 전이 의존성이 발생할 수 있지만 걱정할 필요는 없다. 앞에서 설명한 것처럼 전반적인 재사용성이 모듈의 주된 고려사항이 아니라면 문제가 되지 않는다.

린 모듈 개발과 재사용 가능한 마이크로서비스를 둘러싼 우수 사례에는 다음과 같은 유사점이 있다.

⇒ 가능한 한 작게 만들기 위한 노력 해야 한다.
⇒ 가능한 한 독립적이어야 하며, 동시에 외부에 잘 정의 된 명세를 공개해야 한다.

실제로 이것은 시스템 아키텍처의 다양한 레벨에서 비슷하게 고려되어야 하는 사항이다. public API와 모듈 디스크립터가 있는 모듈은 프로세스 간 재사용과 구성을 쉽게 한다. 마이크로서비스는 (네트워크화 된) 프로세스 간 통신을 통해 아키텍처의 상위 레벨에서 동작한다. 따라서 모듈과 마이크로서비스는 상호보완적인 개념이다. 마이크로서비스는 내부의 Java 모듈을 사용하여 구현할 수 있다. 중요한 차이점 중 하나는 모듈과 모듈 디스크립터를 통해 모듈이 어떤 걸 익스포트 해야 하는지, 어떤 것이 필요한 지에 대해서 명시적으로 기술할 수 있다는 것이다. 따라서 Java 모듈 시스템의 모듈은 대부분의 마이크로서비스 환경에서는 할 수 없는 필요한 모듈을 찾고 연결하는 작업이 가능하다.

API 모듈

지금까지의 내용을 보면 모듈의 API를 만들 때 신중하게 고민해야 한다는 것을 알게 됐다. API 디자인은 모듈을 만들 때 우선시 되어야 한다. 이것이 라이브러리를 만드는 경우에만 고려해야 하는 것처럼 들릴 수 있지만 그렇지 않다. 애플리케이션을 모듈화할 때 애플리케이션 모듈의 public API를 만드는 것이 중요하다. 모듈의 API는 외부에 노출된 패키지들의 집합이다. 모든 코드가 외부에 노출된 모듈을 사용하여 애플리케이션을 구현하는 것은 좋은 방법이 아니다. 모듈형 애플리케이션은 좋은 라이브러리가 애플리케이션에서 내부를 숨기는 것처럼 애플리케이션의 다른 부분에서 구현 세부 사항을 숨긴다. 모듈이 애플리케이션의 다른 부분이나 다른 팀에서 사용되는 경우가 빈번하다면 잘 정의되고 안정적인 API를 갖는 것이 가장 중요하다.

API 모듈은 어떻게 구성해야 할까?

하나의 인터페이스만 구현해야 한다면 API와 내부 구현을 단일 모듈로 결합할 수 있다. 이 경우, 공개된 부분은 모듈의 사용자가 볼 수 있으며 구현 패키지는 숨겨진다. 구현은 ServiceLoader를 통해 서비스로 공개될 수 있다. 다양한 구현이 있는 경우에도 디폴트 구현을 API 모듈에 묶는 것이 좋을 때가 있다. 이 책의 나머지 부분에서는 API 모듈에 이러한 디폴트 구현이 포함되어 있지 않고 API 모듈 자체적으로 동작한다고 가정을 한다. "디폴트 구현을 제공하는 API 모듈"(107 페이지)에서 모듈이 익스포트된 API와 해당 API의 구현을 모두 가지고 있는 경우 몇 가지 주의 사항을 설명한다.

우리는 이미 모듈의 public 파트가 가능한 한 가벼워야 한다는 것을 이해했다. 그러면 API 모듈에서 무엇을 익스포트해야 할까? 인터페이스는 대부분의 API의 기본 형식을 나타낸다고 많이 언급했다. 물론 그 외에도 더 많이 있다.

인터페이스에는 매개 변수와 리턴 타입이 있는 메소드가 포함되어 있다. 가장 기본적인 형태로 인터페이스는 java.base의 타입만을 사용하여 독자적으로 구성된다.

```java
public interface SimpleTextRepository {
    String findText(String id);
}
```

물론, 이렇게 간단한 인터페이스는 실제로 거의 없다. EasyText와 같은 애플리케이션에서는 레포지토리 구현이 텍스트를 읽어와서 도메인 관련 타입을 반환할 것으로 기대한다(예제 5-1 참조).

```
public interface TextRepository {
    Text findText(String id);
}
```

이 경우 Text 클래스는 API 모듈에 위치해야 한다. 서비스 외부에서 호출하여 사용할 것으로 예상되는 데이터를 다루는 JavaBean 스타일의 클래스가 될 수 있다. 따라서 public API의 영역에 있어야 한다. 인터페이스의 메소드에서 선언된 Exception도 API의 일부이다. 그것들은 API 모듈에 포함 되어야하며(선언 할) 메소드를 익스포트해야 한다.

인터페이스는 API Provider와 Consumer를 분리할 수 있는 주요 수단이다. 물론 API 모듈은 인터페이스 이상의 것을 포함할 수 있다(예를 들면 API Consumer가 extend, enum, annotation 등을 기대하는 (추상)기본 클래스와 같은 것들). API 모듈에 무엇을 구현했는지 알고 있어야 한다.

다른 모듈은 API 모듈이 필요로 할 때 사용할 수 있기를 원한다. 인터페이스에서 제공하는 모든 타입을 사용하기 위해 다른 모듈이 추가되는 것을 원하지 않는다. API 모듈을 완전히 독립적으로 만든다면 이런 요구사항을 만족시킬 수 있다. 하지만 이런 방법이 항상 가능하지는 않다. 종종 인터페이스 메소드는 다른 모듈에 있는 타입의 매개 변수를 반환하거나 받아야 하는 경우가 있다. 이러한 시나리오를 위해서 모듈 시스템은 묵시적인 가독성을 제공한다.

묵시적 가독성

39 페이지의 "묵시적인 가독성"에서는 플랫폼 모듈을 기반으로 한 묵시적 가독성에 대해 소개했다. EasyText 도메인의 예제를 통해 묵시적 가독성이 완전히 독립적인 API 모듈을 만드는 데 어떻게 도움이 되는지 그림 5-1과 같이 세 개의 모듈로 구성된 예제를 통해 살펴 보겠다.

예제 5-1의 TextRepository 인터페이스는 easytext. repository.api 모듈에 있으며 findText 메소드가 반환하는 Text 클래스는 다른 모듈인 easytext.domain.api에 있다. easytext.client(TextRepository를 호출)의 module-info. java는 예제 5-2와 같다.

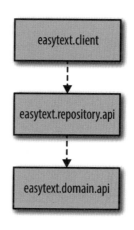

그림 5-1. 묵시적인 가독성이 없는 상황에서의 세 개의 모듈

```
module easytext.client {
    requires easytext.repository.api;         ❶
    uses easytext.repository.api.TextRepository;   ❷
}
```

❶ TextRepository에 접근해야 하기 때문에 API 모듈이 필요하다.

❷ easytext.client가 TextRepository를 구현한 서비스를 사용한다.

easytext.repository.api는 TextRepository 인터페이스에서 Text를 리턴 타입으로 사용하기 때문에 easytext.domain.api와 의존성이 생긴다.

```
module easytext.repository.api {
    exports easytext.repository.api;❶
    requires easytext.domain.api;     ❷
}
```

❶ TextRepository가 포함된 API 패키지를 익스포트한다.

❷ TextRepository 인터페이스에서 참조되는 Text가 포함되어 있기 때문에 도메인 API 모듈이 필요하다.

마지막으로, easytext.domain.api 모듈은 Text 클래스를 가지고 있다.

```
public class Text {

    private String theText;

    public String getTheText() {
        return this.theText;
    }

    public void setTheText(String theText) {
        this.theText = theText;
    }

    public int wordcount() {
        return 42; // Why not
    }

}
```

Text 클래스에는 wordcount 메소드가 있다. 이 메소드는 나중에 클라이언트 코드에서 사용할 예정이다. easytext.domain.api 모듈은 이 Text 클래스를 포함하는 패키지를 익스포트한다.

```
module easytext.domain.api {
    exports easytext.domain.api;
}
```

클라이언트 모듈은 다음과 같은 형식의 레포지토리 호출을 포함한다.

```
TextRepository repository = ServiceLoader.load(TextRepository.class).iterator().next();

repository.findText("HHGTTG").wordcount();
```

컴파일을 하면 다음과 같은 에러가 발생을 한다.

```
./src/easytext.client/easytext/client/Client.java:13: error: wordcount() in
Text is defined in an inaccessible class or interface
            repository.findText("HHGTTG").wordcount();
                                          ^
```

비록 easytext.client에서 Text 타입을 직접 언급하지는 않지만 우리는 레포지토리에서 결과를 반환하려고 할 때 이 타입을 호출한다. 따라서 클라이언트 모듈은 Text를 익스포트하는 easytext.domain.api 모듈을 읽어야한다. 이 컴파일 오류를 해결하는 한 가지 방법은 클라이언트의 모듈 디스크립터에 text.domain.api 모듈에 대한 requires 구문을 추가하는 것이다. 하지만 이러한 방법이 좋은 해결책은 아니다. 왜 클라이언트 모듈이 레포지토리 모듈의 전이 의존성을 처리해야 할까? 더 나은 해결책은 레포지토리 모듈 디스크립터를 아래와 같이 개선하는 것이다.

```
module easytext.repository.api {
    exports easytext.repository.api;
    requires transitive easytext.domain.api;        ❶
}
```

❶ transitive 키워드를 추가하여 묵시적 가독성을 설정한다.

requires 구문에 추가된 transitive 키워드가 중요 포인트이다. repository 모듈은 easytext. domain.api를 읽고, easytext.repository.api를 요구하는 모든 모듈은 그림 5-2처럼 easytext. domain.api도 자동으로 읽는다.

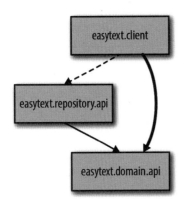

그림 5-2. 묵시적인 가독성 관계 설정은 전이 의존성 때문에 필요하다(굵은 선으로 표시).

이제는 문제없이 컴파일된다. client 모듈은 repository 모듈 디스크립터에 기술된 requires transitive 구문을 통해 Text 클래스를 읽을 수 있다. 묵시적인 가독성으로 인해 repository 모듈은 자신의 익스포트된 패키지가 모듈을 사용하기에 충분하지 않다는 것을 나타낼 수 있다.

예제와 같이 리턴 타입이 다른 모듈에서 오는 경우는 requires transitive 구문이 꼭 필요하다. public 형식의 익스포트된 타입에서 다른 모듈의 타입을 참조하는 경우는 묵시적 가독성을 사용하게 된다. 이러한 경우는 리턴 타입 외에도 다른 모듈로부터의 매개변수 타입을 사용하는 경우와 다른 모듈로부터 exception이 thrown되는 경우에도 적용된다.

컴파일러의 옵션을 사용하면 transitve로 선언해야하는 API 모듈의 의존성을 찾을 수 있다. -Xlint:exports 옵션을 사용하여 컴파일하는 경우 requires transitive 구문으로 선언되어야 하는 익스포트된 타입에 대하여 경고를 발생한다. 이렇게 하면 API 모듈 자체를 컴파일하는 동안 문제를 찾을 수 있다. 그렇지 않으면 묵시적인 가독성이 설정되지 않았기 때문에 의존성이 누락된 소비 모듈을 컴파일할 때만 오류가 나타난다. 예를 들어 이전의 easytext.repository.api 모듈 설명자에서 transitve 키워드를 제거하고 -Xlint:exports를 사용하여 컴파일하면 다음과 같은 경고가 발생한다.

```
$ javac -Xlint:exports --module-source-path src -d out -m easytext.repository.api
src/easytext.repository.api/easytext/repository/api/TextRepository.java:6:
warning: [exports] class Text in module easytext.domain.api is not indirectly
    exported using requires transitive
      Text findText(String id);
      ^
    1 warning
```

API 모듈 설계 시, 묵시적 가독성을 활용하면 모듈을 더 쉽게 사용하도록 할 수 있다. 모듈을 사용할 때 묵시적인 가독성에 의존하는 경우 발생가능한 위험성이 있다. 이 예제에서 client모듈은 묵시적 가독성의 전이 특성으로 인해 Text 클래스에 접근할 수 있다. 이 예제는 repository.findText("HHGTTG").wordcount( )와 같은 인터페이스를 통하여 Text 타입을 사용할 때는 잘 동작한다. 그러나 client 모듈 내부에서 인터페이스의 메소드를 통한 반환 값으로 가져 오지 않고 Text를 직접 인스턴스화하고 필드에 저장하는 등 Text 클래스를 직접 사용하기 시작하면 어떻게 될까? 잘 컴파일되고 실행된다. 그러나 client 모듈 디스크립터가 우리의 의도를 반영하고 있을까? 이 경우에는 client 모듈이 easytext.domain.api 모듈에 대한 명시적이고 직접적인 의존성을 가져야한다고 말하고 있다. 이렇게 하면 client 모듈이 repository 모듈을 사용하지 않아도 되므로 domain API에서 묵시적 가독성이 없어지고 client 코드가 계속 컴파일된다.

위의 상황이 대수롭지 않은 문제로 보일 수 있다. 컴파일되고 작동을 하는데 무슨 큰일이 있을까? 그러나 모듈 작성자는 코드를 기반으로 올바른 의존성을 선언해야 한다. 묵시적인 가독성은 이전에 본 컴파일러 오류와 같은 예기치 않은 상황을 방지하기위한 것이다. 모듈이 실제로 어떤 의존성을 가지고 있는지에 대해서는 항상 잘 알고 있어야 한다.

디폴트 구현을 제공하는 API 모듈

API와 구현이 동일한 모듈에 있어야 하는지 다른 모듈에 있어야하는지 여부는 흥미로운 질문이다. API와 구현을 분리하는 것은 API가 다양한 구현을 필요로 할 때 유용한 패턴이 된다. 반면에 하나의 구현만 존재할 경우 동일한 모듈에서 API와 구현을 같이 제공하는 것이 적합하다. 사용 편의성을 위해 디폴트 구현을 제공하려는 경우도 의미가 있다.

API와 구현이 하나의 모듈에 있어도 추후에 별도의 모듈에서 제공하는 구현으로 대체할 수 있다. 그러나 이러한 대체 구현 모듈은 API를 제공하는 모듈에 대한 의존성이 필요하다. 이렇게 결합된 모듈에는 API뿐 아니라 기존에 제공하던 구현이 포함되어 있다. 이런 경우 대체 구현 모듈과는 전혀 무관하게 결합된 모듈의 구현 의존성 때문에 불필요한 전이 의존성이 발생할 수 있다.

그림 5-3에 이 문제가 나와 있다. 모듈 easytext.analysis.coleman과 text.analysis는 Analyzer 인터페이스의 구현을 서비스로 제공한다. text.analysis 모듈은 API를 익스포트하면서 내부 구현도 같이 제공을 하고 있다. 그러나 easytext.analysis(API는 아님) 내부 구현에서는 syllablecounter 모듈이 필요하다. 그렇기 때문에 easytext.analysis.coleman에서 API의 대체 구현은 해당 코드에서 syllablecounter가 필요하지 않더라도 모듈 패스에 syllablecounter 모듈

이 없으면 실행할 수 없다. API를 자체 모듈로 분리하면 그림 5-4와 같이 이러한 문제를 피할 수 있다.

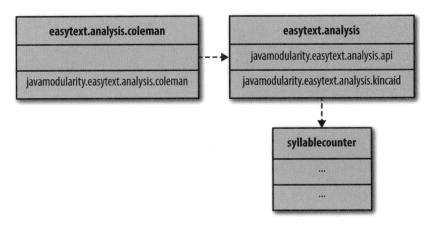

그림 5-3. 하나의 모듈에 API와 디폴트 구현이 같이 있는 경우(easytext.analysis 모듈처럼), 대체 구현을 사용하려는 경우 디폴트 구현에서 발생하는 의존성(syllablecounter에 대한)에 대하여 전이 의존성이 발생하게 된다.

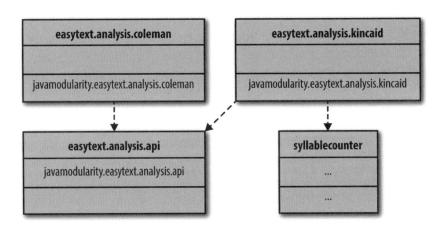

그림 5-4. API와 분리된 다양한 구현이 있는 경우가 더 잘 작동한다.

3 장과 4 장에서 EasyText Analyzer 인터페이스를 위한 별도의 API 모듈을 소개했다. 만약 API의 구현을 다양하게 제공할 것 같다면 public API로 모듈에서 익스포트 하는 것이 좋다. 이러한 설계는 새로운 분석 기법을 추가하여 EasyText를 확장 가능하게 만들고 싶은 경우에 적용 가능하다. 이 경우, 구현을 서비스로 제공하고 API 모듈을 추출하면 그림 5-4의 패턴처럼 된다.

이렇게 하면 외부에 익스포트되지 않는 다양한 구현 모듈을 API 모듈의 서비스로 제공할 수 있다. API 모듈은 패키지만 익스포트하고 캡슐화된 구현 코드를 포함하지 않는다. 이렇게 설정을 하면 easytext.analysis.kincaid 모듈의 syllablecounter에 대한 구현 의존성이 easytext.analysis.coleman 모듈에 전이되지 않는다. 모듈 패스에서 easytext.analysis.kincaid 또는 syllablecounter를 사용하지 않고도 easytext.analysis.coleman을 사용할 수 있다.

집합 모듈

묵시적 가독성을 다시 한 번 고려하여 새로운 모듈 패턴인 집합(aggregator) 모듈을 살펴보겠다. 강하게 연관되지 않은 여러 모듈로 구성된 라이브러리가 있다고 가정 해보자. 가상 라이브러리 사용자는 필요에 따라 하나 또는 여러 개의 모듈을 사용할 수 있다. 아직까지 새로운 것은 없다.

모듈에 Facade 패턴 적용하기

라이브러리를 사용할 때 어떤 모듈이 필요한지 정확히 알고 있어야하는 불편한 상황을 원치 않을 것이다. 아마도 라이브러리 모듈은 라이브러리 관리자에게 도움이 되는 방식으로 분할되겠지만 사용자를 혼란스럽게 할 수 있다. 또는 라이브러리 전체를 단일 모듈을 통해서만 사용할 수 있게 하여 사람들이 신속하게 시작할 수 있기를 원할 수도 있다. 이를 수행하는 한 가지 방법은 개별 모듈과 개별 모듈의 모든 컨텐츠를 결합하는 "수퍼 모듈(super-module)"을 구축하는 것이다. 하지만, 이런 방식이 좋은 해결책은 아니다.

다른 방법으로 묵시적 가독성을 사용하여 집합(aggregator) 모듈을 구성하여 비슷한 결과를 얻을 수 있을 것이다. 근본적으로 기존의 라이브러리 모듈에 facade 패턴을 적용해야 한다. 집합(aggregator) 모듈에는 코드가 없다. 다른 모든 모듈에 대한 묵시적 가독성을 설정하는 모듈 디스크립터만 있다.

```
module library {
    requires transitive library.one;
    requires transitive library.two;
    requires transitive library.three;
}
```

이렇게 사용자가 라이브러리에 대한 의존성을 추가하면 세 개의 라이브러리 모듈에서 제공하는 타입을 애플리케이션에서 읽을 수 있다.

그림 5-5는 새로운 상황을 보여준다. 물론 필요하다면 하나의 특정 모듈에 의존하는 것이 가능하다.

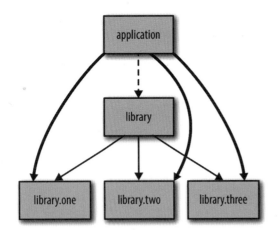

그림 5-5. 애플리케이션 모듈은 집합(aggregator) 모듈 라이브러리를 통해 세 개의 라이브러리 모듈에서 제공하는 타입을 사용할 수 있다. 묵시적인 가독성은 굵은 선으로 표시했다.

집합(aggregator) 모듈은 가볍기 때문에 여러 개의 다양한 집합 모듈을 만들 수 있다. 예를 들어 특정 사용자를 대상으로 여러 가지 프로파일 또는 라이브러리 배포판을 제공할 수 있다.

JDK에는 2장에서 살펴본 것처럼 이런 접근 방식에 대한 좋은 예가 포함되어 있다. 표 5-1에 나열된 것처럼 다양한 집합 모듈이 있다.

모듈	포함된 모듈
java.se	Java SE 스펙에 공식적으로 속하는 모든 모듈
java.se.ee	java.se 모듈과 Java SE 플랫폼에 번들로 제공되는 모든 Java EE 모듈

표 5-1. JDK의 집합 모듈

한편으로 집합(aggregator) 모듈을 만드는 것이 Consumer에게 편리하다. 사용자는 모듈이 실제로 어떻게 구성되었는지에 대한 고민을 하지 않고 집합(aggregator) 모듈만 호출하여 사용할 수 있다. 이러한 편리성이 있지만 위험성도 내포하고 있다. 사용자는 집합(aggregator) 모듈을 통하여 모듈의 모든 익스포트 타입에 접근할 수 있다. 여기에는 사용하고 싶지 않은 모듈이 포함될 수 있다. 묵시적인 가독성 때문에 이러한 모듈을 사용할 때 더 이상 모듈 시스템에서 경고를 받지 못한다. 필요한 기본 모듈에 대한 정확한 의존성을 지정하면 이러한 상황을 방지할 수 있다.

집합(aggregator) 모듈을 사용하는 것은 편리하다. JDK 개발자의 관점에서 볼 때 이는 단순히 편리함 이상의 장점이 있다. 집합(aggregator) 모듈은 플랫폼을 관리 가능한 집합으로 구성 할 수 있는 좋은 방법이다. 플랫폼 집합(aggregator) 모듈 중 하나인 java.se.ee를 통해서 이것이 무엇을 의미하는지 살펴 보겠다. 이전에 보았던 것처럼 java --describe-module ⟨modulename⟩ 을 사용하여 모듈의 모듈 디스크립터 내용을 볼 수 있다.

```
$ java --describe-modules java.se.ee
java.se.ee@9
requires java.se transitive
requires java.xml.bind transitive
requires java.corba transitive
...
```

집합(aggregator) 모듈 java.se.ee는 관련된 EE 모듈을 필요로 하다. 또한 다른 집합(aggregator) 모듈인 java.se도 필요하다. 묵시적인 가독성 때문에 모듈이 java.se.ee를 읽으면 java.se에 의해 필요한 모든 것을 접근할 수 있다. 이러한 계층적 집합(aggregator) 패턴은 많은 수의 모듈을 정리하는 깔끔한 방법이다.

안전하게 모듈 분리하기

집합(aggregator) 모듈 패턴이 유용하게 사용되는 경우는 다음과 같다. 단일 모듈을 출시했는데 릴리즈를 한 이후에 분리를 해야 할 필요가 있는 경우이다. 예를 들어, 유지 관리하기에 너무 커졌거나 관련성이 없는 기능을 분리하여 재사용성을 개선하고 싶은 경우가 발생할 수 있다.

그림 5-6과 같이 largelibrary 모듈에 추가 모듈화가 필요하다고 가정해 보겠다. 그러나 이미 public API를 통하여 largelibrary를 사용하는 사용자가 있다. 모듈을 분리 하더라도 이전 버전과 호환 될 수 있어야 한다. largelibrary의 기존 사용자가 새롭게 배포하는 가벼운 모듈로 즉시 전환 하기를 바라면 안된다.

그림 5-7에 나와있는 해결 방법은 largelibrary를 동일한 이름의 집합(aggregator) 모듈로 대체 하는 것이다. 차례로 이 집합(aggregator) 모듈은 새롭고 더 작은 모듈에 묵시적 가독성을 조정 한다.

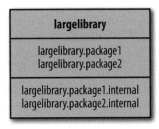

그림 5-6. 분리하기 전의 largelibrary 모듈

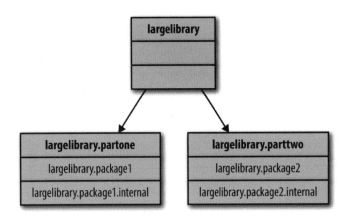

그림 5-7. 분리 후의 largelibrary 모듈

기존의 익스포트되고 캡슐화된 영역에 있던 패키지는 모두 새로운 모듈에 분배된다. 이제 라이브러리의 새로운 사용자는 개별 모듈 중 하나를 선택하거나 전체 API에 대한 가독성을 위해 largelibrary를 사용할 수 있다. 기존 사용자가 라이브러리를 새 버전으로 업그레이드할 때 라이브러리의 코드 또는 모듈 디스크립터를 변경할 필요가 없다.

모듈 디스크립터만 포함하고 자체 코드는 포함하지 않는 순수한 집합(aggregator) 모듈을 항상 만들 필요는 없다. 종종 라이브러리는 독립적으로 유용한 핵심 기능으로 구성된다. largelibrary 예제와 함께, largelibrary.part2 패키지는 largelibrary.part1 위에 구축될 수 있다.

이 경우 그림 5-8과 같이 두 개의 모듈을 만드는 것이 좋다.

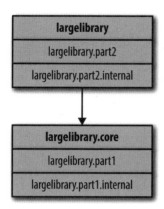

그림 5-8. largelibrary 분리를 위한 또 다른 방법

largelibrary는 있는 그대로 사용하거나 largelibrary.core 모듈만 기능의 서브 세트로 사용할 수 있다. 이 방법은 largelibrary의 모듈 디스크립터를 다음과 같이 수정하여 구현할 수 있다.

```
module largelibrary {
    exports largelibrary.part2;
    requires transitive largelibrary.core;
}
```

앞서 보았듯이 묵시적 가독성은 모듈을 분리하는 안전한 방법을 제공한다. 새로운 집합 (aggregator) 모듈의 사용자들은 모든 코드가 단일 모듈에 있을 때와 비교하여 어떤 차이점도 느끼지 못할 것이다.

순환 의존성 피하기

실제로 기존 모듈을 안전하게 분리하는 것은 쉽지 않다. 앞의 예에서는 기존의 패키지 바운더리가 모듈을 깔끔하게 분리할 수 있다고 가정했다. 만약, 동일한 패키지의 다른 클래스가 다른 모듈에서 사용된다면 어떻게 될까? 두 개의 다른 모듈에서 동일한 패키지를 익스포트할 수는 없다. 또는 별개의 패키지에서 사용되는 타입들 사이에 상호 의존성이 있다면 어떻게 될까? 모듈 의존성은 순환될 수 없으므로 각 패키지를 별도의 모듈에 넣는 것은 작동하지 않는다.

먼저 분할 패키지의 문제점을 살펴 보겠다. 그런 다음 모듈 간의 순환 의존성을 리팩토링하는 방법을 알아 볼 것이다.

분할 패키지

모듈을 분할할 때 실행할 수 있는 한 가지 시나리오는 분할 패키지를 도입하는 것이다. 분할 패키지는 그림 5-9와 같이 여러 모듈에 걸쳐있는 단일 패키지이다. 모듈 분할이 기존 패키지 바운더리와 잘 맞지 않을 때 발생한다.

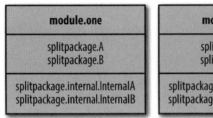

그림 5-9. 동일한 패키지이지만 다른 클래스를 포함하는 두 개의 모듈

이 예제에서 module.one과 module.two는 모두 splitpackage 및 splitpackage.internal이라는 동일한 패키지의 클래스를 포함한다.

 Java의 패키지는 비계층적이라는 것을 기억하자. 포맷 형태와 무관하게, splitpackage와 splitpackage.internal는 동일한 접두사를 공유하는 두 개의 전혀 연관성 없는 패키지이다.

module.one과 module.two를 모두 모듈 패스에 두면 JVM을 시작할 때 오류가 발생한다. Java 모듈 시스템은 분할 패키지를 허용하지 않는다. 하나의 모듈만 주어진 패키지를 다른 모듈로 익스포트할 수 있다. exports 구문이 패키지 이름으로 선언되기 때문에 두 모듈이 동일한 패키지를 익스포트할 때 문제가 발생한다. 이것이 허용되면 완전히 동일한 이름을 가진 클래스가 두 모듈에서 모두 익스포트될 수 있다. 다른 모듈이 이 두 모듈에 의존하고 이 클래스를 사용하고자 할 때, 클래스가 어떤 모듈을 읽어야 할지 판단하는데 충돌이 발생한다.

심지어 분할 패키지가 모듈에서 익스포트되지 않더라도 모듈 시스템은 이런 상황을 허용하지 않는다. 이론적으로 그림 5-9에서 splitpackage.internal과 같이 익스포트되지 않는 분할 패키지를 갖는 것은 문제가 되지 않는다. 결국 모두 캡슐화된다. 실제로, 모듈 시스템이 모듈 패스에서 모듈을 로드하는 방식은 이러한 배치를 허용하지 않는다. 모듈 패스의 모든 모듈은 동일한 클래스 로더 내에 로드된다. 클래스 로더는 패키지 정의를 하나만 가질 수 있으며 패키지를 익스포트하였는지, 캡슐화하였는지 여부는 중요하지 않다. 152 페이지의 "컨테이너 애플리케이션 패턴"에서 모듈 시스템의 고급 사용이 동일한 캡슐화 패키지를 사용하는 여러 모듈을 허용하는 방법에 대하여 알 수 있다.

분할 패키지를 피하는 확실한 방법은 처음부터 패키지를 생성하지 않는 것이다. 처음부터 모듈을 만들 때는 적용할 수 있지만 기존 JAR를 모듈로 전환할 때는 적합하지 않다.

그림 5-9의 예제는 완전히 분할된 패키지를 보여준다. 즉, 완전히 동일한 이름을 가지는 타입이 다른 모듈에 없는 것을 의미한다. 기존 JAR를 모듈로 변환할 때 불명확한 분할(여러 JAR가 동일한 유형을 갖는 경우)이 발생하는 경우는 드문 일이 아니다. 물론 클래스 패스에서 이러한 JAR는 함께 동작했을 수도 있다(물론 실수일 것이다). 하지만 모듈 시스템에서는 그렇지 않다. 이 경우 JAR와 겹치는 패키지를 단일 모듈로 병합하는 것이 솔루션이다.

모듈 시스템은 모든 모듈과 패키지에 대해서 중복 여부를 체크한다. 여기에는 플랫폼 모듈도 포함된다. 여러 JAR 파일은 JDK 모듈에 속한 패키지에 클래스를 추가하려고 시도한다. 이러한 JAR를 모듈화하여 모듈 패스에 추가하는 것은 이러한 플랫폼 모듈과 중복되기 때문에 작동하지 않는다.

 JDK 패키지와 중복된 패키지를 포함한 JAR가 클래스 패스에 추가되면 해당 유형은 무시되고 로드되지 않는다.

순환 의존성 제거하기

분할 패키지의 문제를 해결 했으므로 이제 패키지 간에 순환 의존성 문제에 대하여 생각해 보자. 상호 의존성이 있는 패키지로 모듈을 분할할 때 순환 모듈 의존성이 발생한다. 이러한 모듈은 만들 수는 있지만 컴파일 되지않는다.

45 페이지의 "모듈 해석 및 모듈 패스"에서 모듈간의 가독성 관계는 컴파일시 순환성을 가지면 안 되는 것을 얘기했다. 두 개의 모듈은 모듈 디스크립터에서 서로 requires 관계를 가질 수 없다. 66 페이지의 "GUI 모듈 만들기"에서 런타임 시 순환 가독성 관계가 발생할 수 있음을 배웠다. 또한 서비스는 런타임에 순환 호출 그래프를 형성하여 서로를 사용할 수 있다.

그렇다면 컴파일 시점에 이 순환 의존성에 대한 엄격한 체크를 하는 이유는 무엇일까? JVM은 런타임에 클래스를 지연 로드할 수 있으므로 순환 참조의 경우 다단계 해결 전략을 사용할 수 있다. 그러나 컴파일러가 컴파일 할 수 있는 경우는, 참조하는 모든 타입이 이미 컴파일되어 있는 경우 또는 동일한 컴파일 실행에서 컴파일되는 경우 두 가지이다.

이를 달성하는 가장 쉬운 방법은 항상 상호 의존적인 모듈을 함께 컴파일하는 것이다. 불가능하지는 않지만 빌드 및 코드 관리가 어렵다. 사실 주관적인 생각이다. 컴파일 시점에 모듈간의 순환 의존성을 허용하지 않는 것은 순환 의존성이 일반적으로 모듈화에 나쁘다는 전제에 기반하여 Java 모듈 시스템이 선택한 사항이다.

순환 의존성을 포함하는 코드가 이해하기 어렵다는 것은 모두가 알고 있다. 특히 순환 의존성이 다양한 레벨에 걸쳐서 간접적으로 이루어지는 경우는 더욱 그렇다. 상호 의존 관계가 있는 두 개의 JAR에 있는 다른 패키지에 속한 두 개의 클래스의 경우와 같이 단순하지 않다. 순환 의존성은 애플리케이션을 이해하는데 있어서 혼란스러움을 가중시키며, Java 모듈 시스템을 사용하여 모듈화된 애플리케이션에서는 허용하지 않는다.

기존 JAR 사이에 순환 의존성이 있는 애플리케이션을 모듈화하면 어떻게 해야 할까? 또는 JAR에서 패키지를 분할하면 이러한 순환이 발생할까? 컴파일러가 이러한 구성을 허용하지 않기 때문에 상호 의존성을 가지는 두 개의 모듈로 변환할 수 없다.

분명한 해결책은 이러한 JAR를 단일 모듈로 병합하는 것이다. 두 구성 요소 사이에 그런 긴밀한 (순환) 관계가 있다면 실제 하나의 모듈이라고 결론을 내릴 수 있다. 물론 이 솔루션은 순환 의존성이 좋지 않다는 전제하에 제안되는 것이다. 만약 단일 모듈로 병합하기를 원하지 않는다면, 순환 의존성이 간접적으로 발생해야 하며, 순환 의존성이 발생하는 구성요소가 두 개보다 많아야 한다. 물론 이런 경우는 거의 없다.

순환 의존성이 발견될 때는 설계를 의심해 볼 필요가 있다. 즉, 순환 의존성을 없애기 위해서는 약간의 재설계가 필요할 수 있다. 속담처럼, 컴퓨터 과학의 모든 문제는 또 다른 수준의 간접 참조를 도입함으로써 해결될 수 있다(물론 너무 많은 간접 참조가 발생하면 안된다). 간접 참조를 추가하여 순환의존성을 제거하는 방법에 대해 알아 보겠다.

여기 authors.jar와 books.jar라는 두 개의 JAR 파일이 있다. 각 JAR에는 서로 참조하는 단일 클래스(Author와 Book)가 있다. 기존 JAR를 모듈형 JAR 파일로 변환하면 그림 5-10과 같이 순환 의존성이 명확해진다.

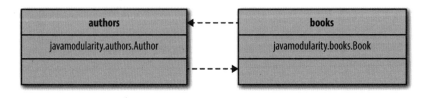

그림 5-10. 이 모듈은 순환 의존성으로 인해 컴파일되지 않는다.

먼저 모듈 간의 올바른 관계가 무엇인지 답을 할 수 있어야 한다. 여기에 딱 맞는 한 가지 방법론은 없다. 우리는 코드를 살펴보고, 그 코드가 어떤 의도로 구현되었는지를 알아야 한다. 그런 다음에 질문에 대해 적절한 대답을 할 수 있다. 예제 5-3을 토대로 이 질문을 살펴 보겠다.

예제 5-3. Author.java (↳ chapter5/cyclic_dependencies/cycle)

```java
public class Author {
    private String name;
    private List<Book> books = new ArrayList<>();

    public Author(String name) {
        this.name = name;
    }

    public String getName() {
        return name;
    }

    public void writeBook(String title, String text) {
        this.books.add(new Book(this, title, text));
    }
}
```

Author는 name이라는 변수를 가지고 있으며, writeBook 메소드를 사용하여 books이라는 리스트에 Book을 추가할 수 있다.

```java
public class Book {
    private Author author;
    private String title;
    private String text;

    public Book(Author author, String title, String text) {
        this.author = author;
        this.text = text;
        this.title = title;
    }

    public void printBook() {
        System.out.printf("%s, by %s\n\n%s", title, author.getName(), text);
    }
}
```

Author, title 그리고 text가 있으면 Book을 생성할 수 있다. 생성한 후에 Book은 printBook 메소드를 사용하여 출력할 수 있다. 이 메소드의 코드를 보면 그 기능이 Book에서 Author로 의존성이 발생하는 것을 알 수 있다. 결국 Author를 통해서 출력 할 저자의 이름을 가져오는 것이다. 이것은 새로운 추상화의 포인트가 된다. Book은 이름을 알아내는 것에만 관심이 있다. 그럼 굳이 Author와 왜 결합해야 할까? 어쩌면 Author와 다른 방법으로도 Book을 만들 수 있다.

이러한 모든 고민거리는 우리가 찾고 있는 간접적인 새로운 추상화로 해결할 수 있다. Book의 모듈은 이름에만 관심이 있으므로 예제 5-4에서와 같이 Named 인터페이스를 만들어 보자.

예제 5-4. Named.java (↪ chapter5/cyclic_dependencies/without_cycle)

```
public interface Named {
    String getName();
}
```

이제 Author는 이 인터페이스를 구현할 수 있다. 기본적으로 getName 구현이 필요하다. Book은 Named를 구현한 Author를 사용하기 위하여 코드가 수정되어야 한다. 결과적으로 그림 5-11과 같은 모듈 구조가 생성된다. 추가 보너스로 javamodularity.authors 패키지를 더 이상 익스포트할 필요가 없다.

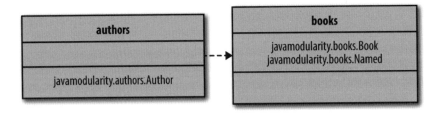

Figure 5-11. Named 인터페이스를 이용한 순환 의존성 제거

이것만이 유일한 해결 방법은 아니다. 다양한 컴포넌트에서 Author를 비슷한 용도로 사용하는 더 큰 시스템이 있다면 Named 인터페이스를 자체 모듈로 옮길 수도 있다. 이 예제의 경우 삼각형 형태의 의존성 그래프로 표현한다면 최상위에 있는 Named 모듈과 이를 가리키는 두 개의 모듈(books 모듈 그리고 authors 모듈)로 표시된다.

일반적으로 인터페이스는 순환 의존성을 제거하는 데 큰 역할을 한다. 인터페이스는 Java에서 가장 강력한 추상화 수단 중 하나이다. 그것들은 의존관계 역전(dependency inversion) 패턴을 가능하게 하여 사이클을 제거할 수 있다.

지금까지 순환 의존성의 정확한 특성을 알고 있다고 가정했다. 하지만 순환 의존성이 간접적으로 다양한 레벨에 거쳐 발생하면, 그것을 알아 내기가 어려울 수 있다. 이런 경우 다양한 도구(SonarQube 같은)를 사용하면 코드의 순환 의존성을 알아내는 데 도움이 된다. 이러한 도구들을 사용할 줄 알면 큰 도움이 될 것이다.

선택적 의존성

모듈형 애플리케이션의 특징 중 하나는 명시적 의존성 그래프이다. 지금까지 모듈 디스크립터에 기술 된 requires 구문을 통해 이러한 그래프를 구성하는 방법을 살펴 보았다. 하지만 만약 런타임에 꼭 필요한 모듈이 아닌 경우에 해당 모듈을 가지고 있는 것이 좋을까?

현재 많은 프레임워크가 클래스 패스에 JAR 파일(fastjsonlib.jar라 가정)을 추가하여 JAR에서 제공하는 기능을 사용하게 하는 방식으로 동작한다. fastjsonlib.JAR를 사용할 수 없을 때, 프레임워크는 대체 메커니즘을 사용하거나 혹은 향상된 기능을 제공하지 않는다. 주어진 예제의 경우, JSON 파싱은 조금 느려지지만 여전히 동작한다. 프레임워크는 사실상 fastjsonlib에 선택적 의존성을 가진다. 애플리케이션에서 이미 fastjsonlib을 사용하고 있다면 프레임워크에서도 이를 사용한다. 애플리케이션에서 사용하지 않는다면 프레임워크도 사용하지 않는다.

 스프링 프레임워크는 많은 선택적 의존성을 가지고 있는 프레임워크로 유명하다. 예를 들어 Base64Utils helper 클래스가 있는데 해당 클래스는, Java 8의 Base64 클래스에 위임을 하거나 혹은 클래스 패스에 Apache Commons Codec Base64가 있는 경우 Apache Commons Codec Base64 클래스에 위임하는 클래스이다. 런타임 환경에 관계없이 스프링 자체는 두 가지 구현에 대해 컴파일 해야한다.

이러한 선택적 의존성은 모듈 디스크립터에 기술된 정보로 표현될 수 없다. requires 구문을 통해서만 컴파일 시점과 런타임을 위한 단일 모듈 의존성 그래프를 표현할 수 있다.

서비스는 이러한 유연성을 제공하며 애플리케이션의 선택적 의존성을 해결할 수 있는 좋은 방법으로 여겨진다. 124페이지의 "서비스를 이용한 선택적 의존성 구현"에서 다룰 예정이다. 그러나 서비스가 ServiceLoader API에 바인딩되어 있기 때문에 기존 코드에 대하여 침투적인 변경이 생길 수 있다. 선택적 의존성은 프레임워크와 라이브러리에서 자주 사용되기 때문에 사용자에게 서비스 API 사용을 강요하고 싶지 않을 수 있다. 서비스 사용여부가 옵션이 아닌 경우, 모듈 시스템의 또 다른 기능을 사용하여 선택적 의존성을 모델링할 수 있다(컴파일 시점 의존성).

컴파일 시점 의존성

이름에서 이미 알 수 있듯이 컴파일 시점 의존성은 컴파일하는 동안 필요한 의존성이다. 예제 5-5에서 볼 수 있듯이 static 키워드를 requires 구문에 추가하여 모듈에 컴파일 시점 의존성을 표현할 수 있다.

예제 5-5. 컴파일 시점 의존성 선언 구문 (↳ 장5 / optional_dependencies)

```
module framework {
    requires static fastjsonlib;
}
```

static으로 선언을 하면 컴파일할 때 fastjsonlib 모듈이 있어야 하고, 프레임워크를 실행할 때는 필요하지 않다. 이로 인해 fastjsonlib는 모듈 Consumer 관점에서 프레임워크의 선택적 의존성을 효과적으로 만든다.

 컴파일 시점 의존성은 다른 애플리케이션도 포함된다. 예를 들어, 모듈은 컴파일 시점에만 사용되는 Java 어노테이션을 익스포트할 수 있다. 이러한 모듈이 런타임 의존성이 생겨서는 안되기 때문에 이러한 시나리오를 static으로 처리해야한다.

fastjsonlib 없이 프레임워크를 실행하면 어떤 일이 발생할까? 프레임워크가 fastjsonlib에서 직접 익스포트한 FastJson 클래스를 사용하는 시나리오를 살펴 보겠다.

```
package javamodularity.framework;
import javamodularity.fastjsonlib.FastJson;
public class MainBad {
    public static void main(String... args) {
        FastJson fastJson = new FastJson();
    }
}
```

이 경우 fastjsonlib없이 프레임 워크를 실행하면 NoClassDefFoundError가 발생한다. 해석기는 fastjsonlib 모듈이 빠져 있다고 해서 에러를 발생하지는 않는다. 컴파일 시점에만 의존하기 때문이다. 그러나 FastJson은 프레임워크에서 분명히 필요하므로 런타임에 에러가 발생한다.

컴파일 시점 의존성을 나타내는 모듈은 런타임에 이러한 문제가 발생하지 않도록 책임져야 한다. 즉, 프레임워크는 컴파일 시점 의존성에서 클래스 사용에 대해 방어적으로 코딩해야 한다. 예제처럼 MainBad에서 FastJson에 대한 직접적인 참조를 하는 방식은 문제가 있다. VM이 항상 클래스를 로드하고 인스턴스화하려고 시도하므로 NoClassDefFoundError가 발생한다.

다행히도 Java는 클래스에 대한 지연 로딩을 수행한다(가능한 최대한 늦은 시점에 로드된다). 우리가 어떻게든 잠정적으로 FastJson 클래스를 사용하려고 시도할 수 있고 만약 사용할 수 없는 상황의 경우에도 복구할 수 있다면 우리의 목표를 달성했다고 할 수 있다. 적절한 try-catch 블록을 이용하여 리플렉션을 사용하면 프레임워크가 런타임 오류를 방지할 수 있다.

```
package javamodularity.framework;
import javamodularity.fastjsonlib.FastJson;
public class Main {
    public static void main(String... args) {
        try {
            Class<?> clazz = Class.forName("javamodularity.fastjsonlib.FastJson");
            FastJson instance = (FastJson) clazz.getConstructor().newInstance();
            System.out.println("Using FastJson");
        } catch (ReflectiveOperationException e) {
            System.out.println("Oops, we need a fallback!");
        }
    }
}
```

FastJson 클래스가 없으면 catch 블록으로 대체용으로 사용할 수 있다. 반면에 fastjsonlib이 있으면 리플렉션 인스턴스 생성 후에 아무 문제없이 FastJson을 사용할 수 있다.

fastjsonlib이 모듈 패스에 있더라도 requires static fastjsonlib 구문이 런타임에 fastjsonlib을 해석 하지 못하게 해야 한다! fastjsonlib에 직접 requires 구문을 추가하거나, --add-modules fastjsonlib 옵션을 사용하여 루트 모듈로 추가해야 한다. 두 경우 모두 fastjsonlib가 해석되고 프레임워크에서 이를 읽고 사용한다.

이런 식으로 컴파일 시점 의존성이 있는 클래스를 사용할 때 위와 같은 방어 코드를 모두 추가하는 것은 귀찮은 작업이다. 지연 로딩은 또한 클래스가 로드되는 시점에 문제가 발생할 수 있다. 악명 높은 예제로 알려져 있는 것이 바로 클래스의 정적 초기화 블록이다. 그것은 requires static 구문 사용이 모듈간의 선택적인 커플링을 만드는 가장 좋은 방법이 아닐 수도 있다는 경고 신호이다.

모듈이 컴파일 시점 의존성을 사용할 때마다 이러한 선택적 타입의 사용은 모듈의 한 부분에서만 발생하는 것이 좋다. 단일 최상위 클래스의 인스턴스 생성시에 선택적 의존성에 대한 방어코드를 추가함으로써 코드를 깨끗하게 할 수 있다.

다른 모듈의 컴파일 시점 전용 어노테이션을 참조하는 경우는 requires static가 필요한 또 다른 케이스이다. static이 없는 requires 구문은 런타임에 의존성이 필요할 수도 있다.

때때로 클래스의 어노테이션은 정적 분석(예 : @Nullable 또는 @NonNull 검사)을 수행하거나 코드 생성을 위한 입력으로 타입을 표시하는 경우와 같이 컴파일 시점에만 사용되기도 한다. 런타임에 각 요소에 대한 주석을 검색할 때 어노테이션 클래스가 없으면 JVM은 성능이 저하되고 클래스 로드 예외를 발생시키지 않는다. 그래도 코드를 컴파일할 때 어노테이션 타입에 접근할 수 있어야 한다.

엔티티에 추가할 수 있는 가상의 @GenerateSchema 어노테이션을 살펴 보겠다. 빌드 타임에 이러한 어노테이션은 시그니쳐를 기반으로 데이터베이스 스키마를 생성하는 클래스를 찾는데 사용된다. 어노테이션은 런타임에 사용되지 않는다. 따라서 우리는 @GenerateSchema로 어노테이션된 코드가 런타임에 (어노테이션을 내보내는) schemagenerator 모듈을 필요하지 않기를 원한다. 예제 5-6의 클래스가 모듈 애플리케이션에 있다고 가정해 보겠다.

예제 5-6. 어노테이션이 사용된 클래스 (↪ chapter5/optional_dependencies_annotations)

```
package javamodularity.application;

import javamodularity.schemagenerator.GenerateSchema;

@GenerateSchema
public class BookEntity {
    public String title;
    public String[] authors;
}
```

애플리케이션의 모듈 디스크립터는 컴파일 시에 다음과 같은 의존성을 가져야한다.

```
module application {
    requires static schemagenerator;
}
```

애플리케이션에는 BookEntity를 인스턴스화하고 해당 클래스에 대한 어노테이션을 얻으려고 하는 메인 클래스가 있다.

```
package javamodularity.application;

public class Main {
    public static void main(String... args) {
        BookEntity b = new BookEntity();
        assert BookEntity.class.getAnnotations().length == 0;
        System.out.println("Running without annotation @GenerateSchema present.");
    }
}
```

schemagenerator 모듈 없이 애플리케이션을 실행하면 모든 것이 정상적으로 동작한다.

```
$ java -ea --module-path out/application \
        -m application/javamodularity.application.Main
Running without annotation @GenerateSchema present.

(The -ea flag enables run-time assertions in the JVM.)
```

런타임에 스키마 생성 모듈이 누락되었다고 해서, 클래스 로드 또는 모듈 해석에 문제가 발생하지는 않는다. 런타임에 특정 모듈을 배제하는 것은 컴파일 시점 의존성 때문에 가능하다. 그 후, JVM은 항상 그렇듯이 런타임에 어노테이션 클래스가 없도록 적절하게 처리한다. getAnnotations의 호출은 empty 배열을 반환한다.

그러나 schemagenerator 모듈을 명시적으로 추가하면 @GenerateSchema 어노테이션을 찾고, 반환하게 된다.

```
$ java -ea --module-path out/application:out/schemagenerator \
        -m application/javamodularity.application.Main
Exception in thread "main" java.lang.AssertionError
        at application/javamodularity.application.Main.main(Main.java:6)
```

@GenerateSchema 어노테이션이 반환되기 때문에 AssertionError가 발생한다. 더 이상 어노테이션 배열은 비어 있지 않게 된다.

앞서 살펴본 컴파일 시점 의존성의 예와 달리 런타임에 누락된 어노테이션 타입에 대처할 수 있는 방어 코드는 필요하지 않다. JVM은 클래스로딩과 어노테이션에 대한 리플렉션 접근를 하는 시점에 이를 처리하기 때문이다.

또한 requires 구문에 static과 transitive 키워드를 함께 추가할 수 있다.

```
module questionable {
    exports questionable.api;
    requires transitive static fastjsonlib;
}
```

선택적 의존성을 가지는 타입은 익스포트된 패키지에서 참조될 때 이 작업을 수행해야 한다. static과 transitive를 같이 사용하는 것은 사실 좋은 생각이 아니다. API의 사용자에게 적절한 방어 코드를 추가할 책임이 있으며 이는 최소 놀람의 원칙을 확실히 준수하지 않는 것이다. 실제로 static과 transitive를 같이 사용하는 유일한 이유는 이 패턴을 사용하여 레거시 코드의 모듈화를 활성화하는 것이다.

> *the principle of the least surprise – PLS (최소 놀람의 원칙)*
>
> *함수나 클래스는 다른 프로그래머가 당연하게 여길 만한 동작과 기능을 제공해야 한다. –클린코드*
>
> ⇒ http://principles-wiki.net/principles:principle_of_least_surprise

선택적 의존성은 requires static 구문을 통하여 어느 정도 처리가 될 수 있지만 모듈 시스템의 서비스를 사용한다면 더 좋은 방법으로 처리할 수 있다!

서비스를 이용한 선택적 의존성 구현

컴파일 시점 의존성을 사용하여 선택적 의존성을 모델링할 수는 있지만 클래스 로딩을 보호하기 위해 리플렉션을 잘 사용해야 한다. 이런 경우에는 서비스를 이용하는 것이 더 적합하다. 4장에서 서비스 사용자가 서비스 제공자 모듈로부터 서비스 타입의 0 개 이상의 구현을 얻을 수 있다는 것을 이미 보았다. 0 또는 하나의 서비스 구현을 얻는 것은 이 일반적인 메커니즘의 특별한 경우에 불과하다.

앞에서 예제로 보았던 선택적으로 fastjsonlib를 사용하는 프레임워크에 적용 해 보겠다. 단순한 리팩토링부터 시작하여 실제 솔루션으로 구체화할 것이다.

예제 5-7에서 프레임워크는 fastjsonlib에서 제공하는 선택적 서비스의 사용자가 된다.

예제 5-7. 런타임에 선택적으로 서비스를 사용 (↳ chapter5 / optional_dependencies_service)

```
module framework {
    requires static fastjsonlib;
```

```
    uses javamodularity.fastjsonlib.FastJson;
}
```

uses 구문의 사용으로 ServiceLoader를 가진 FastJson을 프레임워크 코드에 로드할 수 있다.

```
FastJson fastJson =
    ServiceLoader.load(FastJson.class)
                 .findFirst()
                 .orElse(getFallBack());
```

FastJson을 사용할 수 있게 되면 더 이상 프레임워크 코드에서 리플렉션이 필요가 없다. ServiceLoader에 의해 발견된 서비스가 없다면(findFirst가 빈 옵션을 반환한다는 의미), getFallBack을 사용하여 대체 구현을 얻을 수 있다고 가정한다.

물론 fastjsonlib은 사용하고자 하는 클래스를 서비스로 제공해야한다.

```
module fastjsonlib {
    exports javamodularity.fastjsonlib;

    provides javamodularity.fastjsonlib.FastJson
        with javamodularity.fastjsonlib.FastJson;
}
```

위와 같이 설정을 하면 해석기는 uses/provides 구문을 기반으로 하여 fastjsonlib을 명시적으로 추가하지 않고도 검색/로딩할 수 있다.

하지만 서비스에 대한 순수한 컴파일 시점 의존성의 리팩토링은 여러 가지 문제가 있다. 우선, 보통 우리가 알고 있는 상식처럼 인터페이스를 공개하고 구현을 숨기는 것이 아니라, 클래스를 서비스로 직접 공개하는 것이 어색하게 생각될 수 있다. FastJson을 익스포트하는 인터페이스와 캡슐화된 구현으로 분리를 하면 이 문제를 해결할 수 있다. 이 리팩토링은 프레임워크가 동일한 인터페이스에 대한 대체 구현 클래스를 제공할 수 있게 한다.

fastjsonlib없이 프레임워크를 실행하려고 하면 더 큰 문제가 발생한다. 결국, fastjsonlib은 선택 사항이 되어서 실행이 가능해야 한다. 모듈 패스에 fastjsonlib이 없는 상태에서 프레임워크를 실행하면 다음과 같은 에러가 발생한다.

```
Error occurred during initialization of VM
java.lang.module.ResolutionException: Module framework does not read a module
    that exports javamodularity.fastjsonlib
```

Provider 모듈이 있는지 여부와 상관없이 런타임에 읽을 수 없다면 uses 구문을 통해 서비스에 대한 의존성은 선언할 수 없다. 분명한 해결책은 fastjsonlib에 대한 컴파일 시점 의존성을 static 구문이 없는 requires 구문을 통해 보통의 의존성으로 변경하는 것이다. 그러나 그것은 우리가 원하는 것이 아니다. 라이브러리 의존성은 선택 사항이어야 한다.

이 시점에서는 불필요해 보이는 것에 대한 리팩토링을 수행해야 한다. 이러한 서비스 설정이 동작하려면 프레임워크와 fastjsonlib간의 관계의 모든 것이 선택 사항이 될 수는 없다. 우리가 인터페이스로 리팩토링 했다는 가정하에 FastJson 인터페이스가 fastjsonlib에 있는 이유는 무엇일까? 결국에는 사용하려는 기능을 가리키는 프레임워크이다. 이 기능은 라이브러리 또는 프레임워크 자체의 대체 코드에 의해 선택적으로 제공된다. 이러한 구현을 통해 인터페이스를 프레임워크 또는 프레임워크와 라이브러리간에 공유되는 별도의 API 모듈에 배치하는 것이 좋다.

이것은 불필요한 재설계이다. 대부분의 프레임워크와 라이브러리 간의 관계를 역전시킨다. 선택적으로 라이브러리를 요구하는 프레임워크 대신에 라이브러리는 프레임워크(또는 API 모듈)가 인터페이스를 구현하고 구현을 서비스로 제공하도록 요구해야 한다. 그러나 이러한 재설계가 취소될 수 있으며, 그 결과 프레임워크와 라이브러리 간의 상호 작용이 중단된다.

모듈 버전 관리

프레임워크와 라이브러리 모듈에 대해 말하면 필연적으로 버전 관리와 관련된 질문을 나온다. 모듈은 독립적으로 배치 및 재사용이 가능하다. 애플리케이션은 적당한 배포 단위(모듈)를 결합하여 만들게 되는데, 이 때 단순히 모듈 이름만 가지고는 어떤 모듈을 선택해야 하는지에 대한 충분한 정보가 되지 않는다. 모듈의 버전 정보도 같이 필요하다.

Java 모듈 시스템의 모듈은 module-info.java에서 버전을 선언할 수 없지만 JAR를 만들 때 버전 정보를 첨부할 수 있다. jar 도구의 --module-version = 〈V〉 옵션을 사용하여 버전을 설정할 수 있다. 버전 V는 컴파일된 module-info.class의 속성으로 설정되며 런타임에 사용할 수 있다. 모듈형 JAR에 버전을 추가하는 것이 좋다. 특히 이 장의 앞부분에서 설명한 API 모듈을 사용하는 것이 좋다.

모듈 해석과 버전

모듈형 JAR에 버전을 추가하는 것이 지원되기는 하지만 모듈 시스템에서는 아직 사용되지 않는다. 모듈은 이름만으로 해석된다. 앞에서 우리는 서로 호환되는 모듈을 결정할 때 버전이 중요한 역할을 한다는 것을 이미 확인했기 때문에 이상하게 들릴수 있다. 그러나, 모듈 해석 중에 버전을 무시하는 것은 실수가 아니라 Java 모듈 시스템에서 의도적으로 설계된 부분이다.

배포 단위 중 어떤 버전이 함께 작동하는지 나타내는 방법을 결정하는 것은 다소 논쟁의 여지가 있다. 버전 문자열의 형식과 의미는 무엇일까? 의존성을 위해서 버전에 특별한 표시를 해야 할까? 아니면 오직 정확한 버전만 있으면 되는가? 후자의 경우 두 가지 버전을 동시에 요구하면 어떻게 될까? 이러한 충돌은 반드시 해결되어야 한다.

Maven과 OSGi 같은 도구나 프레임워크는 위 질문에 대한 해답을 제시한다. 버전 선택 알고리즘과 해석 충돌을 해결하기 위한 경험적 방법론은 복잡하고 때로는 미묘하게 다르다. 이것이 바로 현재 Java 모듈 시스템이 모듈 해석 프로세스 중에 버전 선택 개념을 피하는 이유이다. 채택 전략이 무엇이든 모듈 시스템과 컴파일러, 언어 사양 및 JVM에 깊이 뿌리 박혀 있을 것이다. 이것을 제대로 이해하는데는 비용이 너무 많이 든다. 따라서 모듈 디스크립터의 requires 구문은 모듈 이름만 사용하며 모듈 버전(또는 범위)은 사용하지 않는다.

여전히 개발자들에게는 어려운 과제가 남아 있다. 모듈 패스에 적용할 올바른 모듈 버전은 어떻게 선택할까? 대답은 놀라울 정도로 간단하다. 만족스럽지 못 할 수도 있지만, 이전에 클래스 패스를 사용했을 때와 마찬가지이다. 의존성의 올바른 버전 선택 및 검색은 기존 빌드 도구를 이용한다. Maven과 Gradle은 의존성 버전 정보를 POM 파일에 기입하여 이를 처리한다. 다른 도구는 다른 수단을 사용할 수도 있지만 사실 이 정보는 모듈 외부에 저장해야한다.

그림 5-12는 두 개의 다른 모듈형 JAR인 lib와 foo에 의존하는 모듈 애플리케이션을 빌드하는 단계를 보여준다. 빌드타임 시점에 빌드 도구는 POM 파일의 정보를 사용하여 저장소에서 의존성의 올바른 버전을 다운로드한다. 이 과정에서 발생하는 모든 버전 충돌은 빌드 도구의 충돌 해결 알고리즘에 의해 해결된다. 다운로드된 모듈형 JAR 파일은 컴파일을 위해 모듈 패스에 위치하게 된다. 그런 다음 Java 컴파일러는 모듈 패스 및 애플리케이션 자체의 module-info 디스크립터에 있는 정보를 참고하여 모듈 그래프를 완성하게 된다. 기존 빌드 도구이 모듈을 처리하는 방법에 대한 자세한 내용은 11 장을 참조하자.

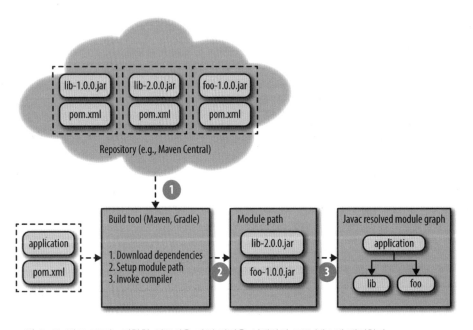

그림 5-12. 빌드 도구는 적합한 의존성을 가진 버전을 선택하여 모듈 패스에 배치한다.

❶ Maven 또는 Gradle과 같은 빌드 도구는 Maven Central과 같은 저장소에서 의존성 정보를 다운로드한다. 빌드 디스크립터(예 : pom.xml)에 있는 버전 정보를 이용하여 다운로드할 버전을 찾는다.

❷ 빌드 도구는 다운로드된 버전을 모듈 패스에 저장한다.

❸ 그런 다음 Java 컴파일러 또는 런타임은 모듈 패스에서 모듈 그래프를 분석한다. 모듈 패스는 애플리케이션이 작동할 수 있도록 중복되지 않은 올바른 버전을 포함한다. 중복된 버전의 모듈은 에러를 발생시킨다.

Java 모듈 시스템은 모듈 분석 프로세스를 통해 애플리케이션을 컴파일하고 실행할 때 필요한 모든 모듈이 있는지 확인한다. 그러나 모듈 시스템은 검색하여 찾은 모듈의 버전을 알지 못한다. 올바른 이름의 모듈이 존재한다면, 모듈을 찾을 수 있다. 하지만, 모듈 패스의 같은 디렉토리에 동일한 이름의 모듈이 여러 개 있다면(아마도 버전이 다를 것이다) 에러가 발생한다.

 같은 이름의 두 모듈이 모듈 패스의 다른 디렉토리에 있는 경우, 처음 발견한 모듈을 사용하고 두 번째 모듈은 무시한다. 이 경우 에러가 발생하지 않는다.

동일한 모듈의 여러 버전을 동시에 사용하는 것이 좋을 때 가 있다. 모듈 패스에서 애플리케이션을 시작할 때 기본적으로 이런 시나리오는 지원되지 않는다. 이는 모듈 시스템 이전의 상황과 유사하다. 클래스 패스에서 정의되지 않는 다른 버전의 두 JAR는 런타임 동작에 오류를 유발할 수 있다.

애플리케이션 개발에서는 단일 모듈 버전에 대한 의존성을 통합하는 방법을 찾는 것이 좋다. 종종 동일한 모듈의 여러 버전을 동시에 실행하고 싶어하는 것은 꼭 필요한 상황이 아니라 단지 게으름일 뿐이다. 일반적인 컨테이너형 애플리케이션을 개발할 때 항상 불가능하다. 6장에서는 좀 더 정교한 모듈 시스템 API를 사용하여 런타임에 모듈 그래프를 구성하여 여러 버전의 모듈을 해석할 방법이 있다는 것을 알 수 있다. 이러한 경우에 또 다른 옵션은 OSGi와 같은 기존 모듈 시스템을 채택하는 것이다. OSGi는 여러 버전을 동시에 실행할 수 있는 기능을 제공한다.

리소스 캡슐화

모듈에서 코드를 강력하게 캡슐화하는 것이 중요한 목적이지만 애플리케이션은 일반적으로 단순한 코드보다 더 많은 자원을 가지고 있다. 번역 파일(현지화 된 리소스 번들), 설정 파일, 사용자 인터페이스에 사용되는 이미지 등을 포함하는 파일등과 같은 리소스들이 있다. 이러한 리소스를 모듈에 캡슐화하고 리소스를 사용하는 코드와 함께 배치하는 것이 좋다. 모듈이 다른 모듈의 리소스를 사용하는 것은 private 구현 클래스에 의존성이 생기는 것 만큼 안좋은 상황이다.

역사적으로 클래스 패스의 리소스는 코드보다 훨씬 더 자유롭다. 접근 제한자를 리소스에 적용될 수 없기 때문이다. 모든 클래스는 클래스 패스의 모든 리소스를 읽을 수 있다. 하지만, 모듈을 사용하면 변경이 가능한다. 기본적으로 모듈 패키지 내의 리소스는 강력하게 캡슐화된다. 이러한 리소스는 익스포트되지 않은 패키지의 클래스와 마찬가지로 모듈 내에서만 사용할 수 있다.

그러나 많은 도구와 프레임워크는 출처와 관계없이 리소스를 찾는 데 의존한다. 프레임워크는 특정 config 파일(예 : Java EE의 persistence.xml 또는 beans.xml)을 검색하거나 애플리케이션 코드의 리소스에 의존성을 가진다. 이를 위해서는 모듈 내의 리소스를 다른 모듈에서 접근할 수 있어야 한다. 이러한 사례를 정상적으로 처리하고 이전 버전과의 호환성을 유지하기 위해 모듈의 캡슐화된 리소스의 기본값에 많은 예외가 추가되었다.

먼저 같은 모듈 내에서 리소스를 로드하는 방법을 살펴 보겠다. 두 번째로 모듈이 리소스를 공유하는 방법과 강력한 캡슐화를 적용했을때 예외가 발생하는 경우를 살펴 보겠다. 마지막으로 우리는 리소스 로딩의 특별한 경우인 ResourceBundles을 살펴 보겠다. 이 메커니즘은 주로 현지화에 사용되며 모듈 시스템용으로 업데이트되었다.

모듈에서 리소스 로딩하기

다음은 코드와 리소스를 모두 포함하는 컴파일된 firstresourcemodule이라는 모듈이다.

```
firstresourcemodule
├── javamodularity
│   └── firstresourcemodule
│       ├── ResourcesInModule.class
│       ├── ResourcesOtherModule.class
│       └── resource_in_package.txt
├── module-info.class
└── top_level_resource.txt
```

이 예제에는 두 개의 클래스와 모듈 디스크립터 그리고 두 개의 리소스 파일 resource_in_package.txt와 top_level_resource.txt가 있다. 빌드 과정에서 리소스가 모듈에 배치된다고 가정한다.

리소스는 일반적으로 클래스 API에서 제공하는 리소스 로딩 메소드를 통해 로딩된다. 이는 예제

5-8처럼 모듈 내에서 잘 동작한다.

예제 5-8. 모듈에서 리소스를 로딩하는 다양한 방법(↳ chapter5 / resource_encapsulation)

```
public static void main(String... args) throws Exception {
    Class clazz = ResourcesInModule.class;
    InputStream cz_pkg = clazz.getResourceAsStream("resource_in_package.txt");    ❶
    URL cz_tl = clazz.getResource("/top_level_resource.txt");                      ❷

    Module m = clazz.getModule();    ❸
    InputStream m_pkg = m.getResourceAsStream(
        "javamodularity/firstresourcemodule/resource_in_package.txt");            ❹
        InputStream m_tl = m.getResourceAsStream("top_level_resource.txt");       ❺

        assert Stream.of(cz_pkg, cz_tl, m_pkg, m_tl).noneMatch(Objects::isNull);
    }
}
```

❶ 클래스가 있는 패키지를 기준으로 Class::getResource로 리소스를 읽어오게 된다(이 경우에는 javamodularity.firstresourcemodule).

❷ 최상위 디렉토리의 리소스를 읽을 때, 정확한 위치를 파악할수 있게 슬래시(/)를 접두사로 붙여야한다.

❸ 클래스가 있는 모듈을 나타내는 Class에서 java.lang.Module 인스턴스를 얻을 수 있다.

❹ Module API는 모듈로부터 리소스를 얻는 새로운 방법을 소개한다.

❺ 이 getResourceAsStream 메소드는 최상위 디렉토리의 리소스에 대해서도 동작한다. 모듈 API는 항상 절대 경로 패스를 사용하므로 슬래시를 붙일 필요가 없다.

이 모든 메소드는 동일한 모듈 내에서 리소스를 로드하는 데 사용된다. 기존 코드는 리소스 로드를 하기 위해 추가 수정이 발생하지 않는다. getResource{AsStream}을 호출하는 Class 인스턴스가 리소스를 포함하는 현재 모듈에 속해 있는 한 적절한 InputStream 또는 URL이 반환된다. 반면에 Class 인스턴스가 다른 모듈에서 온 경우 리소스 캡슐화로 인해 null이 반환된다.

 ClassLoader::getResource* 메소드를 통해 리소스를 로드할 수도 있다. 모듈 컨텍스트에서 클래스 및 모듈에 대한 메소드를 대신 사용하는 것이 좋다. ClassLoader 메소드는 Class 혹은 Module의 메소드 같이 현재 모듈 컨텍스트를 고려하지 않으므로 혼란스러운 결과를 초래할 수 있다.

리소스를 로드하는 새로운 방법이 있다. 새로운 Module API에 대한 자세한 내용은 147 페이지의 "모듈에 대한 리플렉션"에서 자세히 설명한다. Module API는 getResourceAsStream을 노출하여 해당 모듈에서 자원을 로드한다. 패키지 이름에서 점을 슬래시로 바꾸고 파일 이름을 추가하면 패키지의 리소스를 절대 경로로 참조할 수 있다. 예를 들어, javamodularity.

firstresourcemodule은 javamodularity/firstresourcemodule이 된다. 파일 이름을 추가한 후 패키지의 리소스를 로드하는 인수는 javamodularity/firstresourcemodule/resource_in_package.txt가 된다.

패키지 디렉토리 또는 최상위 디렉토리와 관계없이 동일한 모듈의 모든 리소스는 지금까지 설명한 방법으로 로드할 수 있다.

모듈 리소스 읽어오기

다른 모듈의 인스턴스를 생성하면 어떤 일이 발생할까? 다른 모듈 인스턴스에서 getResourceAsStream을 호출하고 해당 모듈의 모든 리소스에 접근할 수 있다. 강력한 자원 캡슐화 덕분에 항상 이런 상황이 발생하지는 않는다. 이 규칙에 대한 몇 가지 예외가 있으므로 위의 예시에 모듈 secondresourcemodule을 추가하여 다양한 시나리오를 확인해 보겠다.

```
secondresourcemodule
├── META-INF
│   └── resource_in_metainf.txt
├── javamodularity
│   └── secondresourcemodule
│       ├── A.class
│       └── resource_in_package2.txt
├── module-info.class
└── top_level_resource2.txt
```

firstresourcemodule과 secondresourcemodule에 대한 모듈 디스크립터 모두 본문이 비어 있다고 가정한다. 즉, 패키지를 익스포트하지 않았다. 클래스 A와 리소스를 포함하는 패키지가 있으며 최상위 디렉토리와 META-INF 디렉토리에 리소스가 있다. 다음 코드를 살펴보면서 리소스 캡슐화는 모듈의 패키지 내부 리소스에만 적용된다는 점에 유의하자.

우리는 firstresourcemodule의 클래스에서 secondresourcemodule에 있는 리소스에 접근하려고 시도할 것이다.

```
Optional<Module> otherModule =
    ModuleLayer.boot().findModule("secondresourcemodule");                    ❶

otherModule.ifPresent(other -> {
    try {
            InputStream m_tl = other.getResourceAsStream("top_level_resource2.txt");  ❷
```

```
        InputStream m_pkg = other.getResourceAsStream(
            "javamodularity/secondresourcemodule/resource_in_package2.txt");    ❸
        InputStream m_class = other.getResourceAsStream(
            "javamodularity/secondresourcemodule/A.class");                     ❹
        InputStream m_meta =
            other.getResourceAsStream("META-INF/resource_in_metainf.txt");      ❺
        InputStream cz_pkg =
            Class.forName("javamodularity.secondresourcemodule.A")
                .getResourceAsStream("resource_in_package2.txt");               ❻

        assert Stream.of(m_tl, m_class, m_meta)
                        .noneMatch(Objects::isNull);

        assert Stream.of(m_pkg, cz_pkg)
                        .allMatch(Objects::isNull);

    } catch (Exception e) {
        throw new RuntimeException(e);
```

❶ 부트 레이어를 통해 Module을 얻을 수 있다. 해당 ModuleLayer API는 다음 장에서 소개한다.

❷ 다른 모듈의 최상위 디렉토리에 있는 리소스를 항상 로드 할 수 있다.

❸ 다른 모듈에 있는 패키지의 리소스는 기본적으로 캡슐화되어 있으므로 null을 반환한다.

❹ .class 파일은 exception이 발생한다. 이들은 항상 다른 모듈에서 로드될 수 있다.

❺ META-INF는 유효한 패키지 이름이 아니므로 해당 디렉토리의 리소스에도 접근할 수 있다.

❻ Class::forName을 사용하여 Class ⟨A⟩ 인스턴스를 가져올 수 있지만 이를 통해 캡슐화된 리소스를 로드하면 ❸과 마찬가지로 null이 반환된다.

리소스 캡슐화는 패키지의 리소스에만 적용된다. 클래스 파일(*.class 파일)의 리소스는 예외이다. 패키지 안에 있어도 캡슐화되지 않는다. 다른 모든 리소스는 다른 모듈에서 자유롭게 사용할 수 있다. 물론 이런 방식을 꼭 해야 한다는 것은 아니다. 다른 모듈의 자원에 접근하는 것은 모듈형이 아니다. 동일한 모듈 내에 있는 리소스를 접근하는 것이 가장 좋다. 다른 모듈의 리소스가 필요한 경우 익스포트한 클래스의 메소드를 통해 리소스의 내용을 접근하거나, 심지어 서비스로 제공할 수 있다. 이렇게 하면 모듈 디스크립터에 의존성을 명시적으로 표현할 수 있다.

패키지에서의 리소스 공개

오픈 모듈과 패키지를 사용하여 캡슐화된 리소스를 패키지의 다른 모듈에 노출시킬 수 있다. 이러한 개념은 140 페이지의 "오픈 모듈과 패키지"에서 소개한다. 오픈 모듈과 패키지에 있는 리소스는 리소스 캡슐화가 적용되지 않은 것처럼 로드할 수 있다.

ResourceBundle 클래스 사용하기

서비스를 통해 리소스를 내보내라는 권장 사항을 JDK 자체가 강조하는 예는 ResourceBundles를 사용하는 것이다. ResourceBundles는 JDK의 일부로 현지화를 위한 메커니즘을 제공한다. 그것들은 본질적으로 locale에 특정 키 - 값 쌍 목록이다. ResourceBundle 인터페이스를 직접 구현하거나 혹은 propeties 파일을 사용할 수 있다. 예제 5-9에서 볼 수 있듯이 사전 정의된 형식에 따라 특성 파일을 로드하는 것을 기본적으로 지원하기 때문에 후자가 편리하다.

예제 5-9. Translations을 기본 네임으로 사용하여, ResourceBundle 메커니즘에서 접근 할 properties 파일 리스트

```
Translations_en.properties
Translations_en_US.properties
Translations_nl.properties
```

그런 다음 특정 locale에 대한 번들을 로드하고 키에 해당하는 번역을 가져온다.

```
Locale locale = Locale.ENGLISH;
ResourceBundle translations =
    ResourceBundle.getBundle("javamodularity.resourcebundle.Translations", locale);
String translation = translations.getString("modularity_key");
```

번역 properties 파일은 모듈의 패키지에 있다. 전통적으로 getBundle 구현은 로드할 파일의 클래스 패스를 검색할 수 있다. 그런 다음 가장 적합한 properties 파일은 JAR의 출처와 상관없이 locale에 따라 선택된다.

 ResourceBundle::getBundle이 basename과 locale을 가진 올바른 번들을 선택하는 방법에 대한 설명은 이 책에서는 언급하지 않는다. 이 프로세스에 익숙하지 않다면, ResourceBundle JavaDoc을 읽어보기 바란다. 대체 메커니즘을 사용하여 가장 구체적인 파일을 로드하는 방법에 대한 많은 정보를 포함하고 있다. 또한 특정 파일 외에도 추가 클래스 기반 형식이 지원된다는 것도 알 수 있다.

모듈을 사용하면 클래스 패스를 검색할 필요가 없다. 이미 모듈의 리소스가 캡슐화되어 있는 것을 보았다. getBundle을 호출하는 모듈 안에 있는 파일만 고려 대상이 된다.

다양한 locale에 대한 번역은 별도의 모듈에 넣는 것이 바람직하다. 동시에 이 모듈이나 패키지를 오픈하면(133 페이지의 "패키지에서의 리소스 공개" 참조) 리소스를 노출하는 것보다 더 안좋은 결과를 초래한다. 이것이 ResourceBundle에 의한 서비스 기반 메커니즘이 Java 9에 도입된 이유이다. ResourceBundleProvider라는 새로운 인터페이스를 기반으로하며 해당 인터페이스는 ResourceBundle getBundle(String basename, Locale locale)이라는 단일 메소드를 포함한다. 모듈이 추가 번역을 제공하려고 할 때마다 이 인터페이스를 구현하여 서비스로 등록할 수 있다. 구현은 모듈 내부에 올바른 리소스를 찾아 반환하거나 지정된 locale에 적합한 번역이 모듈에 없으면 null을 반환한다.

이 패턴을 사용하면 모듈을 추가하여 애플리케이션에서 지원되는 locale을 확장할 수 있다. ResourceBundleProvider 구현을 등록하면 ResourceBundle::getBundle을 통해 번역을 요청하는 모듈이 자동으로 선택한다. 전체 예제는 이 장에 포함된 코드에서 확인할 수 있다(↳ chapter5/resourcebundles).

chapter 6

고급 모듈화 패턴

이전 장에서는 모듈형 애플리케이션 개발을 위한 일반적인 디자인 가이드라인과 패턴을 설명했다. 이 장에서는 고급 패턴과 모듈 시스템 API들을 다룰 것이다. 이러한 고급 패턴과 모듈 시스템 API는 일반적인 개발에서는 잘 사용되지 않지만 모듈 시스템에서 중요한 영역을 차지하고 있다. 모듈 시스템은 애플리케이션 개발자가 직접 사용할 수도 있고, 다른 프레임워크를 만들 수 있는 기초를 제공하기도 한다

다음 섹션에서는 많은 라이브러리와 프레임워크에서 왜 리플렉션을 필요로 하는지 알아 볼 것이다. 오픈 모듈과 패키지는 런타임에 강력한 캡슐화를 완화시킬 목적으로 도입되었다. 마이그레이션을 위해서 중요한 기능이므로 8 장에서 다시 살펴 보겠다.

오픈 모듈과 패키지가 도입된 이후에 동적으로 확장 가능한 애플리케이션을 만들기 위한 패턴으로 관심이 이동했다. 플러그인 기반 시스템 또는 애플리케이션 컨테이너를 생각해보자. 이러한 시스템의 핵심은 모듈 패스에서 고정된 모듈 구성으로 작업하는 대신, 런타임에 모듈을 추가해야한다는 것이다.

 모듈 시스템에 대해 처음 배운다면 이 장의 후반부를 건너 뛰어도 좋다. 대부분의 애플리케이션은 모듈 시스템이 제공하는 고급 기능을 사용하지 않아도 잘 동작한다. 일반적인 모듈형 시나리오에 대한 경험을 쌓은 후에 이러한 기능을 이해하려고 시도하는 것이 좋다.

강력한 캡슐화 재검토

이전 장에서 강력한 캡슐화의 장점을 설명했다. 일반적으로 public API로 외부에 공개되는 부분과 그렇지 않은 부분을 명확히 하는 것이 좋다. 하지만 실제로는, 명확하게 구분하는 것이 쉽지 않다. 많은 라이브러리와 프레임워크가 애플리케이션의 구현 클래스에 접근하여 작업을 수행하고 있다. 직렬화 라이브러리, 객체 관계형 맵퍼 및 의존성 주입 프레임 워크를 생각해보자. 이러한 모든 라이브러리는 내부 구현 세부 정보를 가진 클래스를 조작해야 한다.

객체 관계형 맵퍼 또는 직렬화 라이브러리는 엔티티 클래스를 인스턴스화하여 원하는 데이터로 채울 수 있도록 엔티티 클래스에 접근해야 한다. 엔티티 클래스가 모듈에서 제공되지 않더라도 ORM 라이브러리 모듈은 접근할 수 있어야 한다. 다른 예시로 의존성 주입 프레임워크는 서비스 구현 클래스에 서비스 인스턴스를 주입해야 한다. 인터페이스만 익스포트해서는 충분하지 않다. 모듈 내에서 구현 클래스를 강력하게 캡슐화하기 때문에 클래스 패스 기반과 동일한 방식으로는 프레임워크에서 접근이 불가능하다.

리플렉션은 이러한 프레임워크를 위한 도구라고 생각하면 된다. 리플렉션은 Java 플랫폼의 중요한 개념으로 런타임에 코드에서 다른 코드를 검사할 수 있도록 해준다. 다소 난해하게 들릴 수 있는데, 실제로 난해한 개념이다. 애플리케이션 코드에서 리플렉션을 사용하는 것이 최선의 방법은 아니다. 하지만, 리플렉션이 없다면 많은 일반적인 프레임워크(Hibernate나 Spring과 같은)는 동작하지 않을 것이다. 그러나 앞 장에서 배운 것처럼 리플렉션을 사용하는 경우에도 익스포트되지 않은 모듈의 패키지의 강한 캡슐화를 무시할 수 없다.

그렇다고 해서 패키지를 무분별하게 익스포트하면 안된다. 패키지를 익스포트하는 것은 API가 다른 모듈로부터 컴파일되고 의존관계에 있는 것을 의미한다. 이런 상황을 원하는 것은 아니다. 때문에, 일부 라이브러리에 대하여 런타임에 특정 타입을 접근할 수 있도록 허용하는 메커니즘이 필요하다.

딥 리플렉션

전통적인 리플렉션 기반 라이브러리가 강력한 캡슐화와 함께 동작하기 위해서는 아래의 두 가지 이슈를 해결해야한다.

⇒ 패키지를 익스포트하지 않고 내부 타입에 대한 접근을 허용

⇒ 익스포트되지 않은 패키지의 내부 타입의 모든 영역에 대한 리플렉션 접근을 허용

먼저 두 번째 이슈를 자세히 살펴보겠다. 라이브러리에서 접근할 수 있도록 패키지를 익스포트하는 경우에도 패키지에 있는 public 타입에 대해서만 컴파일이 가능하다. 그러나 이것이 런타임에 리플렉션을 사용하여 이러한 타입의 private 영역으로 접근할 수 있음을 의미할까? 딥 리플렉션의 이러한 동작은 많은 라이브러리에서 사용된다. 예를 들어, Spring이나 Hibernate는 클래스의 nonpublic 필드에 값을 삽입한다.

질문으로 돌아가보자. 익스포트된 패키지의 public 타입에 대해 딥 리플렉션을 할 수 있을까? 대답은 "아니오"이다. 익스포트한 경우에도 해당 타입의 private 영역을 리플렉션을 통해 무조건 접근할 수 있다는 것을 의미하지는 않는다.

모듈화 관점에서 볼 때 이것은 올바른 방법이다. 임의의 모듈이 익스포트한 타입의 private 영역에 접근이 가능하다면, 임의의 모듈이 private 영역에 접근하려고 할 것이다. 결과적으로 이러한 private 부분은 공식 API의 일부가 된다. 47 페이지의 "모듈화되지 않은 코드에서 모듈형 JDK 사용하기"에서 설명한 것과 같은 시나리오가 JDK 자체에서 이미 수행되고 있었다.

nonpublic 영역에 대한 접근을 차단하는 것은 단순히 API 관리에 대한 문제가 아니다. private 필드는 이유가 있기 때문에 private으로 설정된 것이다. 예를 들어 JDK에는 키와 자격증명을 관리하는 java.security.KeyStore 클래스가 있다. 이 클래스의 저자는 비밀을 지키기 위하여 누구도 private 필드에 접근하기를 원하지 않는다!

패키지를 익스포트하는 것이 해당 익스포트 타입을 사용하는 모듈에서 nonpublic 영역에 리플렉션 허용을 의미하지는 않는다. Java에서 리플렉션 객체에서 사용할 수 있는 setAccessible 메소드에 의해서 딥 리플렉션이 지원된다. 접근할 수 없는 영역에 접근하려는 경우 해당 접근을 차단하기 위한 검사를 우회하게 해준다. 모듈 시스템과 강력한 캡슐화가 도입되기 전에는 setAccessible이 기본적으로 실패하지 않았다. 모듈 시스템에서는 규칙이 변경된 것이다. 그림 6-1은 더 이상 동작하지 않는 시나리오를 보여주고 있다.

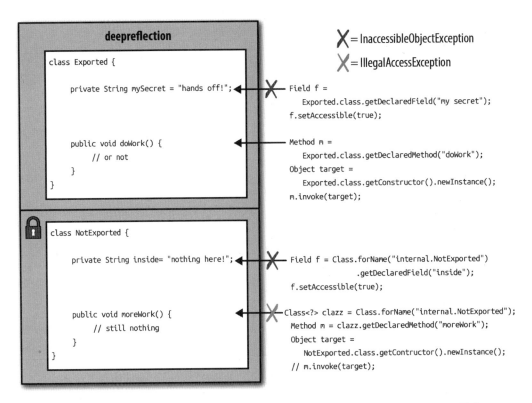

그림 6-1. deepreflection 모듈은 Exported 클래스를 포함하는 패키지를 익스포트하고 NotExported 클래스를 캡슐화한다. 위 예제는 익스포트 된 타입의 public 영역에만 리플렉션 작업이 가능하다는 것을 보여주고 있다. Exported::doWork만 리플렉션 접근이 가능하고, 다른 모든 경우는 exception이 발생한다.

그러나 대부분의 유명한 라이브러리들은 타입의 익스포트 여부와 상관없이 딥 리플렉션을 수행하고 싶어한다. 하지만 강력한 캡슐화 때문에 불가능하다. 게다가 구현 클래스가 익스포트되는 경우에도, nonpublic 영역에 대한 딥 리플렉션은 금지된다.

오픈 모듈과 패키지

우리가 필요한 것은 타입을 익스포트하지 않고 런타임에 딥 리플렉션할 수 있는 방법이다. 이러한 특징을 이용하면 프레임워크가 정상적으로 동작할 수 있지만 컴파일 시점에는 강력한 캡슐화가 유지된다.

오픈 모듈은 이러한 특징의 조합을 정확하게 제공한다. 모듈이 오픈되면 모듈에 있는 모든 타입을 런타임에 다른 모듈이 딥 리플렉션을 할 수 있다. 이러한 특징은 패키지의 익스포트 여부와 상관없이 유지된다.

오픈 모듈을 만들기 위해서는 open 키워드를 모듈 디스크립터에 추가해야 한다.

```
open module deepreflection {
  exports api;
}
```

그림 6-2와 같이 오픈 모듈을 사용하게 되면 그림 6-1에서 보여진 모든 실패가 사라진다.

open 키워드는 딥 리플렉션을 위해 모듈의 모든 패키지를 오픈한다. 오픈 패키지가 익스포트되는 케이스도 있는데 이 예제에서는 Exported 클래스를 포함하는 api 패키지가 그러한 케이스이다. setAccessible을 호출한 후에는 Exported/NotExported 클래스의 nonpublic 요소에 리플렉션 접근이 가능하다. deepreflection 모듈에 대한 가독성은 deepreflection 모듈의 타입에 대하여 리플렉션를 사용할 때 JVM이 설정하므로 이를 위해 별도의 코드를 작성하지 않아도 된다. 컴파일 시 NotExported 클래스는 여전히 접근할 수 없지만 모듈 디스크립터의 exports 구문으로 인해, Exported 클래스는 접근이 가능하게 된다. 애플리케이션 개발자의 관점에서 볼 때 NotExported 클래스는 여전히 컴파일 시점에 강력하게 캡슐화되며 프레임워크의 관점에서는 NotExported 클래스를 런타임에 자유롭게 접근할 수 있다.

 Java 9에서는 딥 리플렉션이 항상 허용되지 않는 새로운 현실을 고려하여 canAccess와 trySetAccessible(java.lang.reflect.AccessibleObject에 정의되어 있음) 메소드가 추가되었다. setAccessible에서 발생하는 exception을 처리하는 대신에 이 메소드를 사용할 수 있다.

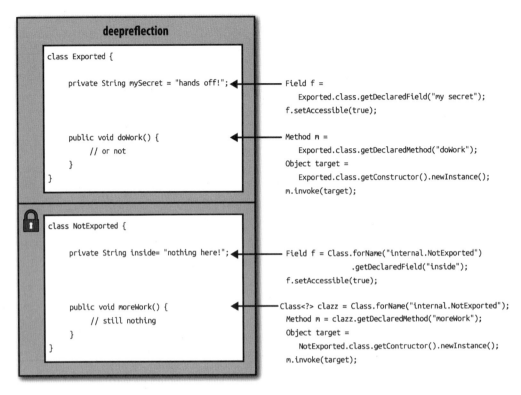

```
            deepreflection

    class Exported {

        private String mySecret = "hands off!";        Field f =
                                                           Exported.class.getDeclaredField("my secret");
                                                        f.setAccessible(true);

        public void doWork() {                          Method m =
            // or not                                      Exported.class.getDeclaredMethod("doWork");
        }                                               Object target =
    }                                                      Exported.class.getConstructor().newInstance();
                                                        m.invoke(target);


    class NotExported {

        private String inside= "nothing here!";         Field f = Class.forName("internal.NotExported")
                                                                       .getDeclaredField("inside");
                                                        f.setAccessible(true);

        public void moreWork() {                        Class<?> clazz = Class.forName("internal.NotExported");
            // still nothing                            Method m = clazz.getDeclaredMethod("moreWork");
        }                                               Object target =
    }                                                      NotExported.class.getContructor().newInstance();
                                                        m.invoke(target);
```

그림 6-2. 오픈 모듈의 경우, 런타임에 모든 패키지의 모든 타입에 딥 리플렉션이 가능하게 된다. 그래서 다른 모듈에서 딥 리플렉션을 해도 exception이 발생하지 않는다.

모든 모듈을 오픈하는 것은 좋은 방법이 아니다. 라이브러리나 프레임워크가 런타임에 어떤 타입을 사용하는지 알 수 없는 경우에는 편리할 수 있다. 따라서 오픈 모듈은 모듈을 도입하려는 마이그레이션 시나리오에서는 중요한 역할을 할 수 있다. 이에 대한 자세한 내용은 8장을 참조하기 바란다.

그러나 어떤 패키지를 오픈해야 하는지 알 때(대부분의 경우는 알고 있어야 한다), 일반 모듈에서 패키지를 선택적으로 오픈할 수 있다.

```
module deepreflection {
  exports api;
  opens internal;
}
```

module 키워드 앞에 open이 없다는 것을 알 수 있다. 이 모듈 정의는 이전에 본 오픈 모듈 정의와 다르다. 여기에서는 internal 패키지의 타입만 딥 리플렉션을 위해 오픈된다. api 패키지의 타입은 익스포트되지만 딥 리플렉션을 위해 오픈되지는 않는다. 이렇게 정의된 모듈은 런타임에 api 패키지의 타입에 딥 리플렉션이 가능하지 않기 때문에 완전한 오픈 모듈보다는 다소 강력한 캡슐화를 제공한다.

api 패키지를 오픈하여, 오픈 모듈과 동일하게 만들 수 있다.

```
module deepreflection {
    exports api;
    opens api;
    opens internal;
}
```

위와 같이 하나의 패키지에 대하여 exports 구문과 opens 구문을 동시에 적용할 수 있다.

 물론 이런 조합은 잘 사용하지 않는다. 익스포트된 패키지를 다른 모듈에서 딥 리플렉션 할 필요가 없도록 설계해야 한다.

opens 구문은 exports와 마찬가지로 제한적으로 사용할 수 있다.

```
module deepreflection {
    exports api;
    opens internal to library;
}
```

위와 같이 선언을 하게 되면 library 모듈만 internal 패키지의 타입에 대하여 딥 리플렉션이 가능하다. 이러한 제한적인 opens 구문은 오픈되는 범위가 명시적으로 선언한 모듈로 한정되기 때문에 제한적인 opens 구문이 사용가능한 경우에는 opens 구문보다 제한적인 opens 구문의 사용을 추천한다. 제한적인 opens 구문을 사용하면 임의의 모듈이 딥 리플렉션을 사용하여 내부의 세부 사항에 대하여 접근하는 경우를 방지할 수 있다.

때로는 서드파티 모듈에서 딥 리플렉션을 시도해야 하는 경우도 있다. 경우에 따라 라이브러리는 JDK 플랫폼 모듈의 private 영역에 리플렉션으로 접근하기를 원한다. 이런 경우, open 키워드를 추가하여 모듈을 다시 컴파일할 수 없다. 이러한 케이스를 위해, 다음과 같은 커맨드라인 옵션이 추가되었다.

```
--add-opens <module>/<package>=<targetmodule>
```

위의 옵션은 module의 package를 targetmodule에 대하여 오픈한다는 의미이다. 예를 들어 프레임워크의 myframework 모듈이 java.lang.ClassLoader의 nonpublic 영역을 사용하려는 경우 java 커맨드에 다음 옵션을 추가하여 수행할 수 있다.

```
--add-opens java.base/java.lang=myframework
```

이 옵션은 특별한 상황을 위한 출입구(비상구) 같은 개념으로 간주 되어야하며, 특히 모듈 시스템으로 작성하지 않은 코드를 마이그레이션할 때 유용하다. 2 파트에서 마이그레이션을 위한 용도로 이러한 옵션이 어떻게 사용되는지 확인할 수 있다.

의존성 주입

오픈 모듈과 패키지는 Java 모듈 시스템에서 기존 의존성 주입 프레임워크를 지원하기 위한 게이트웨이이다. 완전히 모듈화된 애플리케이션의 경우, 의존성 주입 프레임워크는 익스포트되지 않은 패키지에 접근하기 위해 오픈 패키지에 의존한다.

리플렉션 교체

Java 9은 애플리케이션의 nonpublic 클래스 멤버에 대한 프레임워크의 리플렉션 기반 접근의 대안으로 MethodHandles과 VarHandles을 제공한다. 후자는 JEP 193을 통해 Java 9에 도입되었다. 애플리케이션은 명시적으로 private 영역에 대하여 접근할 수 있는 정당한 권한을 가진 java.lang.invoke.Lookup 인스턴스를 프레임워크에 전달할 수 있다. 그러면, 프레임워크 모듈은 MethodHandles.private LookupIn(Class, Lookup)을 사용하여 애플리케이션 모듈 클래스의 nonpublic 멤버에 접근할 수 있다. 프레임워크는 애플리케이션 내부에 접근하기 위해 보다 원칙을 지키면서 성능 중심적인 접근 방식으로 전환될 것으로 예상된다. 이러한 방식의 예시를 이 장에 포함된 코드에서 확인할 수 있다 (↪ chapter6 / lookup).

오픈 모듈과 패키지의 추상 개념을 이해하기 위하여 구체적인 예시를 살펴보자. 4 장에서 설명한 대로 모듈 시스템의 서비스를 사용하는 대신에 예제에서는 spruice라는 모듈에 가상의 서드파티 의존성 주입 프레임워크를 사용한다. 그림 6-3에서 관련 내용을 확인할 수 있다. 오픈 패키지는 패키지 타입 앞에 open 키워드로 표시되어 있다.

예제 애플리케이션은 orders과 customers이라는 두개의 도메인을 다루고 있다. 각각의 도메인은 별도의 모듈로 구현되며, customers 도메인은 API 와 구현 모듈로 분리된다. main 모듈은 두 서비스를 모두 사용하지만 두 서비스의 구현과 커플링이 생기는 것을 피하고 싶어 한다. 두 서비스의 구현 클래스는 모두 캡슐화되어 있다. 오직 인터페이스만 익스포트하며, main 모듈은 인터페이스만 접근할 수 있다.

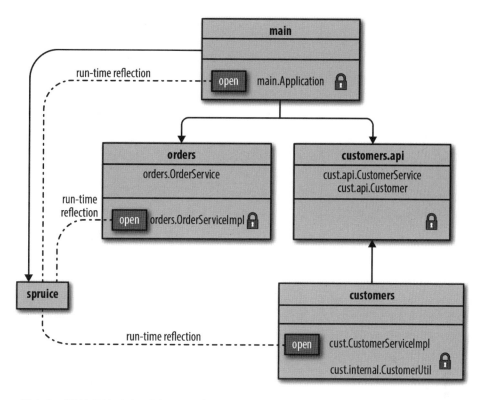

그림 6-3. 의존성 주입 라이브러리 spruice을 사용하는 main 애플리케이션. 모듈 간의 관계는 실선으로 표시되고, 오픈 패키지의 타입에 대한 런타임에 발생하는 딥 리플렉션은 점선으로 표시된다.

지금까지 설명한 부분은 4 장에서 서비스를 설명한 방법과 비슷하다. main 모듈은 구현 세부 사항과 잘 분리되어 있다. 그러나 이번에는 ServiceLoader를 통해 서비스를 제공받고, 서비스를 사용하지 않을 것이다. 오히려 DI 프레임워크를 사용하여 OrderService와 CustomerService 구현을 애플리케이션에 주입할 것이다. DI 프레임워크를 사용하기 위하여, 사용하려는 서비스를 명시적으로 spruice에 설정하거나, 어노테이션을 사용할 수 있으며 또는 두 가지 방법을 조합하여 사용할 수도 있다. @Inject와 같은 어노테이션은 종종 주입 가능한 인스턴스와 타입이 일치하는 주입 지점을 식별하는 데 사용된다.

```java
public class Application {
    @Inject
    private OrderService orderService;

    @Inject
    private CustomerService customerService;

    public void orderForCustomer(String customerId, String[] productIds) {
        Customer customer = customerService.find(customerId)
        orderService.order(customer, productIds);
    }

    public static void main(String... args) {
        // Bootstrap Spruice and set up wiring
    }
}
```

Application 클래스의 main 메소드에서 spruice API가 DI 프레임워크를 부트 스트랩(bootstrap)하는 데 사용되므로 main 모듈은 spruice에 대한 의존성이 필요하다. 서비스 구현 클래스는 spruice에 의해 인스턴스화 되어야하고 어노테이션이 표시된 영역에 주입되어야 한다(생성자 주입은 또 다른 실행 가능한 대안이다). 그러면 애플리케이션은 orderForCustomer에서 호출을 받을 준비가 되었다.

모듈 시스템의 서비스 메커니즘과는 달리 spruice는 캡슐화된 클래스를 인스턴스화할 수 있는 권한이 없다. 때문에 인스턴스화하거나 주입해야하는 패키지에 opens 구문을 추가해야 한다. 이를 통해 spruice는 런타임에 해당 클래스에 접근하고 필요한 경우 딥 리플렉션을 수행하게 된다. 위의 예제에서는 OrderServiceImpl 클래스를 인스턴스화하여 애플리케이션의 private 멤버인 orderService에 주입하는 경우라고 할 수 있다. customers 모듈의 cust.internal과 같이 모듈에서 내부적으로만 사용되는 패키지는 오픈할 필요가 없다. opens 구문은 오직 spruice에 대해서만 제한적으로 적용된다. 불행히도, 이는 orders와 customers 모듈을 특정 DI 프레임워크와 연결하게 된다. 제한적인 opens 구문은 나중에 모듈을 다시 컴파일하지 않고 DI 구현을 변경할 수 있는 여지를 남겨 둔다.

그림 6-3은 실제로 spruice가 우리가 만들고있는 애플리케이션의 거의 모든 영역에 접근할 수 있다는 것을 보여준다. 연결 설정에 따라 캡슐화된 구현 클래스를 찾아서 인스턴스화한 다음 애플리케이션의 private 영역에 주입한다. 동시에 이 설정을 사용하면 서비스와 ServiceLoader를 사용하는 것과 마찬가지로 애플리케이션을 멋지게 모듈화할 수 있다.

이런 경우 Java 모듈 시스템에서 제공하는 모듈 간의 서비스 의존성을 확인 및 검증하는 기능을 사용할 수 없게 된다. 모듈 디스크립터에 의존성 검증을 위해 사용할 provides/uses 구문이 없다. 또한 애플리케이션 모듈의 패키지를 오픈해야 한다. 모든 애플리케이션의 모듈을 오픈할 수 있다. 그러면 애플리케이션 개발자가 각 패키지에 대해 이러한 옵션을 선택할 부담이 없어진다. 물론 이것은 모든 애플리케이션 모듈의 모든 패키지에서 런타임 접근과 딥 리플렉션을 허용하는 비용이 발생한다. 라이브러리와 프레임워크가 수행하는 작업에 대한 약간의 통찰력만 있다면 이런 많은 비용이 발생하는 방법론을 사용하지 않아도 된다.

다음 섹션에서는 모듈 자체에 대한 리플렉션을 살펴볼 것이다. 다시 말하지만, 이것은 모듈 시스템 API의 고급 사용법이다. 일반적인 애플리케이션 개발에서는 자주 나타나지 않는다.

모듈에 대한 리플렉션

리플렉션을 사용하면 런타임에 모든 Java 요소를 접근할 수 있다. 클래스, 패키지, 메소드 등 모두 리플렉션이 가능하다. 앞에서 오픈 모듈이 런타임에 어떻게 리플렉션을 허용하는지 살펴 보았다.

Java에 새롭게 모듈이 추가되었기 때문에 리플렉션도 모듈에 대응할 수 있도록 확장이 필요하다. Java 9에서는 java.lang.Module이 추가되어 코드에서 모듈에 대한 런타임 뷰를 제공한다. 이 클래스의 메소드들은 다음과 같이 세 가지 기능으로 구분할 수 있다.

> ⇒ 모듈 읽기 – 주어진 모듈의 프로퍼티를 읽어온다.
> ⇒ 모듈 수정 – 모듈의 속성을 변경한다.
> ⇒ 모듈 접근 – 모듈 내부의 리소스를 읽어 온다.

마지막 기능은 이미 130 페이지의 "모듈에서 리소스 로딩하기"에서 설명했다. 지금부터 모듈을 검토하고 수정하는 방법을 살펴 보겠다.

모듈 읽기(Introspection)

java.lang.Module 클래스는 모듈의 리플렉션을 위한 진입점(entry point)이다. 그림 6-4에서 java.lang.Module 및 관련 클래스를 확인할 수 있다. module-info의 내용에는 런타임 뷰를 제공하는 ModuleDescriptor가 있다.

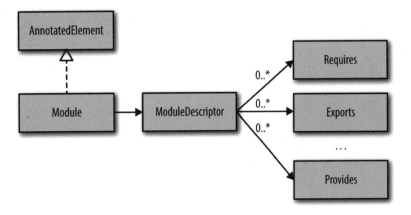

그림 6-4. Module과 관련 클래스의 클래스 다이어그램

모듈 내에서 Class를 통해 Module 인스턴스를 얻을 수 있다.

```
Module module = String.class.getModule();
```

getModule 메소드는 클래스를 포함한 모듈을 반환한다. 이 예제에서 String 클래스는 당연히 java.base 플랫폼 모듈에서 가져온 것이다. 이 장의 뒷부분에서는 모듈의 클래스에 대한 지식없이 새로운 ModuleLayer API를 통해 Module 인스턴스를 이름으로 가져오는 또 다른 방법을 살펴보겠다.

모듈의 정보를 읽어오는 방법은 예제 6-1과 같이 다양한 방법이 있다.

예제 6-1. 런타임 시 모듈 읽기(↳ chapter6 / introspection)

```
String name1 = module.getName();
// module-info.java에 정의된 이름을 읽어온다.
Set<String> packages1 = module.getPackages();
// 모듈의 모든 패키지 리스트를 가져온다.

// 위의 메소드들은 Module의 ModuleDescriptor에서 정보를 읽어오는 메소드이다.
ModuleDescriptor descriptor = module.getDescriptor();
String name2 = descriptor.name();
// module.getName()과 동일
Set<String> packages2 = descriptor.packages();
// module.getPackages()와 동일

// ModuleDescriptor를 통해 module-info.java의 모든 정보를 읽어올 수 있다.
Set<Exports> exports = descriptor.exports();
//모든 exports, 가능한 경우 제한적인 exports까지 읽어온다.
```

```
Set<String> uses = descriptor.uses();
//이 모듈에서 사용하는 모든 서비스를 읽어온다.
```

앞의 예제는 완전하지는 않지만 module-info.class의 모든 정보가 ModuleDescriptor 클래스를 통해 사용될 수 있음을 보여준다. ModuleDescriptor의 인스턴스는 읽기 전용이다(수정은 불가능하다). 예를 들어 런타임에 모듈의 이름을 변경할 수 없다.

모듈 수정

Module의 메소드 중에는 모듈과 환경에 영향을 줄 수 있는 메소드가 있다. 익스포트되지 않은 패키지가 있지만 런타임에 해당 패키지를 익스포트할지 결정해야 하는 경우를 가정해보자.

```
Module target = ...;    // 익스포트하기 원하는 모듈을 가져온다.
Module module = getClass().getModule();  // 현재 클래스의 모듈을 가져온다.
module.addExports("javamodularity.export.atruntime", target);
```

Module API를 통해 특정 모듈에만 제한적인 익스포트를 추가할 수 있다. 이제 target 모듈은 캡슐화된 javamodularity.export.atruntime 패키지 코드에 접근이 가능하다.

이것이 보안 취약점은 아닌지 의문이 들것이다. 임의의 모듈을 대해 addExports를 호출하여 해당 모듈의 코드에 접근할 수 있을까? 이러한 접근은 불가능하다. addExports를 호출하는 현재 모듈이 아닌 다른 모듈을 익스포트하려는 경우 VM에서 exception을 발생한다. 모듈 리플렉션 API을 통해 모듈의 권한을 외부로 확장할 수는 없다.

호출자 민감성(caller sensitive)

다른 위치에서 호출할 때 다르게 작동하는 메소드를 호출자에 민감한 메소드라고 한다. JDK 소스 코드에서 @CallerSensitive 어노테이션이 표시된 addExports와 같은 메소드를 볼 수 있을 것이다. 호출자에 민감한 메소드는 현재 호출 스택을 기반으로 호출하는 클래스(및 모듈)을 찾을 수 있다. 이 정보를 얻고, 이에 기반하여 결정할 수 있는 권한은 java.base의 코드용으로 예약되어 있다(JDK 9의 JEP 259를 통해 도입된 새로운 StackWalker API는 애플리케이션 코드에서도 이 가능성을 열어준다). 이 메커니즘의 또 다른 예제는 140 페이지의 "오픈 모듈과 패키지"에서 설명한대로 setAccessible 구현에서 찾을 수 있다. 패키지가 오픈되지 않은 모듈에서 이 메소드를 호출하면 exception이 발생하지만 딥 리플렉션을 수행할 수 있는 모듈은 성공한다.

Module에는 런타임 수정을 지원하는 메소드가 있다.

addExports(String packageName, Module target)

익스포트되지 않은 패키지를 다른 모듈에 노출한다.

addOpens(String packageName, Module target)

다른 모듈에 대한 딥 리플렉션을 위해 패키지를 오픈한다.

addReads(Module other)

현재 모듈의 읽기 관계를 다른 모듈에 추가한다.

addUses(Class⟨?⟩ serviceType)

현재 모듈이 ServiceLoader에서 추가 서비스 타입을 사용하려고 함을 나타낸다.

컴파일 시점에 알려지지 않은 새로운 구현을 노출하는 경우는 드물기 때문에 addProvides 메소드는 없다.

모듈의 리플렉션 API에 대해 알아두면 좋지만 실제로 이 API가 일반적인 애플리케이션 개발 중에 사용되는 경우가 거의 없다. 리플렉션을 이용하지 않고 정상적인 방법으로 모듈 간에 충분한 정보를 노출 시켜야 한다. 런타임에 모듈 동작을 변경하기 위해 리플렉션을 사용하면 Java 모듈 시스템의 철학에 위배된다. 컴파일 시점이나 시작 시에 고려되지 않은 묵시적 의존성이 발생하여 초기 단계에서 모듈 시스템이 제공하는 많은 장점들이 무효화된다.

어노테이션

모듈에도 어노테이션을 사용할 수 있다. 런타임 시 이러한 어노테이션은 java.lang.Module API을 통해 읽을 수 있다. Java 플랫폼에서 제공하는 다양한 디폴트 어노테이션을 모듈에 적용할 수 있다. 아래 코드에 사용된 @Deprecated 어노테이션은 디폴트 어노테이션 중 하나이다.

```
@Deprecated
module m {
}
```

@Deprecated 어노테이션은 해당 모듈을 사용하는 사용자에게 다른 대체 모듈을 찾아서 사용하라는 의미이다.

Java 9부터는 더 이상 사용하지 않을 요소에 대하여 "@Deprecated(forRemoval = true)"을 사용하여 차후 릴리즈에서 제거하도록 표시할 수 있다. 개선된 Deprecated 기능에 대한 자세한 내용은 JEP 277을 읽어보길 바란다. JDK 9에서는 다양한 플랫폼 모듈(예 : java.xml.ws 및 java.corba)에 제거 대상으로 표시되어 있다.

@Deprecated 모듈을 사용하려고 하면 컴파일러에서 경고를 표시한다. 이럴 때 모듈에 적용할 수 있는 다른 디폴트 어노테이션은 @SuppressWarnings 이다.

또한 모듈에 적용하기 위한 사용자 정의 어노테이션을 예제 6-2와 같이 만들 수 있다.

예제 6-2. 모듈에 어노테이션 사용하기 (↳ chapter6 / annotated_module)

```
package javamodularity.annotatedmodule;

import java.lang.annotation.*;
import static java.lang.annotation.ElementType.*;

@Retention(RetentionPolicy.RUNTIME)
@Target(value={PACKAGE, MODULE})
public @interface CustomAnnotation {
}
```

이제 CustomAnnotation을 패키지와 모듈에 적용할 수 있다. 모듈에서 사용자 정의 어노테이션을 사용하기 위해서는 모듈 선언에 import 구문이 있어야 한다.

```
import javamodularity.annotatedmodule.CustomAnnotation;
@CustomAnnotation
module annotated { }
```

import 구문이 없으면 모듈 디스크립터가 컴파일되지 않는다. 물론 import 구문 없이 javamodularity.annotatedmodule.CustomAnnotation과 같이 풀 네임을 사용할 수도 있다.

모듈 디스크립터에서 import 구문을 사용하여
uses/provide 구문을 줄일 수도 있다.

그림 6-4는 Module이 어떻게 AnnotatedElement를 구현하는지 보여준다. 코드에서 Module 인스턴스의 getAnnotations를 사용하여 모듈의 모든 어노테이션 배열을 가져올 수 있다. AnnotatedElement 인터페이스는 적합한 어노테이션을 찾기 위한 다양한 메소드를 제공한다.

 이 기능은 어노테이션의 RetentionPolicy 값이
RUNTIME로 설정되어 있는 경우에만 작동한다.

@Deprecated와 같은 플랫폼 정의 어노테이션 외에도 모듈에 어노테이션을 사용할 수 있는 프레임워크(또는 빌드 도구)가 나올 것이다.

컨테이너 애플리케이션 패턴

이 시점에서 모듈 시스템의 고급 사용법을 알아보도록 하자. 이 장의 시작 부분에서 언급한 조언을 다시 생각해보는 것도 좋을 것 같다. 모듈 시스템에 대해 처음 배운다면 이 장의 나머지 부분을 건너 뛰어도 된다.

그럼 고급 API에 대해 알아 보자. 지금까지는 모듈형 애플리케이션을 단일 엔티티로 보았다. 모듈을 모두 모듈 패스에 배치하고 애플리케이션을 시작한다. 이러한 방식이 대부분의 경우에는 유효하지만 구조적으로 적용이 불가능한 애플리케이션들이 있다.

다른 애플리케이션의 컨테이너 역할을 하는 애플리케이션을 생각해 보자. 또는 핵심 기능만 정의한 애플리케이션을 생각해보자 – 이런 경우 서드 파티에 의해서 확장될 것으로 예상된다. 전자의 경우 실행중인 컨테이너 애플리케이션에 새 애플리케이션이 배포될 수 있다. 후자의 경우는 종종 플러그인과 같은 아키텍처를 통해 이루어진다. 두 경우 모두 앞에서 본것과 같이 모든 모듈을 포함하는 모듈 패스의 구성이 불가능하다. 새로운 모듈은 컨테이너 애플리케이션의 라이프 사이클 동안 추가될 수 있다. 이러한 애플리케이션의 대부분은 현재 OSGi 또는 JBoss 모듈과 같은 모듈 시스템을 기반으로 구축된다.

이 절에서는 Java 모듈 시스템을 사용하여 그러한 컨테이너 또는 플러그인 기반 시스템을 설계하는 방법을 살펴 보겠다. 이 컨테이너 애플리케이션 패턴의 구현을 살펴보기 전에 이를 가능하게 해주는 새로운 API를 살펴보자. 이 새로운 API는 지금까지 논의된 사례를 위해 특별히 도입되었다. 컨테이너 같은 애플리케이션처럼 확장한 것을 만드는 것이 아니라면 이러한 API를 사용하지 않을 것이다.

레이어와 설정

모듈 그래프는 java 커맨드로 모듈을 시작할 때 구성된다. 해석기는 플랫폼 자체의 모듈과 모듈 패스에 있는 모듈을 사용하여 일관된 해석 모듈 세트를 만든다. 이것은 모듈 디스크립터에 있는 requires 구문과 provides/uses 구문을 기반으로 한다. 해석기의 작업이 완료되면 결과 모듈 그래프를 변경할 수 없다.

이는 컨테이너 애플리케이션의 요구 조건에 역행하는 것으로 보인다. 실행중인 컨테이너에 새 모듈을 추가하는 기능은 매우 중요하다. 이 기능을 위해서는 반드시 새로운 개념인 레이어가 도입되어야 한다. 클래스 로딩과 인스터스화를 위하여 클래스 로더가 있는 것처럼 모듈 로딩과 인스터스화를 위하여 레이어가 있다.

해석된 모듈 그래프는 ModuleLayer 내에 있다. 레이어는 일관된 모듈 세트를 설정한다. 레이어 자체는 부모 레이어를 참조하고 비순환 그래프를 형성할 수 있다. 먼저 ModuleLayer를 살펴 보겠다.

Java를 사용하여 모듈을 시작하면 부트 레이어라고하는 초기 레이어가 Java 런타임에 의해 생성된다. java 커맨드에 제공되는 루트 모듈을 해석한 이후에 나오는 결과 모듈 그래프를 포함한다 (-m 또는 --add-modules 옵션으로 초기 모듈을 제공).

그림 6-5에서는 java.sql을 사용하는 application 모듈을 실행하면 생성되는 부트 레이어의 간단한 예를 보여주고 있다.

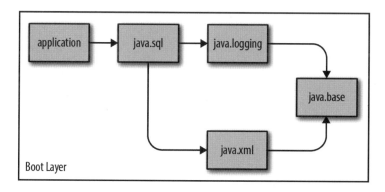

그림 6-5. application 모듈 시작 시 생성되는 부트 레이어의 모듈들

(실제로 부트 레이어에는 플랫폼 모듈의 서비스 바인딩으로 인해 더 많은 모듈이 포함된다.)

예제 6-3의 코드를 사용하여 부트 레이어의 모듈을 표시할 수 있다.

```
ModuleLayer.boot().modules()
            .forEach(System.out::println);
```

부트 레이어가 우리를 위해 구성되기 때문에 다른 레이어를 만드는 방법에 대한 문제는 여전히 남아 있다. ModuleLayer를 구성하기 전에 해당 레이어 내부에 모듈 그래프를 설명하는 Configuration을 생성해야 한다. 부트 레이어의 경우는 시작 시 묵시적으로 이러한 동작이 수행된다. Configuration을 구성할 때 개별 모듈을 찾으려면 ModuleFinder가 제공해야한다. 새로운 ModuleLayer를 만들기 위한 설정은 다음과 같다.

```
ModuleFinder finder = ModuleFinder.of(Paths.get("./modules"));        ❶
ModuleLayer bootLayer = ModuleLayer.boot();
Configuration config = bootLayer.configuration()
    .resolve(finder, ModuleFinder.of(), Set.of("rootmodule"));        ❷
ClassLoader scl = ClassLoader.getSystemClassLoader();
ModuleLayer newLayer = bootLayer.defineModulesWithOneLoader(config, scl); ❸
```

❶ 파일 시스템의 하나 이상의 경로에 있는 모듈을 찾는 ModuleFinder를 생성하는 간편한 방법이다.

❷ 구성은 부모 구성과 연관되어 해석되며, 이 경우에는 부트 레이어의 구성과 연관되어 해석된다.

❸ Configuration을 사용하면 ModuleLayer를 구성할 수 있으며 구성에서 해석된 모듈을 구체화할 수 있다.

원칙적으로 모듈은 어디에서나 올 수 있다. 일반적으로 파일 시스템의 어딘가에 있으므로 ModuleFinder::of(Path ...) 팩토리 메소드를 사용하면 편리하다. 해당 메소드는 파일 시스템에서 모듈을 로드할 수 있는 ModuleFinder 구현을 반환한다. 모든 ModuleLayer와 Configuration은 ModuleLayer::empty 및 Configuration::empty 메소드에서 반환되는 인스턴스를 제외하고 하나 이상의 부모를 가리킨다. 이러한 특수 인스턴스는 모듈 시스템의 ModuleLayer과 Configuration 계층에 대한 루트 역할을 한다. 부트 레이어와 관련된 구성은 빈 객체(empty counterparts)가 부모로 있다.

새 레이어를 만들 때 부트 레이어와 구성을 부모로 사용한다. resolve()를 호출할 때, ModuleFinder가 첫 번째 인수로 전달된다. resolve()의 두 번째 인수는 또 다른 ModuleFinder 이다(이 경우 비어 있음). 이 두 번째 파인더는 첫 번째 파인더 또는 부모 구성을 통해 모듈을 찾을 수 없을 때 참조된다.

새 구성에서 모듈을 해석할 때 부모 구성의 모듈도 고려된다. 새로 구성된 모듈은 부모 구성에서 모듈을 읽을 수 있다. 해석기를 실행시키는 루트 모듈은 구성의 resolve() 메소드의 세 번째 인수로 전달된다. 이 경우 rootmodule은 해석기가 시작되는 초기 모듈로 사용된다. 새 구성의 해석은 지금까지 보아온 것과 동일한 제약 조건이 있다. 루트 모듈 또는 해당 의존성 중 하나를 찾을 수 없으면 실패한다. 모듈 사이의 순환은 허용되지 않으며, 단일 모듈에서 읽어 들이는 동일한 패키지를 두개의 모듈에서 익스포트하는 것도 허용하지 않는다. 이 예제를 확장하려면 rootmodule이 ./modules 디렉토리에 있는 javafx.controls 플랫폼 모듈과 library를 필요로 한다고 가정해 보자. 구성을 해석하고 새로운 레이어를 생성한 후의 결과는 그림 6-6과 같다.

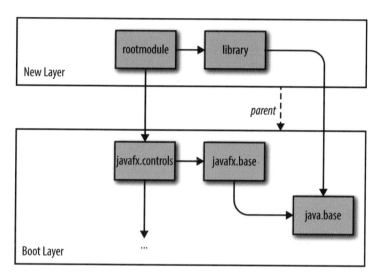

그림 6-6. 부트 레이어를 부모 레이어로 가지는 새로운 레이어

가독성 관계는 레이어 경계를 넘을 수 있다. javafx.controls에 대한 rootmodule의 requires 구문은 부트 레이어의 플랫폼 모듈에서 해석된다. 반면 library에 대한 requires 구문은 새로 생성된 레이어에서 해석되는데 그 이유는 모듈이 파일 시스템의 rootmodule과 함께 로드되기 때문이다.

Configuration에는 resolve 메소드 외에도 resolveAndBind 메소드가 있다. resolveAndBind 메소드는 새로운 구성에서 모듈의 provides/uses 구문을 고려하여 서비스 바인딩을 수행한다. 서비스도 레이어 경계를 넘을 수 있다. 새 레이어의 모듈은 부모 레이어의 서비스를 사용할 수 있으며 그 반대의 경우도 마찬가지이다.

마지막으로 defineModulesWithOneLoader 메소드가 부모(부트) 레이어에서 호출된다. 이 메소드는 Configuration에 의해 해석된 모듈 참조를 새 레이어 내부의 실제 Module 인스턴스로 구체화한다. 다음 절에서는 이 메소드에 전달된 클래스 로더의 중요성에 대해 설명하겠다.

지금까지는 부트 레이어를 부모 레이어로 가지는 새로운 레이어를 살펴보았다. 그러나 레이어는 부팅 레이어 이외의 레이어를 부모로 가질 수도 있으며, 심지어는 여러 부모 레이어를 가질 수도 있다. 그림 6-7에서 레이어 3은 레이어 1과 레이어 2를 부모로 가지는 것을 볼 수 있다.

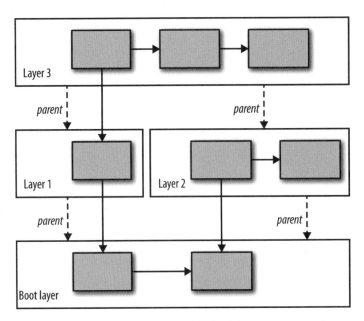

그림 6-7. 레이어는 비순환 그래프를 형성할 수 있다.

새로운 레이어를 만들 때, 부모 레이어 인스턴스의 일반 defineModules* 메소드를 직접 호출하는 대신에, ModuleLayer의 정적 defineModules* 메소드가 부모 레이어의 리스트를 받게 된다. 그림 6-12에서 정적 메소드가 어떻게 동작하는지 볼 수 있다. 기억해야 할 중요한 점은 레이어는 레이어 내의 모듈과 마찬가지로 비순환 그래프를 형성할 수 있다는 것이다.

레이어에서의 클래스 로딩

이전 섹션의 레이어 생성 코드에서 마지막 두 줄이 무슨 의미인지 궁금할 것이다.

```
ClassLoader scl = ClassLoader.getSystemClassLoader();
ModuleLayer newLayer = bootLayer.defineModulesWithOneLoader(config, scl);
```

클래스 로더와 defineModulesWithOneLoader 메소드는 어떤 일을 할까? 이 질문에 대한 답은 중요하다. 우리가 defineModulesWithOneLoader 메소드에 대해 알아보기 전에 먼저 클래스 로더가 어떤 일을 하는지 그리고 모듈 시스템에서 어떠한 의미를 가지는지 알아보자.

클래스 로더는(너무 당연하게도) 런타임에 클래스를 로드한다. 클래스 로더는 가시성에 의해 동작된다. 특정 클래스 로더에서 클래스를 볼 수 있는 경우 로드가 가능하며, 그렇지 않은 경우는 다른 클래스 로더에게 위임을 하게 된다. 어떤 면에서는 클래스 로더를 이제 언급하는 것이 이상할수도 있다. OSGi와 같은 초기 모듈 시스템은 캡슐화를 위한 기본 수단으로 클래스 로더를 사용한다. 모든 번들(OSGi 모듈)은 고유한 클래스 로더를 가지며 클래스 로더 간의 위임은 OSGi 메타데이터에 표현 된 번들의 연결에 따른다.

Java 모듈 시스템에서는 다르다. 가독성과 새로운 접근성 규칙을 포함하는 완전히 새로운 메커니즘이 추가되었으며 클래스 로딩에 대한 변경 사항은 거의 없다. 그것은 의도적인 선택이다. 왜냐하면 분리를 위해 클래스 로더을 사용하는 것은 절대 안전한 솔루션이 아니기 때문이다. 클래스가 로드된 후 Class 인스턴스는 클래스 로더 분리 및 위임을 통해 설정된 스키마를 무시하고 자유롭게 전달될 수 있다. 모듈 시스템에서 이 작업을 시도할 수 있지만 캡슐화로 인해 접근이 불가능한 Class 객체의 인스턴스를 만들면 exception이 발생한다는 것을 알고 있다. 모듈 시스템은 훨씬 더 하위 레벨에서 캡슐화를 시행한다. 게다가, 클래스 로더는 단지 런타임 구성 요소이며, Java 모듈 시스템은 컴파일시에도 캡슐화를 강제한다. 마지막으로, 기존의 많은 코드는 클래스가 기본적으로 로드되는 방식에 가정하여 구동되고 있다. 이러한 기본값을 변경(예 : 각 모듈에 고유 한 클래스 로더 제공)하면 기존 코드가 손상될 수 있다.

그럼에도 불구하고 클래스 로더가 모듈 시스템과 어떻게 상호 작용하는지 알아 두면 좋다. application 모듈이 부트 레이어에 로드된 그림 6-5를 다시 살펴보자. 이번에는 그림 6-8을 통해 클래스 로더가 어떤 역할을 하는지 보자.

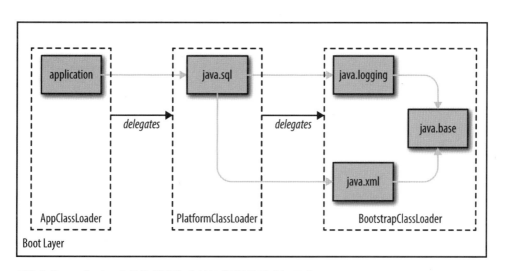

그림 6-8. application 모듈을 시작할 때 부트레이어의 클래스 로더

모듈 패스에서 애플리케이션을 실행할 때 부트 레이어에서 세 개의 클래스 로더가 활성화된다. 위임 계층의 맨 아래에는 원시 클래스 로더라고 하는 BootstrapClassLoader가 있다. 필수 플랫폼 모듈 클래스를 모두 로드하는 특수 클래스 로더이다. 클래스는 부트스트랩 로더에 로드될 때 모든 보안 권한을 부여 받기 때문에 이 클래스 로더에서 가능한 적은 모듈 클래스를 로드하는 것이 좋다.

그리고 다른 PlatformClassLoader가 있다. PlatformClassLoader는 권한이 적은 플랫폼 모듈 클래스를 로드한다. 마지막으로 AppClassLoader는 사용자 정의 모듈 및 일부 JDK 전용 도구를 위한 모듈(jdk.compiler 또는 jdk.java doc과 같은)을 로드한다. 모든 클래스 로더는 하위 클래스 로더에 위임한다. 때문에 AppClassLoader가 모든 클래스에 대하여 가시성을 가지게 된다. 이 3가지 방식(three-way) 설정은 모듈 시스템이 도입되기 전 클래스 로더의 동작 방식과 매우 유사하며 주로 하위 호환성을 위해 사용된다.

ModuleLayer를 만드는 메소드에 클래스 로더를 전달하는 아래 코드에 대한 질문으로 이 섹션을 시작했다.

```
ClassLoader scl = ClassLoader.getSystemClassLoader();
ModuleLayer newLayer = bootLayer.defineModulesWithOneLoader(config, scl);
```

모듈과 클래스 로더의 매핑은 부트 레이어에 미리 정의되어 있지만 새로운 레이어를 만들 때에는 어떤 클래스 로더가 어떤 모듈을 위해 클래스를 로드하는지 표시해야 한다. ModuleLayer::defineModulesWithOneLoader(Configuration, ClassLoader) 메소드는 편리한 메소드이다. defineModulesWithOneLoader는 새 레이어를 설정하여 새 레이어의 모든 모듈이 새로 생성된 단일 클래스 로더에 의해 로드되게 한다. 이 클래스 로더는 인수로 전달된 부모 클래스 로더에 위임한다. 이 예에서는 ClassLoader::getSystemClassLoader의 결과를 전달한다. getSystemClassLoader 메소드는 부팅 레이어에 사용자 정의 모듈 클래스를 로드하는 클래스 로더인 AppClassLoader를 반환한다(getPlatformClassLoader 메소드도 있음).

따라서 그림 6-6의 예제에서 새로 생성된 레이어의 클래스 로더 뷰는 그림 6-9와 같다.

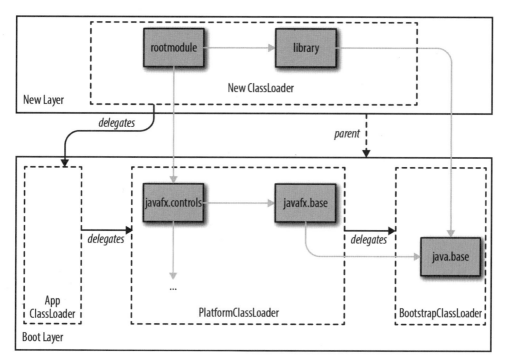

그림 6-9. 새 레이어의 모든 모듈을 위한 단일 클래스 로더를 생성한다.

클래스 로더간의 위임은 모듈 사이의 가독성을 고려해야 하며, 심지어 다른 레이어 사이의 가독성까지도 고려해야 한다. 예를 들어서, 새 클래스 로더가 부트 레이어의 AppClassLoader에 위임하지 않고 BootstrapClass 로더에 위임한다면 문제가 있을 수 있다. rootmodule은 javafx.controls를 읽으므로 해당 클래스를 보고 로드할 수 있어야 한다. 새 레이어의 클래스 로더는 AppClassLoader에 위임해야 이를 보장할 수 있다. AppClassLoader는 javafx.controls에서 클래스를 로드하는 PlatformClassLoader에 위임하기 때문에 결과적으로 rootmodule은 javafx.controls를 읽을 수 있게 된다.

새 레이어를 만드는 또 다른 방법이 있다. defineModulesWithManyLoaders라는 또 다른 편리한 메소드는 그림 6-10과 같이 레이어의 각 모듈에 대해 새로운 클래스 로더를 만든다.

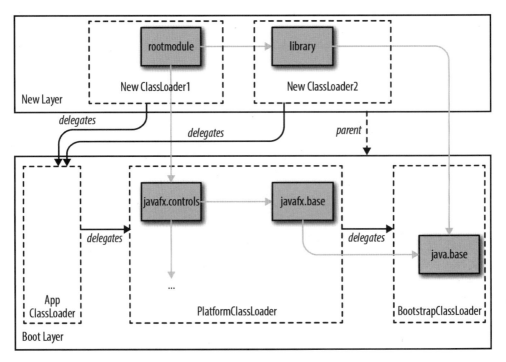

그림 6-10. defineModulesWithManyLoaders를 사용하여 생성된 레이어 내의 모든 모듈은 고유한 클래스 로더를 가진다.

다시 말하지만, 이 새로운 클래스 로더 각각은 defineModulesWithManyLoaders에 인수로 전달된 부모에 위임한다. 레이어에서 클래스로딩을 좀 더 제어하고 싶을 때는 defineModules 메소드를 사용하면 된다. defineModules 메소드는 문자열(모듈 이름)을 클래스 로더에 매핑하는 기능을 제공한다. 이러한 매핑을 이용하면 새로운 모듈에 대한 새로운 클래스 로더를 만들거나 기존 클래스 로더를 레이어의 모듈에 할당할 수 있는 유연성을 얻을 수 있다. 이러한 매핑의 예는 JDK 자체에서 찾을 수 있다. 부트 레이어는 그림 6-8에 나와있는 세 클래스 로더 중 하나에 대한 사용자 정의 매핑이 있는 defineModules을 사용하여 만들어진다.

레이어를 사용할 때 클래스 로더를 제어하는 것이 왜 중요할까? 그 이유는 모듈 시스템에서 많은 제약을 없앨 수 있기 때문이다. 예를 들면, 단일 모듈이 어떻게 특정 패키지를 포함하거나 익스포트하는지 설명했다. 이것은 부트 레이어가 생성되는 방법의 사이드 이펙트(side effect)일뿐이다. 패키지는 클래스 로더에 한 번만 정의될 수 있다. 모듈 패스에 있는 모든 모듈은 AppClassLoader에 의해 로드된다. 따라서 이들 모듈 중 하나라도 동일한 패키지(익스포트 여부와 상관없이)를 포함하는 경우 동일한 AppClassLoader에 정의되어 런타임 exception이 발생한다.

새 클래스 로더를 사용하여 새 레이어를 인스턴스화하면 동일한 패키지가 해당 레이어의 다른 모듈에 나타날 수 있다. 이 경우 패키지가 다른 클래스 로더에 두 번 정의되므로 아무런 문제는 없다. 때문에, 동일한 모듈의 여러 버전이 별개의 레이어에 포함될 수 있다. 이는 레이어 생성 및 관리의 복잡도가 높아지더라도 126 페이지의 "모듈 버전 관리"에서 논의한 상황을 개선할 수 있게 해준다.

플러그인 아키텍처

앞에서 레이어의 기초와 레이어에서의 클래스 로딩을 살펴 보았으므로 실제로 적용을 해보자. 먼저 런타임에 플러그인 추가하여 확장할 수 있는 애플리케이션을 만드는 방법을 살펴 보겠다. 이것은 여러 가지 면에서 4장에서 EasyText에 서비스를 적용했던 작업과 유사하다. 서비스 방식에서는 새로운 분석 Provider 모듈이 모듈 패스에 위치하면 애플리케이션이 시작할 때 선택된다. 이것은 이미 매우 유연한 방식이라고 할 수 있다. 하지만 새로운 Provider 모듈을 서드파티 개발자가 제공한다면 어떻게 해야 할까? 또는 새로운 Provider 모듈이 애플리케이션 시작 시점에 모듈 패스에 있지 않고, 런타임에 추가된다면 어떻게 해야 할까?

이러한 요구 사항으로 인해 좀더 유연한 플러그인 아키텍처가 나오게 된 것이다. 플러그인 기반 애플리케이션으로 가장 유명한 예시는 Eclipse IDE이다. Eclipse 자체는 기본 IDE 기능을 제공하지만 플러그인을 추가하여 다양한 기능을 확장할 수 있다. 플러그인을 사용하는 애플리케이션의 또 다른 예는 JDK의 새로운 jlink 도구이다. 지금 살펴볼 플러그인과 유사한 플러그인 메커니즘을 통해 새로운 최적화로 확장할 수 있다. 13 장에서는 jlink 도구가 사용할 수 있는 플러그인에 대해 자세히 설명한다.

일반적으로 그림 6-11과 같이 플러그인을 사용하여 확장되는 플러그인 호스트 애플리케이션을 확인할 수 있다.

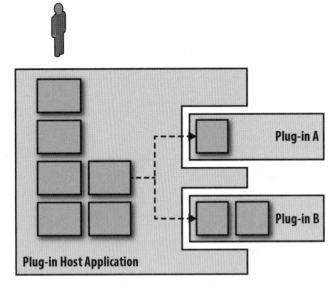

그림 6-11. 플러그인을 통해 호스트 애플리케이션에서 제공하는 기능 외에도 추가 기능을 사용할 수 있다

사용자는 호스트 애플리케이션을 사용하면서 플러그인을 통해 확장된 기능을 경험할 수 있다. 대부분의 경우, 호스트 애플리케이션은 플러그인 없이도 잘 동작한다. 플러그인은 일반적으로 호스트 애플리케이션과 별도로 개발된다. 호스트 애플리케이션과 플러그인 사이에는 명확한 바운더리가 있다. 런타임에 호스트 애플리케이션은 추가 기능을 위해 플러그인을 호출한다. 이를 위해 플러그인이 구현해야 할 합의된 API가 있어야 한다. 일반적으로 이것은 플러그인이 구현하는 인터페이스이다.

이쯤 되면 동적인 플러그인 기반 애플리케이션의 구현에서 레이어가 어떤 역할을 한다고 짐작할 수 있을 것이다. 우선, 각 플러그인에 대한 새로운 ModuleLayer를 체크하는 pluginhost 모듈을 생성해보자. 플러그인 모듈(예제의 plugin.a 및 plugin.b)은 의존성(있는 경우)과 함께 별도의 디렉토리에 있다. 결정적으로 이 디렉토리는 pluginhost가 실행될 때 모듈 패스에 없다.

이 예제는 doWork 메소드 하나만 가지는 pluginhost.api.Plugin 인터페이스를 노출하는 pluginhost.api 모듈과 함께 서비스를 사용한다. 두 플러그인 모듈 모두 이 API 모듈을 필요로 하지만 pluginhost 애플리케이션 모듈과의 컴파일 시점 관계가 없다. 플러그인 모듈은 서비스로 제공되는 플러그인 인터페이스의 구현으로 구성된다. 예제 6-4에 표시된 대로 모듈 plugin.a의 모듈 디스크립터를 가져오자.

```
module plugin.a {
    requires pluginhost.api;
    provides pluginhost.api.Plugin
        with plugina.PluginA;
}
```

플러그인 구현 클래스 PluginA는 익스포트되지 않는다.

pluginhost에서 main 메소드는 매개변수로 제공되는 디렉토리에서 플러그인 모듈을 로드한다.

```
if (args.length < 1) {
    System.out.println("Please provide plugin directories");
    return;
}
System.out.println("Loading plugins from " + Arrays.toString(args));
Stream<ModuleLayer> pluginLayers = Stream
    .of(args)
    .map(dir -> createPluginLayer(dir));                      ❶
pluginLayers
    .flatMap(layer -> toStream(ServiceLoader.load(layer, Plugin.class)))  ❷
    .forEach(plugin -> {
        System.out.println("Invoking " + plugin.getName());
        plugin.doWork();                                      ❸
    });
}
```

❶ 인수로 제공된 각 디렉토리에 대하여, createPluginLayer를 통해 ModuleLayer가 인스턴스화된다(구현은 뒤에서 볼 수 있다).

❷ ServiceLoader::load 호출은 각 레이어를 인수로 사용하여 해당 레이어에서 다시 Plugin 서비스를 제공한다.

❸ 서비스가 단일 스트림으로 병합 된 후에 모든 플러그인의 doWork 메소드를 호출한다.

아직 논의하지 않은 ServiceLoader::load의 오버로드를 사용하고 있다. ServiceLoader::load는 플러그인을 위해 새로 생성 된 레이어를 인수로 사용한다. 그 메소드 호출 결과로 레이어에 로드 된 플러그인 모듈에서 Plugin 서비스 provider를 새로 로드하여 반환한다.

모듈 패스에서 pluginhost 모듈을 실행하면 애플리케이션이 시작된다. 다시 한번 이야기하면 모듈 패스에는 플러그인 모듈이 하나도 없다. 플러그인 모듈은 별도의 디렉토리에 있으며 호스트 애플리케이션에 의해 런타임에 로드된다.

두 개의 플러그인 디렉토리를 인수로 사용하여 pluginhost를 시작하면 그림 6-12과 같은 런타임 상황이 나타난다.

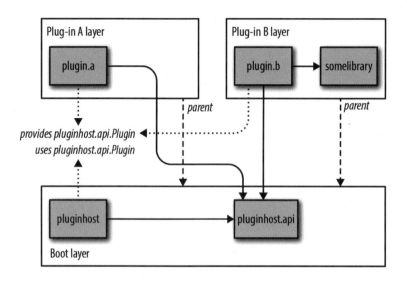

그림 6-12. 모든 플러그인은 자체 레이어에서 인스턴스화된다.

첫 번째 플러그인은 단일 모듈로 구성된다. 한편, Plug-in B는 somelibrary와 의존성이 있다. 이 플러그인에 대한 구성 및 레이어를 생성하면 이러한 의존성들은 자동으로 해석된다. somelibrary 가 plugin.b와 같은 디렉토리에 있기 때문에 모든 것이 작동한다. 두 플러그인 모두 부트 레이어 의 일부인 plughost.api 모듈이 필요하다. 다른 모든 상호 작용은 서비스를 통해 발생하며, 해당 서비스는 플러그인 모듈이 게시하고, 호스트 애플리케이션에 의해 소비된다.

createPluginLayer 메소드는 다음과 같다.

```
static ModuleLayer createPluginLayer(String dir) {
    ModuleFinder finder = ModuleFinder.of(Paths.get(dir));
    Set<ModuleReference> pluginModuleRefs = finder.findAll();
    Set<String> pluginRoots = pluginModuleRefs.stream()
        .map(ref -> ref.descriptor().name())
        .filter(name -> name.startsWith("plugin"))       ❶
        .collect(Collectors.toSet());
    ModuleLayer parent = ModuleLayer.boot();
    Configuration cf = parent.configuration()
        .resolve(finder, ModuleFinder.of(), pluginRoots); ❷
    ClassLoader scl = ClassLoader.getSystemClassLoader();
```

```
ModuleLayer layer = parent.defineModulesWithOneLoader(cf, scl);  ❸
return layer;
}
```

❶ Configuration을 해석할 때 루트 모듈을 식별하기 위해 모든 모듈을 이름을 plugin으로 시작하도록 한다.

❷ Configuration은 부트 레이어와 관련하여 해석되므로 플러그인 모듈이 pluginhost.api를 읽을 수 있다.

❸ 플러그인 레이어의 모든 모듈은 동일한(새로운) 클래스 로더로 정의된다.

createPluginLayer 메소드는 각 플러그인 디렉토리에 대해 호출되므로 여러 개의 레이어가 생성된다. 각 레이어에는 독립적으로 해석되는 단일 루트 모듈(plugin.a와 plugin.b)이 있다. plugin.b에는 somelibrary가 필요하기 때문에 해당 모듈을 찾을 수 없으면 ResolutionException이 발생한다. 구성과 레이어는 모듈 디스크립터에 표현된 모든 제약 조건을 충족할 수 있을 때만 생성된다.

resolve(..., pluginRoots) 대신 resolveAndBind(finder, ModuleFinder.of (), Set.of ())를 호출할 수도 있다(resolveAndBind 메소드는 해석을 위한 루트 모듈을 제공하지 않는다). plugin 모듈은 서비스를 노출하기 때문에 서비스 바인딩은 플러그인 모듈과 그 의존성의 해석이 발생한다.

새로운 클래스 로더를 사용하여 각 플러그인 모듈을 자체 레이어에 로드하면 또 다른 장점이 있다. 이런 방식으로 플러그인을 격리하면 플러그인이 동일한 모듈의 다른 버전에 의존성을 가질 수 있다. 126 페이지의 "모듈 버전 관리"에서는 동일한 패키지를 익스포트하는 동일한 이름의 단일 모듈만 모듈 시스템에서 로드할 수 있는 방법에 대해 설명했다. 여전히 유효하지만 클래스 로더 설정 방법에 따라 달라진다. 모듈 패스에서 생성된 부트 레이어에 대해 이야기할 때만 문제가 된다.

다중 레이어를 구성할 때 다른 버전의 모듈을 동시에 로드할 수 있다. 예를 들어 Plug-in A와 B가 다른 버전의 somelibrary에 의존하는 경우에도 그림 6-13과 같이 가능하다.

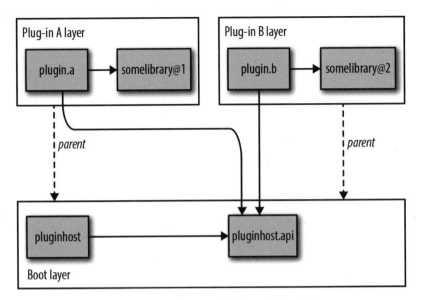

그림 6-13. 동일한 모듈의 다른 버전을 여러 레이어에 로드할 수 있다.

위와 같이 동작하기 위해서 특별히 코드를 변경할 필요는 없다. 레이어 모듈이 새로운 클래스 로더에서 로드되기 때문에 패키지 정의에서 충돌이 발생하지 않는다.

이와 같이 각 플러그인을 위한 새로운 레이어가 있는 경우 다양한 장점이 있다. 플러그인 작성자는 자신의 의존성을 자유롭게 선택할 수 있다. 런타임에, 다른 플러그인의 의존성과 충돌하지 않는다는 보장이 있기 때문에 자유로운 선택이 가능하다.

고려해야 할 한가지 사항은 두 개의 플러그인 레이어 위에 다른 레이어를 만들 때 발생한다. 레이어에는 여러 개의 부모 레이어가 있을 수 있으므로 두 플러그인 레이어를 모두 부모 레이어로 사용하여 새 레이어를 생성할 수 있다.

```
List<Configuration> parentConfigs = pluginLayers
    .map(ModuleLayer::configuration)
    .collect(Collectors.toList());
Configuration newconfig = Configuration.resolve(finder, parentConfigs,    ❶
    ModuleFinder.of(), Set.of("topmodule"));
ModuleLayer.Controller newlayer = ModuleLayer.defineModulesWithOneLoader(
    newconfig, pluginLayers, ClassLoader.getSystemClassLoader());         ❷
```

❶ 이 정적 메소드는 여러 개의 구성을 부모로 사용할 수 있다.

❷ 여러 부모를 사용하는 레이어 구조에서도 동일한 구성이 사용된다.

이 새로운 레이어에 somelibrary를 필요로 하는 단일(루트) 모듈인 topmodule이 있다고 가정 해보자. 어떤 버전의 somelibrary가 해석될까? static resolve와 defineModulesWithOneLoader 메소드가 부모를 위한 매개 변수로 List를 사용한다는 사실을 주의 깊게 봐야한다. 이 상황에서 문제가 되는 것은 순서이다. 구성이 해석되면 제공된 목록의 순서대로 상위 구성의 목록이 참조된다. 따라서 parentConfigs 목록에 어떤 플러그인 구성이 먼저 들어가는지에 따라 topmodule은 버전 1 또는 2의 somelibrary를 사용한다.

컨테이너 아키텍처

런타임에 새로운 코드를 로드하는 특징에 중점을 두는 또 다른 아키텍처는 애플리케이션 컨테이너 아키텍처이다. 컨테이너에서 애플리케이션간의 분리는 또 다른 큰 테마이다. 수년 동안 많은 애플리케이션 컨테이너 또는 애플리케이션은 대부분 Java EE 표준을 구현해왔다.

 애플리케이션 서버는 애플리케이션간에 일정 수준의 분리를 제공하지만 결국 모든 배포된 애플리케이션은 여전히 동일한 JVM에서 실행된다. 진정한 분리(즉, 제한된 메모리 및 CPU 활용)를 구현하기 위해서는 보다 광범위한 방법론이 필요하다.

레이어와 관련된 요구 사항들을 설계할 때 Java EE가 영향을 주었다. 그렇다고 해서 Java EE 가 Java 모듈 시스템에 이미 대응하고 있다는 것은 아니다. 이 글을 쓰는 시점에 어떤 버전의 Java EE가 처음으로 모듈을 지원할 것인지 명확하지 않았다. 그러나 Java EE가 WAR(Web Archives) 및 EAR(Enterprise Application Archives)의 모듈 버전을 지원할 것이라는 것은 예상이 가능하다.

레이어로 애플리케이션 컨테이너 아키텍처를 구현하는 방법을 이해하기 위해서 작은 애플리케이션 컨테이너를 만들어 보자. 구현을 살펴보기 전에 애플리케이션 컨테이너 아키텍처가 플러그인 기반 애플리케이션 아키텍처와 어떻게 다른지 살펴보자(그림 6-14 참조).

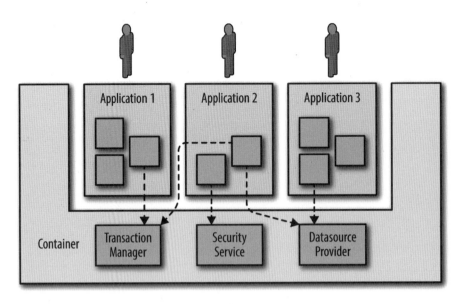

그림 6-14. 애플리케이션 컨테이너는 여러 애플리케이션을 관리하며 해당 애플리케이션에서 사용할 공통 기능을 제공한다.

그림 6-14과 같이 다수의 애플리케이션이 단일 컨테이너에 로딩될 수 있다. 애플리케이션에는 내부 모듈 구조가 있지만, 중요한 부분에서는 컨테이너에서 제공하는 공통 서비스를 사용한다. 트랜잭션 관리 또는 보안 인프라와 같은 기능은 주로 컨테이너에 의해 제공된다. 애플리케이션 개발자는 모든 애플리케이션들을 고려하면서 개발하지 않아도 된다.

어떤 면에서 호출 그래프는 그림 6-11과 비교해 볼 때 거꾸로 되어 있다. 애플리케이션은 호스트 애플리케이션(컨테이너)이 새로 로드된 코드를 호출하는 대신 컨테이너가 제공하는 구현을 사용한다. 물론 이것이 작동하려면 컨테이너와 애플리케이션 사이에 공유된 API가 있어야 한다. Java EE는 이러한 API의 실제 예시라고 할 수 있다. 플러그인 기반 애플리케이션과의 또 다른 큰 차이점은 시스템의 개별 사용자가 컨테이너가 아닌 동적으로 로드된 애플리케이션 자체와 상호 작용한다는 점이다. 배포된 애플리케이션이 HTTP 엔드포인트(endpoints), 웹 인터페이스 또는 큐를 사용자에게 직접 노출한다고 생각해보자. 마지막 차이점은 컨테이너의 애플리케이션은 배포, 배포 해제 혹은 새버전으로 교체가 가능하다.

컨테이너 아키텍처와 플러그인 기반 아키텍처는 구현 방식에서는 큰 차이가 없지만 기능적으로는 완전히 다르다. 애플리케이션 모듈은 플러그인과 마찬가지로 런타임에 새로운 레이어에 로드될 수 있다. API 모듈은 애플리케이션에서 컴파일이 가능한 모든 서비스의 인터페이스를 가지고 있는 컨테이너에서 제공된다. 이러한 서비스는 런타임에 ServiceLoader를 통해 애플리케이션에서 사용이 가능하다.

상황을 더욱 흥미롭게 만들기 위해 애플리케이션을 배포하거나 배포를 해제할 수 있는 컨테이너를 만들어 보자. 플러그인 예제에서는 플러그인 모듈을 사용하여 공통 인터페이스를 구현하는 서비스를 노출했다. 컨테이너의 경우는 다르게 구현해야 한다. 배포 후에는 컨테이너에서 제공하는 API인 ContainerApplication을 구현하는 클래스를 살펴 보겠다. 컨테이너는 애플리케이션에서 클래스를 리플렉션을 사용하여 로드한다. 그렇게 함으로써 배포된 애플리케이션이 서비스를 이용하여 컨테이너 기능을 사용하더라도, 서비스 메커니즘을 통하여 배포된 애플리케이션간에는 상호 작용을 할 수 없다. 리플렉션을 통해 클래스를 인스턴스화한 후 ContainerApplication에 정의된 startApp 메소드가 호출된다. 배포 해제 전에 애플리케이션을 정상적으로 종료할 수 있도록 stopApp 메소드가 호출된다.

아래의 두 가지 개념에 대해 알아보자.

⇒ 컨테이너는 배포된 애플리케이션에서 리플렉션을 통한 클래스의 인스턴스화가 가능한지 어떻게 확인할 수 있을까? (애플리케이션 개발자가 패키지를 오픈하거나 익스포트하는 것을 원하지 않는다.)

⇒ 애플리케이션 배포가 해제된 이후에 모듈을 제대로 처리할 수 있을까?

레이어를 생성하는 동안에는 레이어에 로드되는 모듈과 그 관계를 컨트롤할 수 있다. 이는 컨테이너에서 배포된 애플리케이션의 클래스에 접근하기 위해서 꼭 필요하다. 컨테이너는 ContainerApplication을 구현하는 클래스를 포함한 패키지가 딥 리플렉션을 위해 오픈되어 있는지 확인해야 한다.

모듈에 대한 정리는 레이어 수준에서 이루어지며 놀라울 정도로 간단하다. 레이어는 다른 Java 객체와 마찬가지로 가비지 컬렉션될 수 있다. 컨테이너가 더 이상 레이어나 그 모듈 및 클래스에 대한 하드 참조가 없다는 것을 확인하면 관련된 레이어와 모든 것이 결국 가비지 컬렉션된다.

몇 가지 코드를 살펴보자. 이 장에 예제로 제공된 컨테이너는 간단한 커맨드라인 런처이며 배포 및 배포 해제를 할 수 있는 애플리케이션의 리스트를 나열하는 기능을 가지고 있다. 주요 클래스는 예제 6-5에서 확인 가능하다. 애플리케이션이 배포되면 해당 애플리케이션은 배포 해제될 때까지(또는 컨테이너가 중지될 때까지) 계속 실행된다. 배포 가능한 애플리케이션의 위치에 대한 정보는 out-appa/app.a/app.a.AppA 포맷으로 커맨드라인에 전달된다. 해당 포맷은 "/"를 구분자로 하여, "애플리케이션 모듈이 들어있는 디렉토리/루트 모듈 이름/ContainerApplication을 구현하는 클래스의 이름"으로 구성된다.

일반적으로 애플리케이션 컨테이너에는 해당 정보를 애플리케이션 패키지의 일부로 전달하기 위해 배포 디스크립터 포맷을 가진다. 모듈에 어노테이션을 추가하여(150 페이지의 "어노테이션"에서 언급한 것 같이) 일부 메타데이터를 지정하면 유사한 결과를 얻을 수 있다. 단순화를 위해 커맨드라인 옵션에서 받는 정보를 포함하는 AppDescriptor 인스턴스를 만들었다.

예제 6-5. 애플리케이션 컨테이너 런쳐 (↳ chapter6 / container)

```java
public class Launcher {
    private static AppDescriptor[] apps;

    private static ContainerApplication[] deployedApps;

    public static void main(String... args) {
        System.out.println("Starting container");
        deployedApps = new ContainerApplication[args.length];
        apps = new AppDescriptor[args.length];

        for (int i = 0; i < args.length; i++)
            apps[i] = new AppDescriptor(args[i]);

        // 키보드 입력을 처리하고 deploy/undeploy를 호출한다(코드 생략).
    }

    // 나중에 설명할 deploy / undeploy 메소드
}
```

컨테이너의 주요 데이터 구조는 애플리케이션 디스크립터 배열과 시작된 ContainerApplication 인스턴스를 추적하는 배열로 이루어져 있다. 컨테이너가 시작되면 deploy 1, deploy 2 혹은 exit 와 같은 명령을 입력할 수 있다. 숫자는 apps 및 deployedApps 배열의 인덱스를 참조한다. 배포되는 각 애플리케이션에 대해 레이어가 만들어진다. 그림 6-15에서는 두 개의 애플리케이션이 자체 레이어에 배포된 것을 보여준다(deploy 1, deploy 2 입력 후).

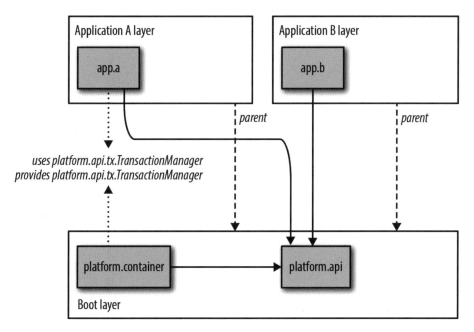

그림 6-15. 컨테이너에 배포된 두 개의 애플리케이션

그림 6-15는 그림 6-12와 매우 유사하지만 provides/uses 관계가 반대로 표시된다. platform.
api에서 platform.api.tx.TransactionManager와 같은 컨테이너 기능에 대한 서비스 인터페이
스를 확인할 수 있다. platform.container 모듈에는 이러한 인터페이스에 대한 서비스 Provider
가 포함되어 있으며 이전에 본 Launcher 클래스가 들어 있다. 물론 현실 세계의 컨테이너와 애플
리케이션은 아마 더 많은 모듈로 구성 될 것이다.

애플리케이션을 위한 레이어 생성은 플러그인을 로드할 때 보았던 것과 유사하지만 미세한 차이
점이 있다.

```
private static ModuleLayer.Controller createAppLayer(AppDescriptor appDescr) {
    ModuleFinder finder = ModuleFinder.of(Paths.get(appDescr.appDir));
    ModuleLayer parent = ModuleLayer.boot();

    Configuration cf = parent.configuration()
        .resolve(finder, ModuleFinder.of(), Set.of(appDescr.rootmodule));    ❶

    ClassLoader scl = ClassLoader.getSystemClassLoader();
    ModuleLayer.Controller layer =
        ModuleLayer.defineModulesWithOneLoader(cf, List.of(parent), scl);    ❷

    return layer;
}
```

❶ ModuleFinder와 Configuration은 AppDescriptor 메타데이터에 기반하여 생성된다.

❷ 이 레이어는 ModuleLayer.Controller를 반환하는 static ModuleLayer.defineModulesWithOneLoader 메소드로 만들어 진다.

각 애플리케이션은 하나의 새로운 클래스 로더를 사용하여 자체 독립된 레이어에 로딩된다. 각 애플리케이션에 동일한 패키지를 가지는 모듈이 있어도 충돌하지 않는다. static ModuleLayer :: defineModulesWithOneLoader를 사용하여 ModuleLayer.Controller 객체를 다시 가져온다.

ModuleLayer.Controller는 루트 모듈의 패키지 오픈을 위한 메소드를 호출하기 위하여 사용된다(루트 모듈에는 배포된 애플리케이션의 ContainerApplication을 구현하는 클래스가 포함되어 있다).

```java
private static void deployApp(int appNo) {
    AppDescriptor appDescr = apps[appNo];
    System.out.println("Deploying " + appDescr);

    ModuleLayer.Controller appLayerCtrl = createAppLayer(appDescr);    ❶

    Module appModule = appLayerCtrl.layer()                            ❷
        .findModule(appDescr.rootmodule)
        .orElseThrow(() -> new IllegalStateException("No " + appDescr.rootmodule));

    appLayerCtrl.addOpens(appModule, appDescr.appClassPkg,
        Launcher.class.getModule());                                  ❸

    ContainerApplication app = instantiateApp(appModule, appDescr.appClass);  ❹
    deployedApps[appNo] = app;
    app.startApp();                                                   ❺
}
```

❶ 이전에 정의된 createAppLayer 메소드를 호출하여 Module Layer.Controller를 가져온다.

❷ 컨트롤러에서 실제 레이어를 가져 와서 로드된 루트 모듈을 찾을 수 있다.

❸ 리플렉션을 사용하여 루트 모듈에서 애플리케이션 클래스를 인스턴스화하기 전에 지정된 패키지가 오픈되어 있는지 확인한다.

❹ 이제 instantiateApp 구현은 아무런 제한 없이 리플렉션을 사용하여 애플리케이션 클래스를 인스턴스화할 수 있다.

❺ 마지막으로 배포 된 애플리케이션은 startApp를 호출하여 시작된다.

deployApp에서 가장 흥미로운 코드는 ModuleLayer.Controller :: addOpens가 호출되는 부분이다. 해당 코드는 그림 6-16과 같이 AppDescriptor에서 언급된 패키지를 애플리케이션의 루트 모듈에서 컨테이너 모듈로 오픈해준다.

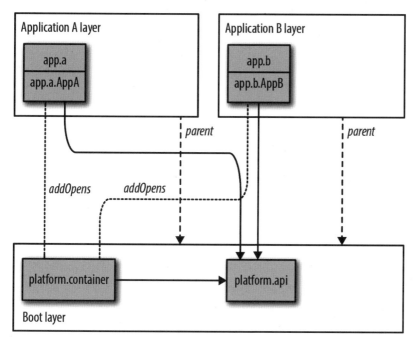

그림 6-16. 레이어 생성시 app.a 및 app.b 패키지가 platform.container 모듈에 오픈된다.

이 제한적인 opens 구문으로 컨테이너에서 app.a 및 app.b 패키지에 리플렉션 접근이 가능하게 된다. addOpens(Module source, String pkg, Module target) 메소드 외에도 레이어 컨트롤러에서 제공하는 addExports(Module source, String pkg, Module target) 메소드나 addReads(Module source, Module target) 메소드를 호출할 수 있다. addExports 메소드는 이전에 캡슐화된 패키지를 익스포트하게 해주고(오픈 하지 않고), addReads 메소드는 가독성을 확보하게 함으로써 타겟 모듈이 소스 모듈의 익스포트된 패키지에 접근하게 해준다. 모든 경우에 소스 모듈은 생성 된 레이어에서 가져와야 한다. 실제로 레이어는 모듈의 의존성과 캡슐화 바운더리를 바꿀 수 있다.

컨테이너에서 플랫폼 모듈 해석

지금까지 설명한 컨테이너 아키텍처에서의 분리는 자체 ModuleLayer 내에서 새 애플리케이션 또는 플러그인을 해석하여 이루어진다. 각 애플리케이션 또는 플러그인은 자체 라이브러리를 필요로 할 수 있으며 심지어 다른 버전을 필요로 할 수 있다. ModuleFinder가 ModuleLayer에서 필요한 모듈을 찾을 수 있다면 아무 문제가 없다.

하지만 새로 로드된 애플리케이션이나 플러그인의 플랫폼 모듈과의 의존성 관계는 어떨까? 얼핏보면 문제가 없는 것 같다. ModuleLayer는 부모 레이어의 모듈을 해석하여 결국 부트 레이어에 도달할 수 있다. 부트 레이어에는 플랫폼 모듈이 포함되어 있으므로 모든 것이 잘 동작하거나 그렇지 않을 수 있다.이는 컨테이너를 시작하는 동안 부트 레이어로 어떤 모듈이 해석되는지에 달려있다.

정상적인 모듈 해석 규칙이 적용된다 – 해석 프로세스의 시작점인 루트 모듈은 해석되어야 하는 플랫폼 모듈을 결정한다. 루트 모듈이 컨테이너 런처라면 컨테이너 런처 모듈의 의존성만 고려한다. 이 루트 모듈의 (전이) 의존성만이 런타임 시 부트 레이어에 배치된다.

시작 후에 새 애플리케이션이나 플러그인이 로드되면, 컨테이너 자체에서 필요하지 않았던 플랫폼 모듈이 필요할 수 있다. 이 경우 새 레이어에 대한 모듈 해석이 실패한다. 이는 컨테이너 모듈을 시작할 때 --add-modules ALL- SYSTEM 옵션을 사용하여 방지할 수 있다. 해당 옵션을 사용하여 실행하면, 모든 플랫폼 모듈은 해석이 가능해진다. 심지어 시작 시점에 의존성이 전혀 없는 모듈의 경우에도 해석된다. 부트 레이어에는 ALL-SYSTEM 옵션으로 인해 가능한 모든 플랫폼 모듈이 있다. 이렇게 하면 런타임에 로드된 애플리케이션이나 플러그인에서 임의의 플랫폼 모듈을 사용할 수 있다.

레이어에서 동적 아키텍처를 어떻게 사용하는지 살펴 보았다. 패키지 오픈 여부 및 가독성 관계를 변경하여 런타임에 새로운 모듈 그래프를 생성하고 로드할 수 있다. 다른 레이어의 모듈은 간섭하지 않으므로 동일한 모듈의 여러 버전이 서로 다른 레이어에 공존할 수 있다. 레이어에 새로 로드된 모듈과 상호 작용할 때 서비스는 자연스럽게 적용된다.

물론 지금까지 본 것과 같이 전통적인 리플렉션 기반 방법론을 적용할 수도 있다.

ModuleLayer API는 일반 애플리케이션 개발에서 많이 사용되지 않을 것이다. 어떤 점에서, API는 본질적으로 클래스 로더와 유사하다. 강력한 기능을 가지며, 개발자를 편하게 만들어 주는 프레임워크에서 널리 사용된다. 기존 Java 모듈 프레임워크는 상호 운용성 수단으로 레이어를 사용할 것으로 예측된다. 지난 20 년 동안 클래스 로더를 사용했던 것처럼 새로운 ModuleLayer API를 유용하게 사용할 수 있는 프레임워크가 나올 것이다.

part 2

마이그레이션

chapter 7

모듈로 변환하지 않고
마이그레이션하기

일반적으로 Java 신규 버전으로 마이그레이션하는 것은 개발자 입장에서 쉬운 작업이 아니다. 그렇기 때문에 Java에서 하위 호환성은 매우 중요한 목표로 여겨지고 있다. 모듈 시스템과 모듈화된 JDK는 Java 플랫폼에 큰 변화를 가져왔지만, 그래도 이전 버전과의 호환성을 매우 중요하게 고려하였다.

기존 애플리케이션을 Java 9으로 마이그레이션하는 작업은 2 단계로 나누어 적용해 보려고 한다. 이 장에서는 기존 코드를 모듈로 마이그레이션하지 않은 상태 그대로 Java 9에서 빌드하고 실행하는 방법에 대해 알아보고, 다음 장에서 코드를 모듈로 마이그레이션하는 방법을 알아보겠다.

 Java 9의 주요 기능인 모듈 시스템을 사용하지 않는데 굳이 Java 9으로 마이그레이션해야 하는 이유가 있을까? Java 9으로 업그레이드하는 경우, Java 9에 포함된 새로운 API, 도구들을 사용할 수 있으며 또한 성능 향상을 기대할 수 있다.

기존 애플리케이션을 모듈로 변경할지 또는 첫 번째 단계에서 마이그레이션을 멈출 것인지 여부는 애플리케이션이 얼마나 다양한 확장 기능과 새로운 기능을 기대하고 있는지에 따라 결정해야 한다. 모듈화의 이점을 활용하면 두 번째 단계를 진행하는데 드는 비용을 합리화할 수 있다. 하지만, 현재 애플리케이션이 유지보수에 중점을 두고(새로운 기능 추가 계획이 없는 경우), Java 9에서 실행만 해야하는 경우에는 이 장에서 설명하려는 첫 번째 단계만 수행하는 것이 좋다.

라이브러리 관리자에게 있어 Java 9 지원이 필요한지 아닌지는 중요하지 않다. 라이브러리를

Java 9과 모듈로 마이그레이션하는 것은 기존 애플리케이션을 마이그레이션하는 경우와 또 다른 고려 사항들이 있다. 10 장에서는 이러한 고려 사항에 대해 알아 보겠다.

애플리케이션에 모듈을 도입하지 않고 Java 9으로 마이그레이션 하려면 무엇이 필요할까? Java 8 또는 이전 버전의 public JDK API들만 사용하여 개발한 모범적인 애플리케이션은 특별한 수정을 하지 않아도 Java 9에서 잘 동작한다. JDK 9은 여전히 이전 버전과 호환되지만 내부적으로 많은 변경 사항이 있다. 마이그레이션 도중 발생하는 문제는 종종 애플리케이션의 코드에서 또는 라이브러리에서 JDK를 잘못 사용하는 경우에 발생한다.

라이브러리는 마이그레이션을 진행하는데 있어서 큰 장애물이 될 수 있다. 많은 프레임워크와 라이브러리는 JDK의 (nonpublic, 따라서 지원되지 않는) 세부 구현을 기반으로 만들어졌다. 기술적으로는 JDK의 변경으로 인해서 이 코드들이 정상 동작을 하지 않는다고 해서 비난할 수 없지만, 현실적으로는 애매한 상황이다. 때문에 "라이브러리, 강력한 캡슐화 그리고 JDK 9 클래스 패스"에서는 기존 라이브러리를 손상시키지 않으면서 보다 강력한 캡슐화를 제공할 수 있는 절충안에 대해 설명한다.

이상적인 상황은 Java 9이 릴리즈되기 전에 라이브러리와 프레임워크가 Java 9과 호환이 되도록 내부 구현을 업데이트하는 것이다. 하지만 현실적으로는 일어나기 힘든 일이다. 라이브러리와 프레임워크 사용자는 잠재적인 문제를 해결하는 방법을 알고 있어야한다. 때문에, 이 장의 나머지 부분에서는 Java 9에서 애플리케이션을 실행하는 전략에 중점을 둔다. 아마도 시간이 지날 수록 이 장은 쓸모 없게 될 것이다.

클래스 패스는 없어졌지만 여전히 사용된다

이전 장에서는 모듈 패스를 소개했다. 여러 면에서 모듈 패스가 클래스 패스를 대체할 수 있을 것 같이 보인다. 이것이 클래스 패스가 Java 9에서 사라졌음을 의미할까? 아니면 앞으로 사라지게 될까? 절대적으로 그렇지 않다! 역사가 클래스 패스가 Java에서 제거되었는지 여부를 말해 줄 것이다. 하지만 클래스 패스는 여전히 Java 9에서 사용할 수 있으며 이전 버전과 거의 동일하게 작동한다. 다음 장에서 확인하겠지만, 클래스 패스는 새로운 모듈 패스와 결합될 수도 있다.

모듈 패스를 무시하고 클래스 패스를 사용하여 애플리케이션을 빌드하고 실행하면 애플리케이션에서 새 모듈 기능을 사용할 수 없다. 새 모듈을 사용하기 위해서는 기존 코드에 대한 최소한의 변경이 있어야 한다. 간단히 말해서 애플리케이션과 그 의존성이 JDK에서 공식적으로 허가된 API

만 사용했다면 JDK 9에서 문제없이 컴파일 및 실행될 것이다.

JDK 자체가 모듈화되어 있기 때문에 변경이 필요할 수도 있다. 애플리케이션에서 모듈의 사용 여부와는 상관없이 실행되는 JDK는 항상 Java 9의 모듈로 구성된다. 이런 경우, 애플리케이션 측면에서는 모듈 시스템이 대부분 무시되지만 JDK 구조의 변경 사항은 무시할 수 없다. 일반적으로 모듈형 JDK는 클래스 패스 기반 애플리케이션에 문제를 일으키지 않지만 몇 가지 주의 사항이 있다. 이러한 주의 사항은 대부분 라이브러리와 관련이 있다. 이 장의 나머지 부분에서는 어떠한 문제들이 발생할 수 있는지 그리고 해결책은 무엇이 있는지 알아볼 예정이다.

라이브러리, 강력한 캡슐화 그리고 JDK 9 클래스 패스

클래스 패스 기반 애플리케이션을 Java 9으로 마이그레이션할 때 발생할 수 있는 문제 중 하나는 플랫폼 모듈의 코드에 대한 강력한 캡슐화 때문에 발생한다. 많은 라이브러리는 이제 Java 9으로 캡슐화된 플랫폼의 클래스를 사용한다. 또는 딥 리플렉션을 사용하여 플랫폼 클래스의 nonpublic 요소를 사용한다.

딥 리플렉션은 리플렉션 API를 사용하여 클래스의 nonpublic 요소에 접근한다. 139 페이지의 "딥 리플렉션"을 통해 모듈에서 패키지를 익스포트하는 경우에도 리플렉션을 통해 nonpublic 요소에 접근할 수 없다는 것을 알았다. 불행히도 많은 라이브러리들이 리플렉션을 이용하여 private 항목에 대하여 setAccessible을 호출한다.

모듈을 사용할 때 기본적으로 JDK 9은 캡슐화된 패키지에 대한 접근을 허용하지 않으며 플랫폼 모듈을 포함하는 다른 모듈의 코드에 대한 딥 리플렉션을 허용하지 않는다. 이와 같은 정책을 채택한 이유가 있다. 플랫폼 내부 코드의 악용은 많은 보안 문제의 원인이었으며 API 발전을 방해했기 때문이다. 그러나 이 장에서는 모듈형 JDK를 바탕으로 한 클래스 패스 기반 애플리케이션을 다루고 있다. 클래스 패스를 기반으로 하여 동작하는 경우, 플랫폼 내부에 대한 강력한 캡슐화가 엄격하게 적용되지는 않지만 여전히 그 역할을 한다.

JDK 타입에서 딥 리플렉션을 사용하는 것은 상당히 애매한 사례이다. 왜 JDK 클래스의 private 부분을 접근하려고 할까? 대중적으로 많이 사용되는 라이브러리에서 이러한 접근이 종종 발생한다. 대표적인 예는 javassist 런타임 코드 생성 라이브러리이며 많은 프레임워크에서 사용된다.

클래스 패스 기반 애플리케이션을 Java 9으로 쉽게 마이그레이션할 수 있도록 JVM은 기본적으로 플랫폼 모듈의 클래스에 딥 리플렉션이 발생하는 경우와 익스포트되지 않은 패키지의 타입에 접근하는 리플렉션에 대하여 경고를 표시한다. 예를 들어 javassist 라이브러리를 사용하는 코드를 실행하면 다음과 같은 경고가 표시된다.

```
WARNING: An illegal reflective access operation has occurred
WARNING: Illegal reflective access by javassist.util.proxy.SecurityActions
   (...javassist-3.20.0-GA.jar) to method
   java.lang.ClassLoader.defineClass(...)
WARNING: Please consider reporting this to the maintainers of
   javassist.util.proxy.SecurityActions
WARNING: Use --illegal-access=warn to enable warnings of further illegal
   reflective access operations
WARNING: All illegal access operations will be denied in a future release
```

JDK 9 이전 버전에서 문제없이 실행 된 코드도 콘솔에서 위와 같은 경고를 확인할 수 있다(심지어 제품으로 출시된 코드조차도). 이런 상황은 강력한 캡슐화가 얼마나 심각하게 위반되었는지 보여준다.

경고와 상관없이 애플리케이션은 평소와 같이 계속 실행된다. 경고 메시지처럼 Java의 다음 버전에서는 동작이 달라질 수 있다. 앞으로 JDK는 클래스 패스 기반의 코드에서도 강력한 플랫폼 모듈 캡슐화를 적용할 것이다. 동일한 애플리케이션이 향후 Java 릴리즈의 기본 설정에서는 실행되지 않을 것이다. 따라서 경고를 확인하고 근본적인 문제를 해결하는 것이 중요하다. 이러한 경고가 라이브러리로 인해 발생하는 경우에는 관리자에게 문제를 보고해야 한다.

기본적으로 잘못된 접근 시도가 발생하는 경우 처음에는 경고를 발생시킨다. 하지만 다음 접근 시도부터는 추가적인 에러 또는 경고를 발생시키지 않는다. 문제의 원인을 더 자세히 알고 싶으면 --illegalaccess 옵션에 다음과 같은 설정을 사용하여 확인할 수 있다.

--illegal-access=permit

디폴트 설정으로 캡슐화된 타입에 대한 잘못된 접근을 허용한다. 리플렉션을 통한 첫 번째 잘못 된 접근 시도에 대한 경고를 출력한다.

--illegal-access=warn

permit 설정과 비슷하지만, 모든 잘못된 접근 시도에 대한 경고를 출력한다.

--illegal-access=debug

추가적으로 잘못된 접근 시도에 대한 스택 트레이스를 보여준다.

--illegal-access=deny

잘못된 접근 시도를 허용하지 않는다. 앞으로는 이것이 디폴트 설정이 될 것이다.

출력되는 경고를 표시하지 않도록 설정할 수 있는 옵션은 없다. 이는 의도적으로 설계된 동작이다. 이 장에서는 잘못된 접근 경고를 해결하기 위해 근본적인 문제를 해결하는 방법을 배우게 된다. --illegal-access = deny가 앞으로는 기본값이 될 것이므로 이 옵션으로 애플리케이션을 실행하는 것이 우리의 목표이다.

javassist를 --illegal-access = deny 옵션과 함께 사용하여 코드를 실행하면 애플리케이션은 실행되지 않고 다음 에러가 표시된다.

```
java.lang.reflect.InaccessibleObjectException: Unable to make protected final
        java.lang.Class java.lang.ClassLoader.defineClass(java.lang.String,byte[],
                                            int,int,java.security.ProtectionDomain)
        throws java.lang.ClassFormatError accessible: module java.base does not
        "opens java.lang" to unnamed module @0x7b3300e5
```

이 에러는 javassist가 java.lang.Class의 defineClass 메소드를 public으로 만들려고 하고 있는 것을 설명하고 있다. --add-opens 옵션을 사용하여 모듈의 특정 패키지에 대한 클래스 패스의 딥 리플렉션 접근을 허용하게 할 수 있다. 오픈 모듈과 패키지는 139 페이지의 "딥 리플렉션"에서 자세히 설명한다. 딥 리플렉션을 위해서는 패키지가 오픈되어 있어야 한다. java.lang을 사용하여 패키지를 익스포트할 때도 마찬가지이다. 패키지를 오픈하는 것은, 패키지를 익스포트하는 방식과 비슷하게 모듈 디스크립터에서 할 수 있다. 제어하지 않는 모듈(예 : 플랫폼 모듈)의 경우 커맨드라인에서 동일한 작업을 수행할 수 있다.

```
java --add-opens java.base/java.lang=ALL-UNNAMED
```

이 예제에서 java.base/java.lang은 접근 권한이 부여된 모듈/패키지이다. 마지막 인수는 접근하려는 모듈이다(여기서는 모든 이름 없는 모듈이다). 코드는 여전히 클래스 패스에 있으므로 클래스 패스를 나타내는 ALL-UNNAMED 값을 사용한다. 패키지가 오픈되었으므로 더 이상 딥 리플렉션이 불법적인 접근이 아니기 때문에 경고(또는 --illegal-access = deny로 실행하면 발생하는 에러)가 없어진다. 마찬가지로 클래스 패스의 코드가 익스포트되지 않은 패키지의 타입에 접근하려고 하면 --add-exports를 사용하여 패키지를 강제로 익스포트할 수 있다. 다음 섹션에서는 이 시나리오의 예를 살펴 보겠다. 이것은 여전히 차선책이라는 것을 기억하자. 불법적인 접근을 하는 라이브러리를 수정하여 업데이트할 수 있는지 관리자에게 문의하자.

 JDK 9 이전부터 있었지만 현재 캡슐화 된 패키지의 경우는 --illegalaccess=permit 옵션을 디폴트로 설정한 경우에만 불법적인 접근이 허용된다. JDK 9의 새로운 캡슐화된 패키지는 코드가 클래스 패스에 있더라도 강력한 캡슐화에서 제외되지 않는다.

보안에 미치는 영향

--add-opens 및 -add-exports의 존재가 보안에 어떤 영향을 줄까? 차기 Java 버전에서 플랫폼 모듈에 대해 기본적으로 딥 리플렉션을 허용하지 않는 이유 중 하나는 악성 코드가 JDK 내부에 위험한 접근하는 경우를 방지하기 위한 것이다. 그런데 옵션으로 비활성화하면 중요한 보안 이점이 없어지는 건 아닐까? 당연히, 이렇게 옵션을 사용하면 더 큰 보안 위험에 노출될 수 있다.

하지만, Java 코드를 실행하기만하면 실행 시에 --add-opens 또는 -add-exports가 제공하는 권한을 얻을 수 있는 방법이 없다. 공격자가 이러한 옵션을 추가하려면 애플리케이션의 시작 스크립트(커멘드라인)에 접근할 수 있어야한다. 해당 수준의 접근이 가능하다면 침입자는 이미 JVM 옵션을 추가하는 것보다 훨씬 많은 변경을 할 수 있다.

컴파일 및 캡슐화된 API

JDK에는 많은 내부용 API가 있다. 이 API들은 JDK 외부에서 사용되어서는 안된다. 초기부터 명확하게 문서에 명시되어 있다. sun.* 및 jdk.internal.* 패키지가 그 예시이다. 애플리케이션 개발자는 이러한 타입을 직접 사용하지 않을 가능성이 크다. 이러한 내부 클래스의 대부분은 애매한 코너 케이스를 지원하기 위한 클래스이며 일반적인 애플리케이션에서는 필요하지 않다. 일반적인 애플리케이션 개발 관점에서 적용하기에 적절한 예를 찾기가 어려웠다.

물론 일부 애플리케이션과 (특히 오래된) 라이브러리는 여전히 내부 클래스를 사용한다. 예전에는 JDK 내부 구조가 강력하게 캡슐화되지 않았다. Java 9 이전의 컴파일러는 내부 클래스를 사용하는 경우에 경고를 출력한다. 그러나 이러한 경고는 쉽게 간과되거나 무시된다. --illegal-access

= permit을 기본 옵션으로 사용하는 경우, 캡슐화된 JDK의 내부 타입을 사용하는 이전 버전의 Java로 컴파일된 코드는 여전히 Java 9에서 실행할 수 있다.

하지만, 동일한 코드는 Java 9에서 컴파일되지 않는다! sun.security.x509 패키지의 타입을 사용하는 JDK 8 컴파일러로 컴파일된 코드(예제 7-1 참조)가 있다고 가정하자.

예제 7-1. EncapsulatedTypes.java (↳ chapter7/encapsulation)

```
package encapsulated;

import sun.security.x509.X500Name;

public class EncapsulatedTypes {
    public static void main(String... args) throws Exception {
        System.out.println(new X500Name("test.com", "test", "test", "US"));
    }
}
```

이 코드를 JDK 9으로 컴파일하면 다음과 같은 컴파일러 에러가 발생한다.

```
./src/encapsulated/EncapsulatedTypes.java:3: error: package sun.security.x509
is not visible
import sun.security.x509.X500Name;
                 ^
(package sun.security.x509 is declared in module java.base, which does not
export it to the unnamed module)
```

코드는 캡슐화된 패키지를 사용하지만, 여전히 Java 9에서 정상적으로 실행된다. 캡슐화된 타입에 접근할 때 javac와 java가 왜 다르게 동작하는지 궁금할 것이다. 동일한 코드가 컴파일은 안되는데, 실행되는 이유는 무엇일까?

이러한 코드가 실행 가능한 이유는 기존 라이브러리에 대하여 이전 버전과의 호환성을 제공하기 위해서다. 동일한 코드가 컴파일이 실패하는 이유는 향후 호환성 관련하여 생기는 문제를 방지하기 위해서다. 제어할 수 있는 코드에서 캡슐화된 타입에 접근하는 경우 즉시 변경을 하여 캡슐화되지 않은 타입으로 대체해야 한다. JDK 내부에 있는 캡슐화 된 타입을 사용하거나 JDK 내부에 딥 리플렉션 접근을 하는 라이브러리(구 Java 버전으로 컴파일 됨)를 사용하면 더 어려운 상황에 처하게 된다. Java 9으로 마이그레이션할 때 발생하는 문제를 직접 수정할 수 없기 때문이다. 아직까지는 런타임에서 허용하기 때문에 라이브러리를 당분간은 사용할 수 있다.

런타임에 캡슐화된 JDK 타입의 사용을 허용하는 것은 일시적인 상황에 불과하다. 향후 Java 릴리즈에서는 이 기능이 비활성화된다. 이전 섹션에서 보았던 --illegal-access = deny 옵션을 사용하여 이 문제에 대해 대비할 수 있다. java --illegal-access = deny로 같은 코드를 실행하면 다음과 같은 에러가 발생한다.

```
Exception in thread "main" java.lang.IllegalAccessError:
class encapsulated.EncapsulatedTypes (in unnamed module @0x2e5c649) cannot
access class sun.security.x509.X500Name (in module java.base) because module
java.base does not export sun.security.x509 to unnamed module @0x2e5c649
at encapsulated.EncapsulatedTypes.main(EncapsulatedTypes.java:7)
```

 --allgal-access에 deny가 아닌 다른 옵션으로 설정하면 이 시나리오에 대한 경고가 표시되지 않는다. 리플렉션을 사용하여 불법적인 접근을 하는 경우에만 경고가 발생하고, 캡슐화된 타입에 대한 정적 참조는 경고를 발생하지 않는다. 이러한 제한은 상당히 실용적이다. 캡슐화된 타입에 대한 정적 참조에 대하여 경고를 생성하도록 VM을 변경하면 너무 복잡해 질 수 있다.

가장 좋은 방법은 라이브러리 관리자에게 이 문제를 보고하는 것이다. 그러나 이 코드의 소유자가 본인이라면 JDK 9으로 다시 컴파일해야 한다. 하지만 코드를 바로 변경할 수 있을까? 코드 변경은 항상 위험성을 가지므로 코드를 변경할 적절한 시기를 찾아야 한다.

커맨드라인의 옵션을 사용하여 컴파일 시 캡슐화를 중지할 수도 있다. 이전 섹션에서 --add-opens을 사용하여 커맨드라인에서 패키지를 오픈하는 방법을 봤다. java 및 javac는 --add-exports도 지원하고 있다. 이름에서 알 수 있듯이 모듈에서 캡슐화된 패키지를 익스포트하는데 사용할 수 있다. 사용 형식은 --add-exports ⟨module⟩/⟨package⟩=⟨targetmodule⟩이다. 코드가 여전히 클래스 패스에서 실행 중이기 때문에 ALL-UNNAMED를 대상 모듈로 사용할 수 있다. 캡슐화된 패키지를 익스포트하는 경우에도 해당 타입에 대한 딥 리플렉션을 허용하지 않는다. 패키지가 오픈되어 있어야 한다. 이 경우는 패키지를 익스포트하는 것만으로도 충분하다. 예제 7-1을 보면 캡슐화된 타입을 직접 참조하고 있다. 부자연스럽기는 하지만 sun.security.x509. X500Name 예제에서는 다음 명령을 사용하여 컴파일하고 실행할 수 있다.

```
javac --add-exports java.base/sun.security.x509=ALL-UNNAMED \
    encapsulated/EncapsulatedTypes.java
```

```
java --add-exports java.base/sun.security.x509=ALL-UNNAMED \
    encapsulated.EncapsulatedTypes
```

--add-exports 및 --add-opens 옵션은 JDK 내부뿐만 아니라 모든 모듈과 패키지에서 사용할 수 있다. 컴파일하는 동안 내부 API 사용에 대한 경고가 계속 발생한다. --add-exports 옵션은 임시적인 마이그레이션 단계이다. public API를 사용하도록 수정하기 전까지 그리고 불법적인 접근을 하는 서드파티의 라이브러리가 업데이트될 때까지만 사용하기를 권장한다.

너무 많은 커맨드라인 옵션들!

일부 운영체제는 실행될 수 있는 커맨드라인의 길이를 제한한다. 마이그레이션 중에 많은 옵션을 추가해야 하는 경우 이러한 제한 길이를 초과할 수 있다. java/javac에서 제공되는 모든 커맨드라인 옵션은 파일을 통해 사용할 수 있다.

```
$ java @arguments.txt
```

파일에는 필요한 모든 커맨드라인의 옵션을 포함할 수 있다. 파일의 각 행에는 단일 옵션이 들어가야 한다. 예를 들어, arguments.txt에는 다음과 같이 옵션이 설정되어 있다.

```
-cp application.jar:javassist.jar
--add-opens java.base/java.lang=ALL-UNNAMED
--add-exports java.base/sun.security.x509=ALL-UNNAMED
-jar application.jar
```

커맨드라인 길이 제한 때문이 아니더라도 스크립트가 길어지는 것 보다는 파일을 사용하는 것이 더 명확할 수 있다.

삭제된 타입

내부 타입을 사용하는 코드들은 이제 완전히 삭제되었다. 이러한 내용은 모듈 시스템과 직접적인 관련은 없지만 알고 있어야 한다. Java 9에서 삭제 된 내부 클래스 중 하나는 sun.misc.BASE64Encoder이며, 해당 클래스는 Java 8에 java.util.Base64 클래스가 도입되기 전까지 널리 사용되었다. 예제 7-2는 BASE64Decoder를 사용하는 코드이다.

예제 7-2. RemovedTypes.java (↳ chapter7/removedtypes)

```
package removed;

import sun.misc.BASE64Decoder;
```

```
// Compile with Java 8, run on Java 9: NoClassDefFoundError.
public class RemovedTypes {
    public static void main(String... args) throws Exception {
        new BASE64Decoder();
    }
}
```

이 코드는 더 이상 Java 9에서 컴파일되거나 실행되지 않는다. 컴파일을 시도하면 다음과 같은 에러가 발생한다.

```
removed/RemovedTypes.java:3: error: cannot find symbol
import sun.misc.BASE64Decoder;
               ^
    symbol:   class BASE64Decoder
    location: package sun.misc
removed/RemovedTypes.java:8: error: cannot find symbol
            new BASE64Decoder();
                ^
    symbol:   class BASE64Decoder
    location: class RemovedTypes
2 errors
```

이전 Java 버전으로 코드를 컴파일하더라도 Java 9에서 실행되지 않는다.

```
Exception in thread "main" java.lang.NoClassDefFoundError: sun/misc/BASE64Decoder
    at removed.RemovedTypes.main(RemovedTypes.java:8)
Caused by: java.lang.ClassNotFoundException: sun.misc.BASE64Decoder
    ...
```

캡슐화된 타입의 경우 커맨드라인 옵션을 사용하여 강제로 문제를 해결할 수는 있다. 하지만, BASE64Decoder 클래스는 더 이상 존재하지 않기 때문에 커맨드라인 옵션으로 해결할 수 없다. 이 차이를 이해하는 것은 매우 중요하다.

Java 8부터 JDK에는 대체하여 사용할 수 있는 java.util.Base64가 포함되어 있다. 이 경우 해결책은 간단하다. JDK 9에서 실행하려면 public API로 마이그레이션해야한다. 일반적인 경우 Java 9으로 마이그레이션하게 되면 이 장에서 논의하는 영역에서 많은 기술 부채를 발견하게 될 것이다.

기술부채.xls 파일

JAXB 및 기타 Java EE API 사용

JAXB와 같은 특정 Java EE 기술들은 과거에 Java SE API와 함께 JDK에서 제공되었다. 이러한 기술은 여전히 Java 9에 있지만 특별히 주의를 해야 한다(다음과 같은 모듈에 포함되어 있다).

- ⇒ java.activation
- ⇒ java.corba
- ⇒ java.transaction
- ⇒ java.xml.bind
- ⇒ java.xml.ws
- ⇒ java.xml.ws.annotation

Java 9에서 이러한 모듈들은 deprecated 되었다. @Deprecated 주석은 Java 9에서 불리안 값인 forRemoval 인수를 가진다. forRemoval을 true로 설정하면 API가 향후 릴리즈에서 제거된다는 것을 의미한다. JDK에서 제공하는 API의 경우는 다음 major 릴리즈에서 제거될 수 있음을 의미한다. deprecated에 대한 자세한 내용은 JEP 277을 참조하자.

JDK에서 Java EE 기술을 제거해야 하는 이유가 있다. JDK의 Java SE와 Java EE의 오버랩은 항상 혼란스러웠다. Java EE 애플리케이션 서버는 대개 사용자 정의 API 구현을 제공한다. 단순화된 이 작업은 클래스 패스에 대체 구현을 배치하여 기본 JDK 버전을 덮어씀으로서 수행된다. Java 9에서는 이것이 문제가 된다. 모듈 시스템은 동일한 패키지가 여러 모듈에 의해 제공되는 것을 허용하지 않는다. 중복 패키지가 클래스 패스에서 발견되면(이름없는 모듈에서) 무시해 버린다. 어쨌든 Java SE와 애플리케이션 서버가 java.xml.bind를 제공하는 상황이라면 예상처럼 동작하지 않을 것이다.

이는 현실적인 문제로 많은 기존 애플리케이션 서버와 관련 도구들이 정상적으로 동작하지 않을 수 있다. 이런 문제점을 피하기 위해 위의 모듈들은 클래스 패스 기반 시나리오에서 기본적으로 해석되지 않는다. 그림 7-1에서 플랫폼의 모듈 그래프를 살펴보자.

맨 위에 java.se 및 java.se.ee 모듈이 있다. 둘 다 모두 집합 모듈이며 코드는 포함하지 않지만 보다 세분화된 모듈 집합을 그룹화한다. 집합 모듈은 109 페이지의 "집합(aggregator) 모듈"에서 자세히 설명했다. 대부분의 플랫폼 모듈은 java.se에 있으며 여기에 표시하지 않았다(그림 2-1의 전체 그래프 참조). java.se.ee 모듈은 우리가 논의하고 있는 모듈들을 가지고 있는데, 이들은 java.se 집합 모듈의 일부가 아니다. 여기에는 JAXB 유형을 포함하는 java.xml.bind 모듈이 포함된다.

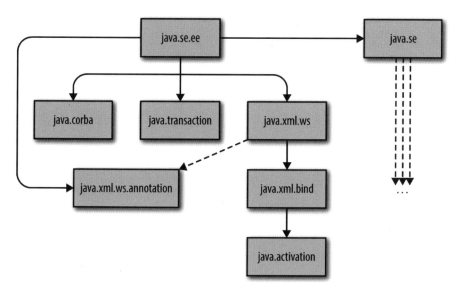

그림 7-1. java.se가 아닌 java.se.ee를 통해서만 접근 가능한 모듈을 보여주는 JDK 모듈 그래프의 서브 세트

기본적으로 javac와 java는 이름 없는 모듈에서 클래스를 컴파일하고 실행할 때 루트로 java.se를 사용한다. 코드는 java.se의 전이 의존성에 의해서 익스포트된 모든 패키지에 접근할 수 있다. 따라서 java.se.ee의 하위 모듈은 java.se가 아닌 모듈을 찾을 수 없기 때문에 이름 없는 모듈은 읽을 수 없다. 패키지 javax.xml.bind가 모듈 java.xml.bind에서 익스포트되었지만, 컴파일 및 런타임 중에 찾을 수 없기 때문에 중요하지 않다.

java.se.ee에 있는 모듈이 필요할 경우 이를 찾아서 읽을 수 있게 플랫폼 모듈 집합에 명시적으로 추가해야한다. javac와 java 모두 --add-modules 옵션을 사용하여 루트 모듈로 추가하면 된다. JAXB를 기반으로 예제 7-3을 사용 해보자. 이 예에서는 Book을 XML로 직렬화한다.

예제 7-3. JaxbExample.java (↳ chapter7/jaxb)

```java
package example;

import javax.xml.bind.JAXBContext;
import javax.xml.bind.JAXBException;
import javax.xml.bind.Marshaller;

public class JaxbExample {
    public static void main(String... args) throws Exception {
        Book book = new Book();
        book.setTitle("Java 9 Modularity");
```

```
        JAXBContext jaxbContext = JAXBContext.newInstance(Book.class);
        Marshaller jaxbMarshaller = jaxbContext.createMarshaller();

        jaxbMarshaller.setProperty(Marshaller.JAXB_FORMATTED_OUTPUT, true);

        jaxbMarshaller.marshal(book, System.out);
    }
}
```

Java 8에서는 이 예제가 문제없이 컴파일되고 실행된다. 하지만 Java 9에서는 컴파일 시점에 몇 가지 에러가 발생한다.

```
example/JaxbExample.java:3: error: package javax.xml.bind is not visible
import javax.xml.bind.JAXBContext;
                     ^
(package javax.xml.bind is declared in module java.xml.bind, which is not
    in the module graph)
example/JaxbExample.java:4: error: package javax.xml.bind is not visible
import javax.xml.bind.JAXBException;
                     ^
(package javax.xml.bind is declared in module java.xml.bind, which is not
    in the module graph)
example/JaxbExample.java:5: error: package javax.xml.bind is not visible
import javax.xml.bind.Marshaller;
                     ^
(package javax.xml.bind is declared in module java.xml.bind, which is not
    in the module graph)
3 errors
```

Java 8으로 컴파일하고 Java 9으로 코드를 실행하면 동일한 에러가 런타임에 발생한다. 해결을 위해서는 javac와 java 호출 시 --add-modules java.xml.bind를 옵션으로 추가하면 된다.

 JAXB가 포함된 플랫폼 모듈을 추가하는 대신 클래스 패스에 JAXB를 제공하는 JAR를 추가할 수 있다. 여러 유명한 (오픈 소스) 라이브러리가 JAXB 구현을 제공한다. JDK의 Java EE 모듈은 제거 대상으로 표시되므로 미래를 대비한 좋은 솔루션이다.

모듈 패스에서는 이런 문제가 발생하지 않는다. 코드가 모듈에 있다면 java.base가 아닌 다른 모듈에 대한 요구 사항을 명시적으로 정의해야 한다. 예제 코드의 경우 java.xml.bind의 의존성이 포함되어야 한다. 이를 기반으로 모듈 시스템은 커맨드라인의 옵션 없이도 이러한 모듈을 읽어올 수 있다.

요약하면, JDK에서 Java EE 코드를 사용할 때 주의해야 한다. 패키지를 찾을 수 없는 경우에는 --add-modules를 사용하여 관련 모듈을 추가하자. 그러나 다음 major Java 릴리즈에서는 제 거될 것이라는 점에 유의하자. 이러한 기술의 고유한 버전을 클래스 패스에 추가하면 미래에 발생할 수 있는 문제점을 피할 수 있다.

jdk.unsupported 모듈

JDK의 일부 내부 클래스는 캡슐화하기 어려운 경우가 있다. 만약 sun.misc.Unsafe와 같은 클래스가 외부에서 사용되지 않는다면 캡슐화가 가능할 것이다. 이것들은 공식적으로 지원되지 않는 클래스이며, JDK 내부에서만 사용되어야 한다.

이러한 클래스 중 일부는 성능상의 이유로 라이브러리에서 널리 사용된다. 이 클래스를 절대 사용하면 안된다고 얘기할 수는 있지만 경우에 따라서는 꼭 사용해야 할 수도 있다. 잘 알려진 예로 sun.misc.Unsafe 클래스가 있다.이 클래스는 Java 메모리 모델 및 기타 안전 장치를 우회하여 로우 레벨의 작업을 수행 할 수 있다. 동일한 기능을 JDK 외부의 라이브러리에서는 구현할 수 없다.

이러한 클래스가 간단히 캡슐화된다면 해당 클래스에 의존하는 라이브러리는 더 이상 JDK 9에서 작동하지 않는다. 이 경우는 아무런 경고도 표시되지 않는다. 이론적으로 이것은 이전 버전과의 호환성 문제가 아니다. 결국 라이브러리가 지원되지 않는 구현 클래스를 남용하고 있는 것이다. 이 같이 외부에서 자주 사용되는 내부 API의 경우, 제공되는 기능에 대한 대안이 없기 때문에 현실적으로 생길 수 있는 영향을 무시하기 어렵다.

이러한 사항을 고려하여 적절한 타협점을 찾았다. JDK 팀은 라이브러리에서 가장 많이 사용하는 JDK 플랫폼 내부 구현과 JDK에서만 제공할 수 있는 부분을 조사했고 이러한 클래스는 Java 9에서 캡슐화되지 않았다.

다음은 접근 가능한 클래스와 메소드의 목록이다.

⇒ sun.misc.{Signal,SignalHandler}

⇒ sun.misc.Unsafe

⇒ sun.reflect.Reflection::getCallerClass(int)

⇒ sun.reflect.ReflectionFactory::newConstructorForSerialization

위의 목록이 당신과 아무 상관이 없다면 좋은 것이다. 하지만 Netty, Mockito, Akka와 같은 인기있는 라이브러리는 이러한 클래스를 사용하고 있다. 이러한 라이브러리를 손상시키지 않는 것도 좋은 방법이다.

이러한 메소드와 클래스는 JDK 외부에서 사용하도록 설계되지 않았으므로 jdk.unsupported라는 플랫폼 모듈로 이동된다. 이것은 이 모듈의 클래스가 향후 Java 버전의 다른 API로 대체될 것으로 예상된다는 것을 나타낸다. jdk.unsupported 모듈은 위에서 jdk팀에서 논의된 클래스가 포함 된 내부 패키지를 익스포트하거나 오픈한다. 이러한 클래스들은 대부분 딥 리플렉션을 통하여 사용되었다. 리플렉션을 통해 이러한 클래스를 사용하면 179 페이지 "라이브러리, 강력한 캡슐화 그리고 JDK 9 클래스 패스"에서 설명한 시나리오와 달리 런타임에 경고가 발생하지 않는다. 이는 jdk.unsupported가 모듈 디스크립터에 필요한 패키지를 오픈해서 더 이상 불법적인 접근이 아니기 때문이다.

 unsupported 모듈의 타입들은 캡슐화를 깨지 않고 사용할 수 있지만 권장하지는 않는다. 향후 대체 방법을 제공할 예정이다. 예를 들어, Unsafe의 일부 기능은 JEP 193에서 제안된 변수 핸들로 대체된다. 그 전까지는 지금처럼 사용이 가능하다.

코드가 여전히 클래스 패스에 있으면 아무 것도 바뀌지 않는다. 라이브러리는 이전처럼 클래스 패스에서 이러한 클래스를 사용하여 경고나 에러없이 실행될 수 있다. 컴파일러는 캡슐화된 타입을 접근할 때 발생하는 에러가 아닌 jdk.unsupported의 클래스 사용에 대한 경고를 표시한다.

```
warning: Unsafe is internal proprietary API and may be
                  removed in a future release
```

모듈에서 이러한 타입을 사용하려면 jdk.unsupported가 필요하다. 모듈 디스크립터에서 이러한 requires 구문을 사용한다면 경고의 신호로 생각해야 한다. 향후 Java 릴리즈에서 지원되지 않는 API 대신 공개적으로 지원되는 API를 적용하기 위해서는 변경이 필요할 수 있다.

기타 변경 사항

JDK 9에서 발생한 많은 변경 사항으로 인해 코드가 동작하지 않을 수 있다. 이러한 변경 사항은 도구 개발자 및 JDK 확장 메커니즘을 사용하는 애플리케이션에 영향을 준다. JDK에는 다음과 같은 변경사항들이 있다.

JDK 레이아웃

플랫폼 모듈화로 인해 모든 플랫폼 클래스를 포함하는 거대한 rt.jar는 더 이상 존재하지 않는다. JDK 220의 문서에 나와 있듯이 JDK 자체의 레이아웃도 상당히 변경되었다. JDK 레이아웃에 의존하는 도구 또는 코드는 이러한 변경사항에 적응해야 한다.

버전 문자열

모든 Java 플랫폼 버전이 1.x로 시작하는 시대는 지나갔다. Java 9은 버전 9.0.0으로 제공된다. 버전 문자열의 형식과 의미가 많이 변경되었다. 애플리케이션이 Java 버전의 분석을 수행하는 경우 JEP 223에서 모든 세부 정보를 확인하자.

확장 메커니즘

승인된 표준 오버라이드 메커니즘 및 java.ext.dirs 속성을 통한 확장 메커니즘과 같은 기능은 제거되었고 업그레이드 가능한 모듈로 대체되었다. 더 많은 정보는 JEP 220에서 찾을 수 있다.

이것들은 모두 JDK에서 제공하는 매우 특화된 기능이다. 애플리케이션이 JDK에 의존한다면 JDK 9에서는 작동하지 않을 수 있다. 이러한 변경 사항은 실제로 Java 모듈 시스템과 관련이 없기 때문에 더 자세히 설명하지 않겠다. 링크된 JDK 향상 제안서(JDK Enhancement Proposals : JEP)에는 이러한 경우 어떻게 해야 하는지에 대한 지침이 포함되어 있다.

드디어 JDK 9에서 기존 애플리케이션을 실행하는 방법을 알았다. 여러 가지 문제가 발생할 수 있지만 대부분의 경우 잘 동작할 것이다. 나중을 대비하기 위해 --illegal-access = deny로 애플리케이션을 실행하는 것을 잊지 말자. 클래스 패스에서 기존 애플리케이션을 실행할 때 발생하는 모든 문제를 수정했다면 이제 기존 애플리케이션을 모듈화하는 방법에 대해 알아보자.

chapter 8

모듈로 마이그레이션

앞에서 모듈의 장점에 대하여 알았기 때문에 Java 모듈 시스템을 사용하고 싶을 것이다. 모듈을 기반으로 새롭게 코드를 작성하는 것은 기본 개념만 이해한다면 매우 간단하다.

현실에서는 모듈로 마이그레이션하고 싶은 기존 코드가 많이 존재할 것이다. 이전 장에서는 기존 코드를 모듈로 변환하지 않고 Java 9으로 마이그레이션하는 방법을 설명했다. 이것은 모든 마이 그레이션 시나리오의 첫 번째 단계이다. 이를 염두에 두고 이번 장에서는 Java 모듈 시스템으로 의 마이그레이션에 초점을 맞출 것이다.

기존의 모든 애플리케이션에 대하여 Java 모듈 시스템을 사용하도록 마이그레이션해야 한다고 제안하는 것은 아니다. 애플리케이션이 더 이상 활발하게 개발되지 않으면 굳이 작업할 필요가 없다. 또한, 작은 애플리케이션은 실제로 모듈로 변경하였을 때 이점을 얻지 못할 수도 있다. 유지보수성, 변경 용이성 및 재사용성을 향상시키기 위한 경우에 마이그레이션을 해야 한다.

마이그레이션에 필요한 작업량은 코드가 얼마나 잘 구조화되어 있는지에 따라 달라진다. 그러나 잘 구조화된 코드일지라도, 모듈화 된 런타임으로의 마이그레이션은 쉬운 작업이 아니다. 대부분 의 애플리케이션은 서드파티(third-party) 라이브러리를 사용하는데 이는 마이그레이션할 때 중 요한 요소이다. 이러한 라이브러리들은 아직 모듈화되어 있지도 않은 경우도 많고, 우리가 해당 라이브러리를 직접 모듈화하고 싶지도 않다.

다행히 Java 모듈 시스템은 하위 호환성 및 마이그레이션을 고려하여 설계되었다. 기존 코드의 점진적인 마이그레이션을 가능하게하기 위해 Java 모듈 시스템에 몇 가지 구조가 도입되었다. 이번 장에서는 자신의 코드를 모듈로 마이그레이션하기 위한 구조에 대해 배우게 될 것이다. 라이브러리 관리자의 입장에서 마이그레이션을 진행하려고 하는 경우에는 약간 다른 프로세스가 필요하다. 10 장은 라이브러리 관리자의 입장에 초점을 맞추고 있다.

마이그레이션 전략

일반적인 애플리케이션에는 애플리케이션 코드(직접 작성한 코드)와 라이브러리 코드(다른 사람의 코드)가 있다. 애플리케이션 코드에서 서드파티 라이브러리의 코드를 사용한다. 이상적으로, 애플리케이션에서 사용하는 모든 라이브러리가 이미 모듈화되어 있다면 우리의 코드를 모듈화하는데만 집중할 수 있을 것이다. 하지만, Java 9 릴리즈 이후 최소 몇 년 동안은 아마 현실적인 시나리오가 아닐 것이다. 일부 라이브러리는 아직 모듈로 제공되지 않을 수 있으며, 더 이상 유지 관리되지 않는 라이브러리의 경우 모듈로 제공되는 일은 아예 없을 것이다.

전체 생태계가 모듈을 대응할 때까지 기다려야 한다면 아주 오랜 시간을 기다려야 할 지도 모른다. 또한 모듈로 제공되는 경우에도 해당 라이브러리를 최신 버전으로 업데이트해야 하며 최신 버전에서 어떤 잠재적인 문제가 발생할 지 모른다. 물론, 라이브러리에 모듈 디스크립터를 추가하여 모듈로 변환한 후 라이브러리를 수동으로 패치할 수 있다. 이 작업은 분명히 많은 공수가 필요하며, 라이브러리를 분기해야 하므로 향후 업데이트가 더 어려워진다. 현재 사용중인 라이브러리를 그대로 유지하면서 코드를 마이그레이션하는 데 집중할 수 있다면 훨씬 더 좋을 것이다.

간단한 예제 살펴보기

이번 장에서는 실제로 접할 수 있는 다양한 사례를 대응하기 위해 몇가지 마이그레이션 예제를 살펴보겠다. 첫 번째 예제로 Java 객체를 JSON으로 변환하기 위하여 Jackson 라이브러리를 사용하는 간단한 애플리케이션을 살펴보자. 이 애플리케이션의 경우 아래와 같은 Jackson 프로젝트의 세 가지 JAR 파일이 필요하다.

⇒ com.fasterxml.jackson.core
⇒ com.fasterxml.jackson.databind
⇒ com.fasterxml.jackson.annotations

이 예제에서 사용하는 버전(2.8.8)의 Jackson JAR 파일은 모듈이 아니다. 모듈 디스크립터가 없는 순수 JAR 파일이다.

이 애플리케이션은 예제 8-1의 Main 클래스와 Book 클래스 두 개로 구성된다. 여기에서 언급하고 있지 않은 Book 클래스는 getters와 setter 메소드들이 있는 책을 나타내는 간단한 클래스이다. Main 클래스는 com.fasterxml.jackson.databind의 ObjectMapper를 사용하여 Book 인스턴스를 JSON으로 변환하는 main 메소드를 가지고 있다.

예제 8-1. Main.java (↳ chapter8/jackson-classpath)

```java
package demo;

import com.fasterxml.jackson.databind.ObjectMapper;

public class Main {

    public static void main(String... args) throws Exception {
        Book modularityBook =
            new Book("Java 9 Modularity", "Modularize all the things!");

        ObjectMapper mapper = new ObjectMapper();
        String json = mapper.writeValueAsString(modularityBook);
        System.out.println(json);

    }
}
```

이 예제의 com.fasterxml.jackson.databind.ObjectMapper 클래스는 jackson-databind-2.8.8.jar에 있다. 이 JAR 파일은 jackson-core-2.8.8.jar 및 jackson-annotations-2.8.8.jar에 의존성을 가지고 있다. 그러나 JAR 파일은 모듈이 아니기 때문에 이 의존성 정보는 묵시적이다. 예제 프로젝트는 다음과 같은 파일 구조를 가지고 있다.

```
├── lib
│   ├── jackson-annotations-2.8.8.jar
│   ├── jackson-core-2.8.8.jar
│   └── jackson-databind-2.8.8.jar
└── src
    └── demo
        ├── Book.java
        └── Main.java
```

이전 장에서 보았듯이 클래스 패스는 Java 9에서 계속 사용할 수 있다. 모듈로 마이그레이션하기 전에 클래스 패스에서 빌드하고 실행해 보자. 예제 8-2의 명령으로 애플리케이션을 빌드하고 실행할 수 있다.

예제 8-2. run.sh (↳ chapter8/jackson-classpath)

```
CP=lib/jackson-annotations-2.8.8.jar:
CP+=lib/jackson-core-2.8.8.jar:
CP+=lib/jackson-databind-2.8.8.jar

javac -cp $CP -d out -sourcepath src $(find src -name '*.java')

java -cp $CP:out demo.Main
```

이 애플리케이션은 아무런 수정 없이 Java 9에서 문제 없이 컴파일 및 실행이 된다.

Jackson 라이브러리는 직접적으로 컨트롤할 수 없지만 Main 및 Book 코드는 가능하기 때문에 해당 코드의 마이그레이션에 초점을 맞추려고 한다. 이는 일반적인 마이그레이션 시나리오이며 라이브러리에 대한 걱정없이 코드를 모듈로 변경하기를 원한다. Java 모듈 시스템에는 점진적인 마이그레이션을 가능하게 하는 방법이 있다.

클래스 패스와 모듈 패스 같이 사용하기

점진적인 마이그레이션을 위해 클래스 패스와 모듈 패스를 같이 사용할 수 있다. Java 모듈 시스템의 장점을 전부 활용하지 못하기 때문에 이상적인 상황은 아니지만, 작은 수정만으로도 마이그레이션을 가능하게 해준다.

Jackson 라이브러리는 우리의 소스 코드가 아니기 때문에 전혀 변경하지 않을 것이다. 대신 우리 코드를 마이그레이션함으로써 탑-다운 마이그레이션을 시작한다. 코드를 books라는 모듈로 만들어보자. 물론 이것만으로 충분하지는 않다. 그래도 모듈을 위한 간단한 module-info.java를 만들어 보자.

```
module books {
}
```

모듈에는 requires 구문이 아직 없다. 분명 jackson-databind-2.8.8.jar 파일에 대한 의존성이 있기 때문에 이상하게 생각될 수 있다. 우선 모듈을 만들었기 때문에 --module-source-path 옵션을 사용하여 코드를 컴파일할 수 있다. Jackson 라이브러리는 모듈이 아니기 때문에 클래스 패스에 있다.

```
CP=lib/jackson-annotations-2.8.8.jar:
CP+=lib/jackson-core-2.8.8.jar:
CP+=lib/jackson-databind-2.8.8.jar
javac -cp $CP -d out --module-source-path src -m books
src/books/demo/Main.java:3: error:
package com.fasterxml.jackson.databind does not exist
import com.fasterxml.jackson.databind.ObjectMapper;
                                      ^
src/books/demo/Main.java:11: error: cannot find symbol
    ObjectMapper mapper = new ObjectMapper();
    ^
  symbol:   class ObjectMapper
  location: class Main
src/books/demo/Main.java:11: error: cannot find symbol
    ObjectMapper mapper = new ObjectMapper();
                              ^
  symbol:   class ObjectMapper
  location: class Main
3 errors
```

jackson-databind-2.8.8.jar가 여전히 클래스 패스에 있지만 컴파일러는 우리 모듈에서 사용할 수 없다고 표시한다. 모듈은 클래스 패스를 읽을 수 없기 때문에 그림 8-1과 같이 클래스 패스의 타입에 접근할 수 없다.

클래스 패스에서 읽을 수 없다는 것은 마이그레이션 과정에서 약간의 작업이 필요한 경우도 있지만, 좋은 일이다. 왜냐하면 우리는 의존성에 대하여 명확하게 알고 싶기 때문이다. 만약 모듈이 명시적 의존성 외에도 클래스 패스에서 읽어올 수 있다면, 모듈의 동작에 대하여 예측을 할 수 없게 된다.

그럼에도 불구하고, 우리의 애플리케이션은 바로 컴파일되지 않으므로 먼저 수정해 보겠다. 클래스 패스에 의존할 수 없다면, 모듈과 의존성이 있는 코드를 모듈처럼 사용할 수 있게 만들어야 한다. 이를 위해서는 jackson-databind-2.8.8.jar를 모듈로 변환해야 한다.

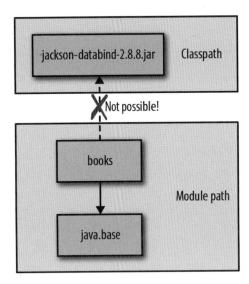

그림 8-1. 모듈은 클래스 패스를 읽지 않음

자동 모듈

Jackson 라이브러리의 소스 코드는 오픈 소스이기 때문에 코드를 수정하여 모듈로 만들 수 있다. 하지만, 과도한 (전이) 의존성을 가지는 대규모 애플리케이션의 경우 모든 라이브러리를 패치하여 적용하는 것이 쉽지는 않다. 게다가 우리는 라이브러리를 적절하게 모듈화할 수 있는 충분한 지식을 가지고 있지 않다.

Java 모듈 시스템은 "자동 모듈"이라고 하는 모듈이 아닌 코드를 처리하기 위한 유용한 기능을 제공한다. 자동 모듈은 기존 JAR 파일의 코드를 수정하지 않고 클래스 패스에서 모듈 패스로 이동시켜 만들 수 있다. 이렇게 하면 모듈 시스템에 의하여 자동으로 생성된 모듈 디스크립터가 적용되면서 JAR가 모듈로 변환된다. 반대로 명시적 모듈에는 항상 사용자가 정의한 모듈 디스크립터가 있다. 플랫폼 모듈을 포함하여 지금까지 살펴본 모든 모듈은 명시적 모듈이다. 자동 모듈은 명시적 모듈과 다르게 동작한다. 자동 모듈의 특징은 다음과 같다.

⇒ module-info.class를 포함하지 않는다.

⇒ META-INF / MANIFEST.MF에 지정된 모듈 이름 혹은 파일 이름에서 파생된 모듈 이름을 가진다.

⇒ 해석된 모든 모듈에 대하여 requires transitive 구문이 필요하다.

⇒ 모든 패키지를 익스포트한다.

⇒ 클래스 패스를 읽는다(또는 더 정확히 말하자면, "이름 없는 모듈"을 읽는다).

⇒ 다른 모듈과 분리된 패키지를 가질 수 없다.

이렇게 하면 자동 모듈을 다른 모듈에서 즉시 사용할 수 있다. 물론, 잘 설계된 모듈은 아니다. 모든 모듈과 requires 관계를 가지며 모든 패키지를 익스포트하는 것이 적절한 모듈화처럼 보이지 않지만 적어도 사용할 수는 있다.

해석된 모든 모듈이 필요하다는 것은 무엇을 의미할까? 자동 모듈은 이미 해석된 모듈 그래프의 모든 모듈을 필요로 한다. 자동모듈에는 실제 어떤 모듈이 필요한지 모듈시스템에 알려줄 수 있는 명시적인 정보가 없다는 것을 기억하자. 이것은 애플리케이션 시작 시점에 자동 모듈과 의존관계가 있는 모듈이 없는 경우에도 JVM이 경고를 할 수 없다는 것을 의미한다. 개발자로서 모듈 패스(또는 클래스 패스)에 모든 필수 의존성이 포함되도록 해야한다. 이것은 클래스 패스로 작업하는 것과 별반 다르지 않다.

모듈 그래프의 모든 모듈은 자동 모듈과 required transitive 관계가 설정된다. 이것은 하나의 자동 모듈을 요청하는 경우, 다른 모든 모듈에 대한 가독성을 "무료"로 얻는다는 것을 의미한다. 이것은 트레이드 오프가 있으며 곧 자세히 논의할 예정이다.

jackson-databind-2.8.8.jar 파일을 모듈 패스로 옮겨서 자동 모듈로 바꿔 보자. 먼저 JAR 파일을 mods라는 새 디렉토리로 이동한다.

```
├── lib
│   ├── jackson-annotations-2.8.8.jar
│   └── jackson-core-2.8.8.jar
├── mods
│   └── jackson-databind-2.8.8.jar
└── src
    └── books
        ├── demo
        │   ├── Book.java
        │   └── Main.java
        └── module-info.java
```

다음에는 books 모듈의 module-info.java를 수정하여 "requires jackson.databind" 구문을 추가한다.

```
module books {
    requires jackson.databind;
}
```

books 모듈에 requires jackson.databind 구문을 추가하였다. 그런데 모듈 이름은 어디에서 나온 걸까? 자동 모듈의 이름은 새로 도입된 META-INF/MANIFEST.MF 파일의 Automatic-Module-Name 필드에서 지정할 수 있다. 이것은 라이브러리 관리자가 라이브러리를 모듈로 완전히 마이그레이션하기 전에 모듈 이름을 선택할 수 있게 해준다. 이 같은 방법으로 모듈을 명명하는 것에 대한 자세한 내용은 241 페이지의 "라이브러리 모듈 이름 선택하기"를 참조하면 된다.

이름을 지정하지 않으면 모듈 이름이 JAR 파일 이름에서 생성된다. 명명 알고리즘은 대략 다음과 같다.

⇒ 대시 (-)는 점 (.)으로 바뀐다.

⇒ 버전 번호는 생략된다.

Jackson 예제에서 모듈 이름은 파일 이름을 기반으로 한다.

이제 다음 명령을 사용하여 프로그램을 성공적으로 컴파일할 수 있다.

```
CP=lib/jackson-annotations-2.8.8.jar:
CP+=lib/jackson-core-2.8.8.jar

javac -cp $CP --module-path mods -d out --module-source-path src -m books
```

jackson-databind-2.8.8.jar 파일이 클래스 패스에서 제거되고 mods 디렉토리를 가리키는 모듈 패스가 구성된다. 그림 8-2는 모든 코드의 위치에 대하여 보여주고 있다.

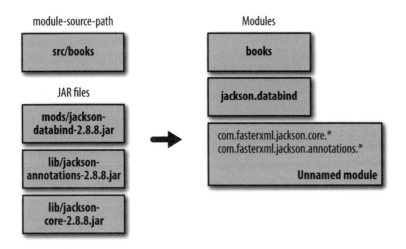

그림 8-2. 모듈 패스에 있는 모듈이 아닌 JAR는 자동 모듈로 변경된다. 클래스 패스는 이름 없는(unnamed) 모듈이 된다.

프로그램을 실행하려면 java 호출 방법을 변경해야 한다.

```
java -cp $CP --module-path mods:out -m books/demo.Main
```

java 명령을 다음과 같이 변경했다.

- ⇒ out 디렉토리를 모듈 패스로 이동한다.
- ⇒ jackson-databind-2.8.8.jar를 클래스 패스(lib)에서 모듈 패스(mods)로 이동한다.
- ⇒ 모듈을 지정하기 위해 -m 옵션을 사용하여 애플리케이션을 시작한다.

 jackson-databind 하나만 모듈 패스로 이동하는 대신 모든 JAR를 모듈 패스로 이동할 수 있다. 이렇게 하면 작업이 조금 더 쉬워지지만 어떤 일이 발생하는지 결과를 확인하기가 더 어려워진다. 자신의 애플리케이션을 마이그레이션할 때는 모든 JAR를 모듈 패스로 자유롭게 이동시켜도 된다.

마이그레이션을 위한 작업이 더 진행되었지만 애플리케이션을 시작하면 여전히 오류가 발생한다.

```
Exception in thread "main" java.lang.reflect.InaccessibleObjectException:
  Unable to make public java.lang.String demo.Book.getTitle() accessible:
  module books does not "exports demo" to module jackson.databind
  ...
```

이것은 Jackson Databind에만 해당되는 문제이지만 드문 경우는 아니다. 우리는 Jackson Databind를 사용하여 books 모듈의 일부인 Book 클래스를 마샬링한다. Jackson Databind는 리플렉션을 사용하여 클래스의 필드를 직렬화할 수 있도록 한다. 따라서 Jackson Databind는 Book 클래스에 접근해야 한다. 그렇지 않으면 필드를 찾기 위해 리플렉션을 사용할 수 없다. 이를 가능하게 하려면 클래스를 포함하는 패키지가 모듈(이 예제에서는 books)에서 익스포트되거나 오픈되어야 한다. 패키지를 익스포트하면 Jackson Databind가 public 요소에만 리플렉션 접근이 가능하며, 패키지를 오픈하면 딥 리플렉션이 허용된다. 이 예제에서는 public 요소에만 리플렉션 접근하는 것으로 충분하다.

이것은 우리를 곤란한 입장에 처하게 한다. Jackson이 필요로 하기 때문에 Book이 들어있는 패키지를 다른 모듈에 익스포트하기를 원하지 않는다. 만약 그렇게 했다면 캡슐화를 포기해야 하는데, 캡슐화는 모듈을 사용하려는 중요한 이유 중 하나이다! 이 문제를 해결할 수 있는 여러 가지 방법이 있으며 각 방법마다 트레이드오프가 있다. 첫 번째 방법은 제한적인 익스포트를 사용하는 것이다. 제한적인 익스포트를 사용하면 패키지를 jackson.databind에게만 익스포트하게 되므로 다른 모듈에 대한 캡슐화가 손상되지 않는다.

```
module books {
    requires jackson.databind;
    exports demo to jackson.databind;
}
```

다시 컴파일하면 애플리케이션을 성공적으로 실행할 수 있다. 리플렉션과 관련하여 익스포트 외에도 더 적합한 다른 옵션이 있는데 다음 섹션에서 살펴보겠다.

> ### 자동 모듈 사용 시 경고
>
> 자동 모듈은 마이그레이션할 때 필수적으로 필요하지만 주의해서 사용해야 한다. 자동 모듈에 대한 requires 구문을 작성할 때마다 나중에 확인할 수 있도록 기억해둬야 한다. 라이브러리가 명시적 모듈로 릴리즈 되는 경우 해당 모듈을 사용하기 원할 것이다.
>
> 이러한 상황을 해결하기 위해 컴파일러에 두가지 경고가 추가되었다. Java 컴파일러가 이러한 경고를 지원한다는 것은 단지 권장 사항이므로 다른 컴파일러 구현에는 결과가 다를 수 있다. 첫 번째 경고는 opt out(디폴트 값이 enable)이며 자동 모듈의 모든 requires transitive에 대해 경고를 표시한다.
>
> –Xlint : –requires–transitive–automatic 옵션으로 경고를 비활성화시킬 수 있다. 콜론(:) 뒤에 대시(–)가 있는 것을 주의해야 한다. 두 번째 경고는 opt in(디폴트 값이 disable)이며 자동 모듈의 모든 requires 구문에 대해 경고를 표시한다. 이 경고는 –Xlint : requires–automatic(콜론 뒤에 대시 없음) 옵션으로 활성화할 수 있다. 첫 번째 경고가 기본적으로 사용되는 이유는 더 위험한 시나리오이기 때문이다. 묵시적 가독성을 통해 모듈의 사용자에게 (잠재적으로 휘발성인)자동 모듈을 노출한다.
>
> 명시적 모듈을 사용할 수 있다면 자동 모듈을 바꾸고, 아직 사용할 수 없으면 라이브러리 관리자에게 문의하기 바란다. 또한 모든 패키지를 익스포트하는 것은 기본적으로 라이브러리 관리자가 의도 한 것이 아니기 때문에 이러한 모듈에는 더 제한적인 API가 있을 수 있다. 이는 자동 모듈에서 명시적 모듈로 전환할 때 추가 작업을 초래할 수 있다. 명시적 모듈에는 라이브러리 관리자가 모듈 디스크립터를 추가한다.

오픈 패키지

리플렉션의 컨텍스트에서 exports 구문을 사용하는 경우 몇 가지 주의 사항이 있지만 우선, 런타임에 (리플렉션) 사용만 예상하고 있는데 패키지에 대하여 컴파일 시점 가독성을 제공해야한다는 것은 분명 이상하다. 프레임워크는 종종 리플렉션을 사용하여 애플리케이션 코드에서 작동하지만 컴파일 시점 가독성은 필요가 없다. 또한, 어느 모듈의 가독성이 필요한지 항상 알 수 없으므로 제한적인 익스포트가 불가능하다.

Java Persistence API(JPA) 사용은 이러한 시나리오의 한 예이다. JPA를 사용하는 경우, 일반적으로 표준화된 API를 이용하여 프로그래밍을 한다. 런타임에는 Hibernate 또는 EclipseLink와 같은 표준화된 API 구현을 사용한다. API와 구현은 별도의 모듈에 있다. 결국 구현 시 클래스에 대한 접근이 필요하다. "exports com.mypackage to hibernate.core" 구문 또는 유사한 내용을 우리 모듈에 추가한다면 우리의 코드는 구현과 커플링이 생길 것이다. 이렇게 된다면, JPA 구현이 변경되는 경우, 코드의 모듈 디스크립터도 같이 변경해야 하는 경우가 발생할 수 있다. 이는 구현 세부 사항이 노출되었다는 분명한 신호가 될 것이다.

140 페이지의 "오픈 모듈과 패키지"에서 자세히 설명했듯이, 리플렉션의 경우 다른 문제가 발생한다. 패키지를 익스포트하면 패키지의 public 타입만 익스포트된다. protected 클래스, package-private 클래스 그리고 익스포트된 클래스의 nonpublic 메소드와 필드에는 접근할 수 없다. setAccessible 메소드를 사용하는 딥 리플렉션은 패키지를 익스포트하는 경우 동작하지 않는다. 많은 프레임워크가 필요로 하는 딥 리플렉션을 허용하려면 패키지가 오픈되어야 한다.

Jackson 예제를 다시 살펴보면 jackson.databind에 대하여 제한적인 익스포트를 사용하는 대신 opens 키워드를 사용할 수 있다.

```
module books {
    requires jackson.databind;

    opens demo;
}
```

오픈 패키지는 타입에 대한 런타임 접근(딥 리플렉션 포함)을 모든 모듈에게 허용하지만 컴파일 시점 접근은 허용하지 않는다. 이렇게 하면 다른 사람들이 컴파일 시점에 실수로 구현 코드를 사용하는 것을 방지할 수 있으며 프레임워크는 런타임에 문제없이 동작하게 된다. 런타임 접근만 필요한 대부분의 케이스는 opens 구문을 사용하는 것이 좋다. 오픈 패키지는 실제로 캡슐화되지 않는다는 것을 기억해야 한다. 다른 모듈은 리플렉션을 사용하여 패키지에 접근할 수 있다. 그러나 적어도 개발 중에 실수로 사용하지 않도록 보호되며 패키지가 다른 모듈에 의해 직접 사용되지 않도록 되어 있다는 것을 명확하게 보여준다.

exports 키워드와 마찬가지로 opens 키워드도 제한적으로 사용할 수 있다. 이렇게 하면 특정 모듈 세트에만 패키지를 오픈할 수 있다.

```
module books {
    requires jackson.databind;

    opens demo to jackson.databind;
}
```

런타임 접근성 문제를 해결하는 두 가지 방법을 보았으며 이제 한 가지 질문이 남아 있다. 왜 컴파일 시점이 아닌 애플리케이션을 실행할 때만 이 문제에 대해 알 수 있을까? 이 시나리오를 더 잘 이해하기 위해 가독성 규칙을 다시 살펴 보겠다. 클래스가 다른 모듈의 클래스를 읽을 수 있으려면 다음 사항이 충족되어야 한다.

⇒ 클래스는 public이어야 한다(딥 리플렉션의 경우는 무시).
⇒ 딥 리플렉션의 경우 다른 모듈의 패키지는 익스포트되거나 오픈되어야 한다.
⇒ 소비 모듈은 다른 모듈과의 가독성 관계(requires 관계)가 있어야 한다.

보통 컴파일 시점에 이 모든 것을 체크할 수 있다. 그러나 Jackson Databind는 우리의 코드와 컴파일 의존관계가 없다. ObjectMapper의 인수로 전달하기 때문에 오직 Book 클래스에 관해서만 알게 된다. 그래서 컴파일러가 도울 수 없다. 리플렉션을 수행할 때 런타임은 자동으로 가독성 관계를(requires 관계) 설정하므로 이 단계가 처리된다. 그 이후에 런타임에 클래스가 익스포트되거나 오픈되지 않는 것을 알 수 있다(당연히 접근할 수도 없다). 이는 런타임에 의해 자동으로 "수정"되지는 않는다.

런타임이 자동으로 가독성 관계를 추가할 수 있을 만큼 똑똑한데 왜 패키지를 오픈하는 것에 대해서는 관리를 하지 않는 걸까? 이것은 의도와 모듈 소유권과 관련이 있다. 코드가 다른 모듈의 코드에 접근하기 위해 리플렉션을 사용하는 경우 해당 모듈의 관점에서 명확하게 다른 모듈을 읽는 것이 목적이다. 이것은 어떠한 추가적인 설명도 필요 없는 명확한 사실이다. 하지만 exports/opens은 사실 동일한 개념이 아니다. 모듈 소유자는 어떤 패키지를 익스포트할지 오픈할지 결정해야한다. 모듈 자체만이 이런 의도를 정의할 수 있으므로 다른 모듈의 동작에 의해 자동으로 추론될 수 없다. 많은 프레임워크는 리플렉션을 비슷한 방식으로 사용하므로 마이그레이션 후 항상 테스트하는 것이 중요하다.

179 페이지의 "라이브러리, 강력한 캡슐화 그리고 JDK 9 클래스 패스"에서 기본적으로 Java 9은 ——illegal-acces = permit으로 실행된다는 것을 배웠다. 왜 리플렉션을 위해 패키지를 명시적으로 오픈했을까? ——illegal-access 옵션은 클래스 패스의 코드에만 영향을 미친다는 것을 기억하길 바란다. 이 예제에서 jackson.databind는 플랫폼 모듈이 아닌 우리의 모듈 코드에 리플렉션 접근을 하려는 모듈이다. 클래스 패스에서 호출되는 코드는 없다.

오픈 모듈

이전 섹션에서는 오픈 패키지를 사용하여 패키지에 대한 런타임 전용 접근 권한을 부여했다. 이것은 많은 프레임워크와 라이브러리에서 필요로 하는 리플렉션 요구 사항을 만족시킬 수 있는 좋은 방법이다. 완전히 모듈화되지 않은 거대한 코드에서 마이그레이션을 진행중이라면, 어떤 패키지를 오픈해야 하는지 명확히 구분되지 않을 수도 있다. 이상적으로, 우리가 사용하는 프레임워크와 라이브러리가 코드에 어떻게 접근하는지 정확히 알고 있어야 하지만 아마도 작업중인 코드베이스에 친숙하지 않을 수 있다. 이런 경우 지루한 시행 착오의 과정을 겪어야 어떤 패키지를 오픈해야 하는지 알 수 있다. 이러한 상황에서는 정확성은 좀 떨어지지만 강력한 도구인 오픈 모듈을 사용할 수 있다.

```
open module books {
    requires jackson.databind;
}
```

오픈 모듈은 모든 패키지에 런타임 접근을 허용하는 모듈이다. 이는 패키지에 대한 컴파일 시점 접근을 허용하지 않으며, 이는 마이그레이션하는 코드에 대해 원하는 것이다. 컴파일 시점에 패키지를 사용해야 하는 경우에는 패키지를 익스포트해야 한다. 리플렉션 관련 문제를 피하기 위해서 먼저 오픈 모듈을 만든다. 이렇게 하면 requires 관계와 컴파일 시점에 사용되는(exports) 관계에 대하여 집중할 수 있다. 애플리케이션이 다시 작동하면 모듈에서 open 키워드를 제거하여 패키지에 대한 런타임 접근을 세부적으로 조정하고 어떤 패키지를 열어야 하는지 자세히 지정할 수 있다.

캡슐화 해제를 위한 VM 인수

일부 시나리오에서는 모듈에 exports 또는 opens 구문을 추가하는 옵션이 없다. 어쩌면 코드에 접근할 수 없거나 테스트 중에만 코드에 대한 접근이 필요할 수도 있다. 이 시나리오에서는 VM 인수를 사용하여 추가 exports을 설정할 수 있다. 플랫폼 모듈의 경우 182 페이지의 "컴파일 및 캡슐화된 API"에서 이 작업을 이미 보았으므로 다른 모듈에 대해서도 동일한 작업을 수행할 수 있다.

books 모듈 디스크립터에 exports 또는 opens 구문을 추가하는 대신 커맨드라인 옵션을 사용하여 동일한 결과를 얻을 수 있다.

```
--add-exports books/demo=jackson.databind
```

애플리케이션을 실행하는 전체 명령은 다음과 같다.

```
java -cp lib/jackson-annotations-2.8.8.jar:lib/jackson-core-2.8.8.jar \
  --module-path out:mods \
  --add-exports books/demo=jackson.databind \
  -m books/demo.Main
```

이것은 JVM을 시작할 때 제한적인 익스포트(qualified export)를 설정한다. 오픈 패키지를 위한 비슷한 옵션이 있다(--add-opens). 이러한 옵션은 특수한 경우에 유용하지만 최후의 수단으로 사용해야한다. 이전 장에서 보았듯이 동일한 메커니즘을 사용하여 내부 패키지와 익스포트되지 않은 패키지에 접근할 수도 있다. 코드가 올바르게 마이그레이션될 때까지 임시 해결 방법이 될 수 있지만 매우 주의해서 사용해야한다. 캡슐화를 깨는 것을 가볍게 생각해서는 안된다.

자동 모듈과 클래스 패스

이전 장에서 이름 없는 모듈을 보았다. 클래스 패스의 모든 코드는 이름 없는 모듈의 일부이다. Jackson 예제에서 직접 컴파일한 모듈의 코드는 클래스 패스의 코드에 접근할 수 없다는 것을 알게 되었다. 의존관계에 있는 Jackson Core 및 Jackson Annotations JAR 파일이 클래스 패스에 있는데, jackson.databind 자동 모듈은 어떻게 정상적으로 동작하는 걸까? 이 라이브러리들이 이름 없는 모듈에 있기 때문에 동작한다. 이름 없는 모듈은 클래스 패스의 모든 코드를 익스포트하고 다른 모든 모듈을 읽는다. 그러나 큰 제한이 있는데 이름 없는 모듈 자체는 자동 모듈에서만 읽을 수 있다!

그림 8-3은 이름 없는 모듈을 읽을 때 자동 모듈과 명시적 모듈의 차이점을 보여주고 있다. 명시적 모듈은 다른 명시적 모듈 및 자동 모듈만 읽을 수 있다. 자동 모듈은 이름 없는 모듈을 포함하여 모든 모듈을 읽을 수 있다.

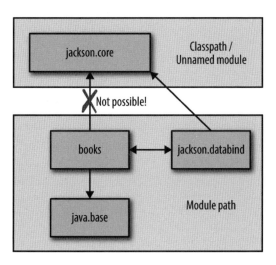

그림 8-3. 자동 모듈만 클래스 패스를 읽을 수 있다.

이름 없는 모듈에 대한 가독성은 클래스 패스와 모듈 패스를 같이 사용하는 마이그레이션 시나리오에서 자동 모듈을 용이하게 하는 메커니즘일 뿐이다. Jackson Core의 타입을 자동 모듈에서 사용하는 것이 아니라 코드에서 직접 사용하려면 Jackson Core을 모듈 패스로 옮겨야 한다. 예제 8-3에서 시도해 보겠다.

예제 8-3. Main.java (↳ chapter8/readability_rules)

```java
package demo;

import com.fasterxml.jackson.databind.ObjectMapper;
import com.fasterxml.jackson.core.Versioned;              ❶

public class Demo {

    public static void main(String... args) throws Exception {
        Book modularityBook =
            new Book("Java 9 Modularity", "Modularize all the things!");

        ObjectMapper mapper = new ObjectMapper();
        String json = mapper.writeValueAsString(modularityBook);
        System.out.println(json);

        Versioned versioned = (Versioned) mapper;          ❷
        System.out.println(versioned.version());
    }
}
```

❶ Jackson Core에서 Versioned 타입을 임포트한다.

❷ Versioned 타입을 사용하여 라이브러리 버전을 출력한다.

Jackson Databind의 ObjectMapper 타입은 Jackson Core의 Versioned 인터페이스를 구현한다. 모듈에서 명시적으로 이 타입을 사용하기 전에는 문제가 되지 않는다. 모듈에서 외부 타입을 사용하기 원한다면 즉시 requires 구문을 생각해야한다. 코드를 컴파일하면 다음과 같은 에러가 발생한다.

```
src/books/demo/Main.java:4: error:
package com.fasterxml.jackson.core does not exist
import com.fasterxml.jackson.core.Versioned;
                                  ^
src/books/demo/Main.java:16: error:
cannot find symbol
    Versioned versioned = (Versioned)mapper;
    ^
  symbol:   class Versioned
  location: class Main
src/books/demo/Main.java:16: error:
cannot find symbol
    Versioned versioned = (Versioned)mapper;
                           ^
  symbol:   class Versioned
  location: class Main
3 errors
```

타입이 이름 없는 모듈(클래스 패스)에 존재하고, jackson.databind 자동 모듈이 접근할 수는 있지만 우리의 모듈은 접근할 수 없다. 이 문제를 해결하려면 Jackson Core을 모듈 패스로 이동시켜 자동 모듈로 만들어야 한다. Jackson Databind에서 했던 것처럼 JAR 파일을 mods 디렉토리로 옮기고 클래스 패스에서 제거해보자.

```
javac -cp lib/jackson-annotations-2.8.8.jar \
  --module-path mods \
  -d out \
  --module-source-path src \
  -m books
```

위와 같이 하면 잘 동작한다. 하지만, 한 걸음 물러나서 생각을 해보자, 왜 동작하는 걸까? 우리는 분명히 jackson.core의 타입을 사용하고 있지만, module-info.java에 jackson.core에 대한

requires 구문이 없다. 컴파일이 실패한 이유는 무엇일까? 자동 모듈에는 다른 모든 모듈에 대한 requires transitive 구문이 있다는 것을 기억하자. 이것은 requires jackson.databind 구문을 통해 jackson.core를 읽을 수 있음을 의미한다. 이 방법이 편리하기는 하지만 큰 트레이드오프가 있다. 명시적으로 요구하지 않는 모듈에 대한 명시적 코드 의존성이 생기게 된다. 만약, jackson. databind가 명시적인 모듈이 되고 Jackson 관리자가 requires transitive jackson.core 구문을 사용하지 않는다면 코드는 동작하지 않을 것이다.

자동 모듈이 모듈처럼 보이지만 안정적인 구성을 제공하기 위한 메타데이터가 없다. 그래서 위의 예시에서는 requires jackson.core 구문을 명시적으로 추가하는 것이 좋다.

```
module books {
    requires jackson.databind;
    requires jackson.core;

    opens demo;
}
```

이제 다시 컴파일에 성공했기 때문에 run 명령어를 적용할 수 있다. 모듈 패스가 이미 올바르게 구성되었으므로 클래스 패스에서 Jackson Core JAR 파일만 제거해야 한다.

```
java \
  -cp lib/jackson-annotations-2.8.8.jar \
  --module-path out:mods \
  -m books/demo.Main
```

왜 처음에 jackson.core가 해석되었는지 궁금하다면(명시적으로 모듈 그래프에 루트 모듈로 추가된 것도 아니고, 명시적 모듈이 직접적으로 의존성을 가지지도 않음), 다음 내용을 주의 깊게 읽어야 한다. 45 페이지의 "모듈 해석과 모듈 패스"에서 루트 모듈 세트를 기반으로 해석 모듈 세트를 계산한다고 설명했다. 자동 모듈의 경우 이것은 혼란스러울 수 있다. 자동 모듈은 명시적 의존성을 갖지 않으므로 자동 모듈이 가지는 전이 의존성 때문에 해석되는 경우는 발생하지 않는다. --add- modules을 사용하여 의존성을 수동으로 추가하는 것은 시간이 많이 걸리므로 모듈 패스의 모든 자동 모듈은 애플리케이션이 자동 모듈 중에 하나라도 필요하다면 자동으로 해석 된다. 이러한 동작은 사용하지 않는 자동 모듈도 해석되는 경우가 발생하게 되므로(불필요한 리소스를 사용하는 것이다), 항상 모듈 패스에는 필요한 모듈만 있도록 관리해야 한다.

그러나 이 동작은 클래스 패스에서 하던 동작과 비슷하다. 다시 말하지만, 이는 자동 모듈이 클래스 패스에서 모듈로 마이그레이션하는 것을 목표로 한 기능이라는 것을 보여준다.

왜 JVM이 이 문제에 대해 더 스마트하게 대응하지 않을까? 결국 자동 모듈의 모든 코드에 접근할 수 있는데 의존성을 분석하지 않는 이유는 무엇일까? 이 코드가 다른 모듈을 호출하는지 여부를 분석하려면 JVM이 모든 코드에 대해 바이트 코드 분석을 수행해야 한다. 구현이 어렵지는 않지만 대규모 애플리케이션의 경우 실행 시간이 길어지게 되는 큰 단점이 발생하게 된다. 더욱이 그러한 분석은 리플렉션을 통해 발생하는 의존성을 발견하지 못한다. 아마도, 이러한 한계로 인해 JVM은 이를 수행하지 않는 것 같다. 대신 JDK는 바이트 코드 분석을 수행하는 다른 도구인 jdeps을 제공한다.

jdeps 사용하기

위의 Jackson 예제에서 코드를 마이그레이션하기 위한 시행 착오를 거쳐야 하는(trial-and-error) 방법론을 사용했다. 이러한 방식은 마이그레이션 과정에서 어떤 일이 일어나는지 이해하는데 있어서는 도움이 되지만 효율적이지는 않다. JDK에서 제공하는 jdeps는 코드를 분석하고 모듈 의존성에 대하여 파악하는데 도움을 주는 도구이다. jdeps를 사용하여 Jackson 예제를 마이그레이션하기 위해 수행한 프로세스를 최적화할 수 있다.

우리는 (자동) 모듈로 마이그레이션하기 전에 jdeps를 사용하여 데모 버전의 클래스 패스를 분석할 것이다. jdeps는 소스 파일이 아니라 바이트 코드를 분석하므로 애플리케이션의 결과 폴더와 JAR 파일에만 관심이 있다. 참고로 이 장의 시작 부분에서 한것 같이 클래스 패스만 사용할 때의 books 예제를 컴파일하면 아래와 같은 결과를 얻을 수 있다.

```
├── lib
│   ├── jackson-annotations-2.8.8.jar
│   ├── jackson-core-2.8.8.jar
│   └── jackson-databind-2.8.8.jar
└── out
    └── demo
        ├── Book.class
        └── Main.class
```

다음 명령을 사용하여 이 애플리케이션을 분석할 수 있다.

```
$ jdeps -recursive -summary -cp lib/*.jar out

jackson-annotations-2.8.8.jar -> java.base
jackson-core-2.8.8.jar -> java.base
jackson-databind-2.8.8.jar -> lib/jackson-annotations-2.8.8.jar
jackson-databind-2.8.8.jar -> lib/jackson-core-2.8.8.jar
jackson-databind-2.8.8.jar -> java.base
jackson-databind-2.8.8.jar -> java.desktop
jackson-databind-2.8.8.jar -> java.logging
jackson-databind-2.8.8.jar -> java.sql
jackson-databind-2.8.8.jar -> java.xml
out -> lib/jackson-databind-2.8.8.jar
out -> java.base
```

-recursive 옵션은 런타임 전이 의존성도 분석을 한다. 이 옵션이 없었다면 jackson-annotations-2.8.8.jar는 분석되지 않을 것이다. 이름에서 알 수 있듯이 -summary 옵션은 출력을 요약해준다. 기본적으로 jdeps는 각 패키지에 대한 의존성 목록을 전부 출력하기 때문에 상당히 길어질 수 있다. -summary 옵션을 사용하면 모듈 의존성만 표시하고 패키지 세부 사항을 숨긴다. -cp 옵션은 분석에 사용할 클래스 패스이며 런타임 클래스 패스와 일치해야 한다. out 디렉토리에는 분석해야하는 애플리케이션의 클래스 파일이 들어 있다.

jdeps 결과를 통해 다음과 같은 사항을 알 수 있다.

⇒ out 디렉토리에 있는 코드는 jackson-databind-2.8.8.jar에 대하여 직접적으로 컴파일 시점 의존성만 가지고 있다(물론 java.base도 마찬가지이다).

⇒ Jackson Databind는 Jackson Core 및 Jackson Annotations에 의존성을 가지고 있다.

⇒ Jackson Databind는 다양한 플랫폼 모듈에 의존성을 가지고 있다.

이 결과를 바탕으로 코드를 모듈로 마이그레이션하기 위해 jackson-databind를 자동 모듈로 만들 필요가 있다는 결론을 내릴 수 있다. 또한 jackson-databind가 jackson-core과 jackson-annotation에 의존성을 가지므로 jackson-core과 jackson-annotation를 클래스 패스를 통해 제공하거나 또는 자동 모듈로 제공해야한다. 만약 의존성이 왜 발생하는지 이유를 알고 싶다면, jdeps을 사용하여 더 자세한 내용을 확인할 수 있다. 앞의 명령에서 -summary 옵션을 생략하면 전체 의존성 그래프가 출력되어 정확히 어떤 패키지가 어떤 패키지를 필요로 하는지 확인할 수 있다.

```
$ jdeps -cp lib/*.jar out

com.fasterxml.jackson.databind.util (jackson-databind-2.8.8.jar)
```

```
        -> com.fasterxml.jackson.annotation jackson-annotations-2.8.8.jar
        -> com.fasterxml.jackson.core jackson-core-2.8.8.jar
        -> com.fasterxml.jackson.core.base jackson-core-2.8.8.jar

    … Results truncated for readability
```

만약 더 자세한 정보를 원한다면 클래스 레벨 의존성까지 출력할 수도 있다.

```
$ jdeps -verbose:class -cp lib/*.jar out

out -> java.base
    demo.Main (out)
        -> java.lang.Object
        -> java.lang.String
    demo.Main (out)
        -> com.fasterxml.jackson.databind.ObjectMapper jackson-databind-2.8.8.jar

    … Results truncated for readability
```

지금까지는 클래스 패스 기반 애플리케이션에서 jdeps을 사용했다. 물론 모듈에서도 jdeps를 사용할 수 있다. 모든 Jackson JAR가 자동 모듈로 사용되는 Jackson 데모에 적용해보자:

```
├── mods
│   ├── jackson-annotations-2.8.8.jar
│   ├── jackson-core-2.8.8.jar
│   └── jackson-databind-2.8.8.jar
├── out
│   └── books
│       ├── demo
│       │   ├── Book.class
│       │   └── Main.class
│       └── module-info.class
```

이제는 jdeps를 호출할 때 애플리케이션 모듈과 자동 Jackson 모듈이 들어있는 모듈 패스를 전달해야 한다.

```
$ jdeps --module-path out:mods -m books
```

위의 명령어를 사용하면 클래스 패스 기반 애플리케이션에서 본 것 같은 의존성 그래프가 다음과 같이 출력된다.

```
module jackson.databind (automatic)
   requires java.base
     com.fasterxml.jackson.databind
        -> com.fasterxml.jackson.annotation jackson.annotations
     com.fasterxml.jackson.databind
        -> com.fasterxml.jackson.core jackson.core
     com.fasterxml.jackson.databind
        -> com.fasterxml.jackson.core.filter jackson.core

   ...

module books
   requires jackson.databind
   requires java.base
     demo -> com.fasterxml.jackson.databind jackson.databind
     demo -> java.io java.base
     demo -> java.lang java.base
```

위의 결과를 보면, jackson.databind는 jackson.annotations와 jackson.core에 의존성을 가지고, books는 jackson.databind에만 의존성을 가지는 것을 알 수 있다. books 코드는 컴파일 시점에 jackson.core 클래스를 사용하지 않으며 자동 모듈에 대한 전이 의존성이 정의되어 있지도 않다. JVM은 애플리케이션 시작 시 이러한 분석을 수행하지 않으므로 직접 jackson.annotations과 jackson.core를 클래스 패스 또는 모듈 패스에 추가해야 한다. jdeps는 이러한 설정을 적절하게 할 수 있는 정보를 제공한다.

 jdeps는 −dotoutput 옵션을 사용하여 모듈 그래프용 도트 파일을 출력할 수 있다. 이것은 그래프를 나타내는 데 유용한 포맷이며 이미지를 생성하기 쉽다. Wikipedia(https://en.wikipedia.org/wiki/DOT_(graph_description_language))에서 포맷에 대하여 자세히 설명하고 있다.

동적 코드 로딩

모듈로 마이그레이션할 때 특별한 주의가 필요한 경우는 리플렉션을 사용하여 코드를 로드하는 경우이다. 잘 알려진 예는 JDBC 드라이버를 로드하는 경우이다. 대부분의 경우 JDBC 드라이버 로딩이 "잘 동작한다"는 것을 알 수 있지만, 모듈 시스템에 발생하는 일부 코너 케이스의 경우는 더 나은 인사이트를 제공한다. 예제 8-4와 같이 프로젝트의 mods 디렉토리에 있는 JDBC 드라이버를 로드하는 경우를 살펴보도록 하자. HSQLDB 드라이버 JAR는 아직 모듈이 아니므로 자동 모듈로만 사용할 수 있다.

> **코너 케이스**
>
> ⇒ 여러 가지 변수와 환경의 복합적인 상호작용으로 발생하는 문제
>
>   예) calulateValue 변수의 값으로 동일한 상태에서 머신1은 정상이지만 머신2에서는 에러가 발생하는 경우를 코너 케이스라고 한다.
>
> ⇒ 같은 장치에서라도 시간이나 다른 환경에 따라 에러가 발생하기도 하고 정상작동 하기도 한다면 이것도 코너 케이스다.

클래스의 이름은 문자열이기 때문에 컴파일러는 의존성에 대해 알지 못하므로 컴파일에 성공한다.

예제 8-4. Main.java (↪ chapter8/runtime_loading)

```java
package demo;

public class Main {

    public static void main(String... args) throws Exception {
        Class<?> clazz = Class.forName("org.hsqldb.jdbcDriver");
        System.out.println(clazz.getName());
    }
}
```

예제 8-5와 같이 모듈 디스크립터는 비어 있다. 그것은 우리가 로드하려고 하는 드라이버인 hsqldb가 필요하지 않는다는 것을 의미한다. 이상하게 들릴 수 있지만, 이론적으로는 잘 동작할 수 있다. 왜냐하면, 다른 모듈 코드에서 리플렉션을 사용하면 런타임에서 자동으로 가독성 관계를 생성하기 때문이다.

예제 8-5. module-info.java (↪ chapter8/runtime_loading)

```java
module runtime.loading.example {
}
```

하지만 코드를 실행하면 ClassNotFoundException이 발생한다.

```
java --module-path mods:out -m runtime.loading.example/demo.Main

Exception in thread "main" java.lang.ClassNotFoundException:
    org.hsqldb.jdbcDriver
```

모든 식별 가능한 자동 모듈은 애플리케이션이 자동 모듈 중 하나만 사용해도 모두 해석된다. 해석은 시작 시점에 발생하므로 모듈이 자동 모듈을 로드하지 않게 한다. 직접 필요한 다른 자동 모듈이 있다면 그 영향으로 hsqldb 모듈이 해석된다. 이 경우 자동 모듈을 --add-modules hsqldb 구문과 함께 추가할 수 있다.

이제 드라이버는 로드되지만 다른 에러가 발생한다. 드라이버가 아직 해석되지 않은 java.sql에 의존성을 가지기 때문이다. 자동 모듈에는 어떠한 모듈이 필요한지에 대한 메타데이터가 부족하다는 사실을 기억하자. 실제로 JDBC을 사용하는 경우 드라이버로드 후 JDBC API를 사용할 수 있도록 예제 8-6과 같이 모듈 디스크립터에 requires java.sql 구문을 추가해야 한다.

```
module runtime.loading.example {
    requires java.sql;
}
```

이제 코드가 성공적으로 실행된다. 모듈에서 필요한 java.sql의 경우, 자동 모듈의 해석에 대하여 또 다른 흥미로운 케이스를 볼 수 있다. --add-modules hsqldb를 제거해도 애플리케이션은 여전히 실행된다. requires java.sql 구문을 추가하면 왜 자동 모듈이 로드되는 걸까? java.sql 은 java.sql.Driver 서비스 인터페이스를 정의하고 이 서비스 타입에 대하여 uses 제약 조건을 가지고 있다. 우리의 hsqldb JAR는 서비스를 제공하며, 이 서비스는 META-INF/services에 있는 파일을 사용하는 "오래된" 방법을 통해 등록되었다. 서비스 바인딩으로 인해 JAR는 모듈 패스에서 자동으로 해석된다.

왜 우리는 모듈 디스크립터에 requires hsqldb 구문을 추가하지 않았을까? 일반적으로 모듈 디스크립터에 추가하여 의존성을 가능한 한 명확하게 표현하고 싶어하지만, 이 규칙이 적용되지 않는 좋은 예다. 사용할 JDBC 드라이버는 애플리케이션의 배포 환경에 따라 달라지며 정확한 드라이버 이름은 설정 파일에 의해 정해진다. 이 경우 애플리케이션 코드를 특정 데이터베이스 드라이버에 연결하면 안된다(우리의 예제의 경우도 해당된다). 대신 우리는 단순히 --add-modules을 추가하여 드라이버를 해석한다. 드라이버가 포함된 모듈은 해석된 모듈 그래프에 표시되고 리플렉션된 인스턴스는 이 모듈에 대한 가독성 관계를 설정한다.

JDBC 드라이버가 이를 지원한다면 (HSQLDB처럼) 애플리케이션 코드에서 리플렉션된 인스턴스화를 피하고 대신 서비스를 사용하는 것이 더 좋다. 서비스는 4장에서 자세히 설명했다.

분할 패키지

114 페이지의 "분할 패키지"에서는 분할 패키지의 문제점을 설명했다. 이전의 언급한 내용을 기억해보면 분할 패키지는 두 개의 모듈에 동일한 패키지가 들어 있음을 의미한다. 하지만, Java 모듈 시스템은 분할 패키지를 허용하지 않는다.

자동 모듈을 사용하면 분할 패키지도 실행할 수 있다. 대규모 애플리케이션에서는 의존성 관리가 잘못되어 분할 패키지를 찾는 것이 일반적이다. 분할 패키지는 클래스 패스에서도 안정적으로 동작하지 않으므로 무조건 잘못된 것이다. 불행히도 전이적 의존성을 해석하는 빌드 도구를 사용할 때 동일한 라이브러리의 다양한 버전이 동시에 사용되는 경우가 쉽게 발생한다. 이런 경우, 클래스 패스에서 발견 된 첫 번째 클래스가 로드된다. 두 버전 라이브러리의 클래스가 같이 사용되면 런타임에 디버깅하기 어려운 에러가 발생할 수 있다.

 최신 빌드 도구에는 중복 의존성이 있는 경우 빌드 실패하도록 설정하는 경우가 많다. 이를 통해 의존성 관리 이슈를 보다 명확하게 파악하고, 초기에 해결할 수 있다. 때문에 최신 빌드 도구의 사용을 강력하게 권장한다.

Java 모듈 시스템은 이 문제에 대하여 클래스 패스 기반의 환경보다 훨씬 더 엄격하다. 하나의 패키지가 모듈 패스의 두 모듈에서 익스포트되는 경우 애플리케이션을 시작할 수 없다. 이러한 빠른 실패(fail-fast) 메커니즘은 클래스 패스에서 사용하던 신뢰할 수 없는 상황보다 훨씬 낫다. 운이 없는 경우 모호한 클래스 패스 문제로 인해 손상된 코드 패스가 발생한다면, 실제 제품에서 실패하는 것보다 개발 중에 실패하는 것이 좋다. 물론 우리가 이러한 문제를 직접 해결해야 한다. 맹목적으로 모든 JAR를 클래스 패스에서 모듈 패스로 이동시킨다면, 자동 모듈 간에 분할 패키지가 될 수 있다. 이것들은 모듈 시스템에 의해 거부될 것이다.

마이그레이션을 좀 더 쉽게 하기 위해 자동 모듈과 이름 없는 모듈에 대해서는 이 규칙에도 예외가 있다. 먼저, 많은 클래스 패스가 부정확하고 분할 패키지를 포함하고 있음을 인정하자. (자동) 모듈과 이름 없는 모듈이 동일한 패키지를 포함하고 있는 경우, 모듈의 패키지가 사용된다면 이름 없는 모듈의 패키지는 무시된다. 플랫폼 모듈의 패키지도 마찬가지이다. 플랫폼 패키지를 클래스 패스에 추가하여 재정의하는 것이 일반적이다. 이 방법론은 Java 9에서 더 이상 동작하지 않는다. 이전 장에서 이미 이 내용을 보았으며 java.se.ee 모듈이 java.se 모듈에 포함되어 있지 않다는 것을 알았다.

Java 9으로 마이그레이션하는 중에 분할 패키지 문제가 발생하면 해결할 방법이 없다. 클래스 패스 기반 애플리케이션이 사용자가 보기에 올바르게 동작하는 경우에도 이러한 문제를 해결해야 한다.

이 장에서는 Java 모듈 시스템으로 점진적으로 마이그레이션할 수 있는 많은 기술을 설명했다. 이러한 기술은 Java 생태계 전부가 Java 모듈 시스템으로 이동하기까지 시간이 걸리기 때문에 매우 중요하다. 자동 모듈은 마이그레이션 시나리오에서 중요한 역할을 한다. 따라서 어떻게 동작하는지 완전히 이해하는 것이 중요하다.

chapter 9

마이그레이션 케이스 스터디 : Spring과 Hibernate

8 장에서 애플리케이션을 모듈로 마이그레이션하는데 사용할 수 있는 도구들을 소개했다. 이 장에서는 마이그레이션 케이스 스터디로 Spring과 Hibernate의 기능을 사용하는 애플리케이션을 다루어 보겠다. 가장 현대적인 방법을 사용하는 대신 "전통적인" Spring/Hibernate 개발의 예제를 사용할 것이다. 유용한 케이스 스터디가 되도록 Java 9 이전 버전의 애플리케이션을 사용할 것이다. 많은 애플리케이션이 Java 9 이전 버전에서 만들어졌으므로 이러한 애플리케이션이 어떻게 마이그레이션 되는지 살펴보는 것은 좋은 경험이 될 것이다. 최신 버전의 프레임워크는 Java 9을 보다 쉽게 사용할 수 있도록 지원하며, 해당 버전을 기반으로 한 마이그레이션은 훨씬 더 쉬울 것이다. 이러한 프레임워크에 익숙하지 않더라도 걱정할 필요는 없다. 모듈로 마이그레이션하는 동안 직면하게 될 일반적인 문제를 배우기 위하여 애플리케이션의 코드와 설정을 모두 이해할 필요는 없다.

이번 장을 읽는 동안 코드 저장소를 확인하면서 코드를 마이그레이션하면 더 많은 정보를 얻을 수 있을 것이다. 코드 저장소에서는 다음과 같은 세 가지 버전을 제공하고 있다.

chapter9/spring–hibernate–starter

마이그레이션을 적용하기 전, 클래스 패스 기반의 애플리케이션 버전

chapter9/spring-hibernate

마이그레이션 된 애플리케이션 버전

chapter9/spring-hibernate-refactored

마이그레이션된 애플리케이션에 모듈화 작업이 추가된 버전

spring-hibernate-starter 프로젝트를 편집기에서 열고 이 장에서 설명하는 각 단계를 코드에 적용해 보는 것을 권장한다. 완성된 Spring-Hibernate 예제와 거의 같은 결과가 나올 것이다.

애플리케이션에 익숙해지기

애플리케이션은 bookstore를 구현하고 있다. Book은 Hibernate를 사용하여 데이터베이스에 저장된다. Spring은 트랜잭션 관리와 의존성 주입을 위하여 Hibernate를 사용하고 있다. Spring 설정은 XML과 어노테이션 설정을 같이 사용한다.

마이그레이션을 수행하지 않은 상태의 클래스 패스에는 그림 9-1과 같이 애플리케이션 코드 그리고 직접적인 의존성 및 전이 의존성이 있다.

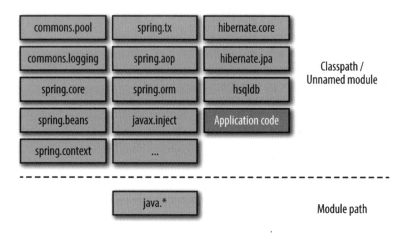

그림 9-1. 마이그레이션 시작 지점 (↪ chapter9/spring-hibernate-starter)

마이그레이션의 결과물은 필요한 의존성을 자동 모듈로 사용하는 단일 모듈이 될 것이다. 그림 9-2는 최종 결과를 보여준다.

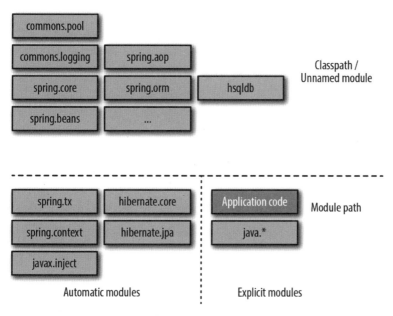

그림 9-2. 마이그레이션된 애플리케이션(↪ chapter9/spring-hibernate)

이 장의 마지막 부분에서는 애플리케이션 코드 자체의 모듈화를 위한 리팩토링 방법을 살펴 보겠다.

모듈에서 코드를 분리하기 전에 의존성 때문에 발생하는 기술적인 문제를 해결해야 한다. 우리의 예제에서는 Java 모듈 시스템에서 동작하도록 설계되지 않은 Java 9 이전 라이브러리가 사용되고 있다. 정확히 말하면 아래와 같은 프레임워크 버전을 사용하고 있다.

⇒ Spring 4.3.2
⇒ Hibernate 5.0.1

이러한 프레임워크들은 모듈을 지원하기 위하여 계속 업데이트되고 있다. 이 책을 작성하는 시점에는 자동 모듈 형식이 명시적으로 지원되는 Spring 5의 첫 번째 버전이 릴리즈되었다. 하지만, 현실적인 마이그레이션 예제가 아니기 때문에 이 업데이트된 버전을 사용하지 않았다. 프레임워크와 라이브러리의 특별한 지원이 없어도 모듈로 마이그레이션할 수 있다.

이번에 중점을 둔 부분은 우리 코드를 하나의 모듈로 만드는 것이다. 의존성에 대한 요구 사항을 정의하고 라이브러리를 자동 모듈로 만드는 것이 목표이다. 또한 exports 구문과 opens 구문을 사용하여 우리의 코드를 프레임워크에서 접근할 수 있게 만들 것이다. 이 마이그레이션이 완료되면 코드의 구조를 잘 파악할 수 있으며, 코드를 더 작은 모듈로 분할할 수 있게 될 것이다. 이러한 사항들은 설계를 위한 연습이 될것이다.

먼저 애플리케이션의 개념을 잡기 위해 코드의 가장 중요한 부분부터 살펴 보겠다. 코드를 잘 읽을 수 있도록 본인이 익숙한 편집기를 사용하기 바란다.

Book 클래스(예제 9-1)는 Hibernate (또는 다른 JPA 구현)를 사용하여 데이터베이스에 저장할 수 있는 JPA 엔티티이다. @Entity 및 @Id와 같은 어노테이션을 이용하여 데이터베이스에 맵핑을 하게 된다.

예제 9-1. Book.java (↪ chapter9/spring-hibernate)

```java
package books.impl.entities;

import books.api.entities.Book;
import javax.persistence.*;

@Entity
public class BookEntity implements Book {
    @Id @GeneratedValue
    private int id;
    private String title;
    private double price;

    //Getters and setters omitted for brevity
}
```

HibernateBooksService는 Spring Repository이다. 이 서비스는 트랜잭션 관리를 자동으로 처리하고, 서비스 인터페이스인 BooksService를 구현하며 Hibernate API(예 : SessionFactory)를 사용하여 데이터베이스에 Book을 저장하고 검색한다.

BookstoreService는 간단한 인터페이스로, 예제 9-2에 나와있는 BookStoreServiceImpl에서 책 목록의 총 가격을 계산할 수 있도록 구현했다. Spring의 @Component 어노테이션으로 인해, 의존성 주입이 가능하다.

예제 9-2. BookstoreServiceImpl.java (↪ chapter9/spring-hibernate)

```java
package bookstore.impl.service;

import java.util.Arrays;
import books.api.entities.Book;
import books.api.service.BooksService;
import bookstore.api.service.BookstoreService;
import org.springframework.stereotype.Component;

@Component
```

```java
public class BookstoreServiceImpl implements BookstoreService {

    private static double TAX = 1.21d;

    private BooksService booksService;

    public BookstoreServiceImpl(BooksService booksService) {
        this.booksService = booksService;
    }

    public double calculatePrice(int... bookIds) {
        double total = Arrays
            .stream(bookIds)
            .mapToDouble(id -> booksService.getBook(id).getPrice())
            .sum();

        return total * TAX;
    }
}
```

마지막으로 예제 9-3에서 볼 수 있듯이 Spring을 사용한 book을 저장하고 검색하는 **Main** 클래스가 있다.

예제 9-3. Main.java (↪ chapter9/spring-hibernate)

```java
package main;

import org.springframework.context.ApplicationContext;
import org.springframework.context.support.ClassPathXmlApplicationContext;
import books.api.service.BooksService;
import books.api.entities.Book;
import bookstore.api.service.BookstoreService;

public class Main {

    public void start() {
        System.out.println("Starting...");

        ApplicationContext context =
            new ClassPathXmlApplicationContext(new String[] {"classpath:/main.xml"});

        BooksService booksService = context.getBean(BooksService.class);
        BookstoreService store = context.getBean(BookstoreService.class);

        // Create some books
        int id1 = booksService.createBook("Java 9 Modularity", 45.0d);
```

```
        int id2 = booksService.createBook("Modular Cloud Apps with OSGi", 40.0d);
        printf("Created books with id [%d, %d]", id1, id2);

        // Retrieve them again
        Book book1 = booksService.getBook(id1);
        Book book2 = booksService.getBook(id2);
        printf("Retrieved books:\n %d: %s [%.2f]\n %d: %s [%.2f]",
            id1, book1.getTitle(), book1.getPrice(),
            id2, book2.getTitle(), book2.getPrice());

        // Use the other service to calculate a total
        double total = store.calculatePrice(id1, id2);
        printf("Total price (with tax): %.2f", total);
    }

    public static void main(String[] args) {
        new Main().start();
    }

    private void printf(String msg, Object... args) {
        System.out.println(String.format(msg + "\n", args));
    }
}
```

XML 설정이 필요한 ClassPathXmlApplicationContext의 사용으로 Spring이 적용되었다. 예제 9-4와 같이 @Component 및 @Repository 어노테이션 있는 클래스를 Spring 빈으로 자동 등록할 수 있도록 설정했다. 또한 트랜잭션 관리와 Hibernate를 설정한다.

예제 9-4. main.xml (↪ chapter9/spring-hibernate)

```
<context:component-scan base-package="books.impl.service"/>
<context:component-scan base-package="bookstore.impl.service"/>

<bean id="myDataSource"
class="org.apache.commons.dbcp.BasicDataSource" destroy-method="close">
    <property name="driverClassName" value="org.hsqldb.jdbcDriver"/>
    <property name="url" value="jdbc:hsqldb:mem:testdb"/>
    <property name="username" value="sa"/>
    <property name="password" value=""/>
</bean>

<bean id="mySessionFactory"
class="org.springframework.orm.hibernate5.LocalSessionFactoryBean">
    <property name="dataSource" ref="myDataSource"/>
    <property name="annotatedClasses">
        <list>
```

```xml
                <value>books.impl.entities.BookEntity</value>
            </list>
        </property>
        <property name="hibernateProperties">
            <props>
                <prop key="hibernate.hbm2ddl.auto">create</prop>
            </props>
        </property>
</bean>

<bean id="transactionManager"
class="org.springframework.orm.hibernate5.HibernateTransactionManager">
    <property name="sessionFactory" ref="mySessionFactory"/>
</bean>


<tx:annotation-driven/>
```

현재 프로젝트의 디렉토리 구조는 다음과 같다.

```
├── lib
├── run.sh
└── src
    ├── books
    │   ├── api
    │   │   ├── entities
    │   │   │   └── Book.java
    │   │   └── service
    │   │       └── BooksService.java
    │   └── impl
    │       ├── entities
    │       │   └── BookEntity.java
    │       └── service
    │           └── HibernateBooksService.java
    ├── bookstore
    │   ├── api
    │   │   └── service
    │   │       └── BookstoreService.java
    │   └── impl
    │       └── service
    │           └── BookstoreServiceImpl.java
    ├── log4j2.xml
    ├── main
    │   └── Main.java
    └── main.xml
```

src 디렉토리에는 설정 파일과 소스 코드 패키지가 들어 있다. lib 디렉토리에는 Spring, Hibernate의 JAR 파일 그리고 Spring과 Hibernate에 전이 의존성이 있는 JAR 파일이 포함되어 있으며, 총 31 개의 JAR 파일로 구성되어 있다. 아래의 명령어를 사용하여 애플리케이션을 빌드하고 실행할 수 있다.

```
javac -cp [list of JARs in lib] -d out -sourcepath src $(find src -name '*.java')

cp $(find src -name '*.xml') out

java -cp [list of JARs in lib]:out main.Main
```

Java 9에서 클래스 패스 기반으로 실행하기

모듈로 마이그레이션하기 위한 첫 번째 단계는 클래스 패스를 사용하여 Java 9으로 코드를 컴파일하고 실행하는 것부터 시작해야 한다. 이를 통해 우리가 첫 번째로 어떤 문제를 해결해야 하는지 확인할 수 있다. Hibernate는 몇몇 JAXB 클래스에 의존성을 가지고 있다. 188 페이지의 "JAXB 및 기타 Java EE API 사용"에서 JAXB는 java.se.ee 모듈의 서브세트(하위 그래프)의 일부이지만 기본 java.se 모듈의 서브세트(하위 그래프)가 아님을 알았다. 그렇기 때문에 코드를 수정하지 않고 Main을 실행하면 java.lang.ClassNotFoundException:javax.xml.bind.JAXBException이 발생한다. ──add─modules 옵션을 사용하여 애플리케이션에 JAXB를 추가해야 실행할 수 있다.

```
java -cp [list of JARs in lib]:out --add-modules java.xml.bind main.Main
```

애플리케이션이 실행은 되지만 다음과 같은 경고를 확인할 수 있다.

```
WARNING: An illegal reflective access operation has occurred
WARNING: Illegal reflective access by javassist.util.proxy.SecurityActions
(file:.../lib/javassist-3.20.0-GA.jar)
to method java.lang.ClassLoader.defineClass(...)
WARNING: Please consider reporting this to the maintainers
        of javassist.util.proxy.SecurityActions
Running on the Classpath with Java 9 ¦ 197
WARNING: Use --illegal-access=warn to enable warnings of further illegal
        reflective access operations
WARNING: All illegal access operations will be denied in a future release
```

이 이슈에 대하여 179 페이지의 "라이브러리, 강력한 캡슐화 그리고 JDK 9 클래스 패스"에서 다루었다. javassist 라이브러리는 딥 리플렉션을 통하여 JDK 타입을 사용한다. 이런 동작은 기본적 허용은 되지만 경고를 발생시킨다. 만약, --illegal-access = deny 옵션을 사용하여 애플리케이션을 실행하면 에러가 발생을 한다. 향후 Java 릴리즈에서는 deny 옵션이 디폴트 값이 될 것이다. 최신 javassist 버전으로 업데이트하면 이 문제를 해결할 수 있지만 지금은 --add-opens 옵션을 사용하여 경고를 제거하겠다.

```
java -cp [list of JARs in lib]:out \
--add-modules java.xml.bind \
--add-opens java.base/java.lang=ALL-UNNAMED main.Main
```

원한다면 --add-opens 옵션을 사용하여 경고를 제거할 수 있다. 위와 같이 설정을 하여 경고를 제거하면 Java 9에서도 코드를 실행시킬 수 있다. 하지만 javassist와 관련된 문제는 여전히 존재한다. 라이브러리 관리자에게 이러한 문제를 알려주는 것이 올바른 방법이다.

모듈 설정하기

이러한 문제가 해결되면 모듈로 마이그레이션을 시작할 수 있다. 먼저 코드를 단일 모듈로 마이그레이션할 것이다. 모듈로 마이그레이션을 시작할 때는 코드의 내부 구조를 변경하지 않는 것이 좋다. 이 구조가 원하는 최종 구조가 아니어도 먼저 기술적인 문제에 집중하여 해결하는 것이 더 쉬운 방법이다.

첫 번째 단계는 -sourcepath를 --module-source-path로 변경하는 것이다. 이를 위해서는 프로젝트의 구조를 약간 변경해야 한다. src 디렉토리에 패키지가 바로 위치하면 안되고, 먼저 모듈 디렉토리가 위치해야 한다. 모듈 디렉토리는 또한 module-info.java를 포함해야 한다.

```
├── lib
├── mods
├── run.sh
└── src
    └── bookapp
        ├── books
        │   ├── api
        │   │   ├── entities
        │   │   │   └── Book.java
```

```
|   |   └─ service
|   |       └─ BooksService.java
|   └─ impl
|       ├─ entities
|       |   └─ BookEntity.java
|       └─ service
|           └─ HibernateBooksService.java
├─ bookstore
|   ├─ api
|   |   └─ service
|   |       └─ BookstoreService.java
|   └─ impl
|       └─ service
|           └─ BookstoreServiceImpl.java
├─ log4j2.xml
├─ main
|   └─ Main.java
├─ main.xml
└─ module-info.java
```

먼저 스크립트에 --module-source-path 옵션을 추가하고 그 다음에 모듈에서 메인 클래스를
실행시키도록 수정한다.

```
javac -cp [list of JARs in lib] \
    --module-path mods \
    -d out \
    --module-source-path src \
    -m bookapp

cp $(find src -name '*.xml') out/bookapp

java -cp out:[list of JARs in lib] \
    --module-path mods:out \
    --add-modules java.xml.bind \
    -m bookapp/main.Main
```

라이브러리를 모듈 패스로 옮기지 않았고 module-info.java에 아무것도 넣지 않았기 때문에 이
전의 명령어로 실행하면 분명히 실패할 것이다.

자동 모듈 사용하기

모듈을 컴파일하려면 컴파일 시점 의존성을 위해 modules-info.java에 requires 구문을 추가해야 한다. 이를 위해서는 JAR 파일 중 일부를 클래스 패스에서 모듈 패스로 이동시켜 자동 모듈로 만들어야 한다. 컴파일 시점 의존성을 정확히 파악하기 위해 코드의 import 구문을 확인하거나 jdeps를 사용할 수 있다. 예제 애플리케이션에서는 직접 컴파일 시점 의존성을 기반으로 하는 다음과 같은 requires 구문 목록을 만들 수 있다.

```
requires spring.context;
requires spring.tx;

requires javax.inject;

requires hibernate.core;
requires hibernate.jpa;
```

모든 것이 명확하다. 이러한 모듈의 패키지는 샘플 코드에서 직접 사용된다. 이러한 라이브러리를 사용하기 위해 해당 JAR 파일을 모듈 패스로 이동시켜 자동 모듈로 만든다. 전이 의존성은 그림 9-3과 같이 클래스 패스에 남을 수 있다.

212 페이지의 "jdeps 사용하기"에서 보면 jdeps는 마이그레이션 중에 필요한 모듈을 찾아야 할 때 사용된다. 예를 들어, 애플리케이션의 클래스 패스 버전에서 다음을 실행하여 어떤 모듈이 필요한지 확인할 수 있다.

```
jdeps -summary -cp lib/*.jar out

out -> lib/hibernate-core-5.2.2.Final.jar
out -> lib/hibernate-jpa-2.1-api-1.0.0.Final.jar
out -> java.base
out -> lib/javax.inject-1.jar
out -> lib/spring-context-4.3.2.RELEASE.jar
out -> lib/spring-tx-4.3.2.RELEASE.jar
```

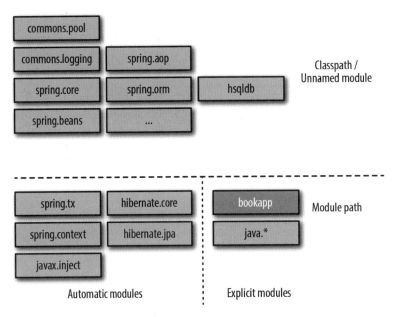

그림 9-3. 자동 모듈을 이용한 마이그레이션

이러한 컴파일 시점 의존성 외에도 --add-modules 옵션을 사용하여 추가할 수 있는 컴파일 시점 및 런타임 의존성들이 있다. java.naming 플랫폼 모듈의 타입은 Hibernate API에서 사용되며, 이 타입을 코드에서 명시적으로 사용하지 않아도 컴파일 시점에 사용할 수 있어야 한다. 명시적으로 모듈을 추가하지 않으면 다음과 같은 에러가 발생한다.

```
src/bookapp/books/impl/service/HibernateBooksService.java:19:
    error: cannot access Referenceable
    return sessionFactory.getCurrentSession().get(BookEntity.class, id);
                     ^
    class file for javax.naming.Referenceable not found 1 error
```

Hibernate는 자동 모듈로 사용되기 때문에 추가적인 플랫폼 모듈로 해석되지 않는다. Hibernate API에서 java.naming의 타입을 사용하기 때문에 (SessionFactory 인터페이스가 Referenceable를 extend 했다) 간접적으로 컴파일 시점 의존성을 가지게 된다. 이것은 우리가 컴파일 시점 의존성을 가지고 있음을 의미하는데 requires 구문으로 추가하지도 않았으며 실제 동작도 하지 않는다. Hibernate가 명시적 모듈이라면 묵시적 가독성을 설정하고 이 문제를 방지하기 위해 module-info.java에 requires transitive java.naming 구문이 있어야 한다.

javac에 --add-modules java.naming 옵션을 추가해도 이 문제를 해결할 수 있다. 또는 모듈 디스크립터에 java.naming에 대한 또 다른 requires 구문을 추가하여 해결할 수 있다. 그러나 앞에서 설명한 것처럼 간접 의존성을 위한 requires 구문 추가 대신에 --add-modules 옵션을 추가하겠다. 이제는 애플리케이션이 성공적으로 컴파일된다. 그러나 실행을 하게 되면 여전히 에러가 발생한다.

Java 플랫폼 의존성 및 자동 모듈

java.lang.NoClassDefFoundError가 발생하면 java 명령에 --add-modules 옵션을 사용하여 java.sql을 추가해야 한다. 수동으로 java.sql을 추가해야만 이 문제가 해결되는 이유는 무엇일까? Hibernate는 내부적으로 java.sql을 의존하고 있다. Hibernate는 자동 모듈로 사용되기 때문에 다른 (플랫폼) 모듈과 requires 관계를 설정하는 모듈 디스크립터를 가지고 있지 않다. 이 문제는 앞에 나왔던 java.naming 문제와 유사해보이지만 본질적으로 다르다. 코드에서 사용되는 Hibernate API가 java.naming의 타입을 참조하기 때문에 java.naming 예제는 컴파일 시점 에러였다. 그러나 Hibernate는 내부적으로 java.sql을 사용하지만 그 타입은 우리가 컴파일하는 Hibernate API의 일부가 아니다. 따라서 에러는 런타임에만 표시된다.

--add-modules java.sql 옵션을 추가하여 해당 문제를 해결하고 다음 단계로 넘어가자.

리플렉션을 위해 패키지 오픈하기

애플리케이션은 성공적으로 실행되지만 재실행하면 에러가 발생한다. 이번에 발생하는 에러는 간단하다.

```
Caused by: java.lang.IllegalAccessException:
class org.springframework.beans.BeanUtils cannot access class
    books.impl.service.HibernateBooksService (in module bookapp) because module
    bookapp does not export books.impl.service to unnamed module @5c45d770
```

Spring은 리플렉션을 사용하여 클래스를 인스턴스화한다. 이것이 동작하려면 Spring에서 인스턴스화하려는 클래스를 포함한 구현 패키지가 오픈되어야 한다. Hibernate의 경우도 같은 토큰을 사용하여 리플렉션을 통해 엔티티 클래스를 조작한다. Hibernate는 Book 인터페이스와

BookEntity 구현 클래스에 대한 접근이 필요하다.

애플리케이션의 API 패키지의 경우 해당 API 패키지를 익스포트하는 것이 좋다. 나중에 더 많은 모듈로 분할할 때 이 패키지는 다른 모듈에서도 가장 많이 사용된다. 구현 패키지의 경우는 익스포트 대신에 오픈을 해야 한다. 이런 방식으로 프레임워크는 빌드 시점에 캡슐화를 보장하면서 리플렉션과 동일한 동작을 수행할 수 있다.

```
exports books.api.service;
exports books.api.entities;

opens books.impl.entities;
opens books.impl.service;
opens bookstore.impl.service;
```

더 규모가 큰 애플리케이션의 경우 개별 패키지를 오픈하는 대신 오픈 모듈을 사용하는 것이 좋을 수 있다. 패키지에 대한 opens/exports를 설정한 후에는 또 다른 에러가 발생한다.

```
java.lang.NoClassDefFoundError: javax/xml/bind/JAXBException
```

라이브러리 중 하나가 JAXB (우리의 코드에서 사용하는 것이 아니다)를 사용하고 있고, 188 페이지의 "JAXB 및 기타 Java EE API 사용"에서 java.xml.bind가 기본적으로 해석되지 않는다는 것을 알았다. 클래스 패스에서 이 예제를 실행했을 때와 마찬가지로 --add-modules 옵션을 사용하여 모듈을 추가하면 이 문제를 해결할 수 있다.

불행히도 javassist 라이브러리는 애플리케이션을 실행하려고 할 때 마지막으로 다음과 같은 에러를 발생시킨다.

```
Caused by: java.lang.IllegalAccessError: superinterface check failed:
    class books.impl.entities.BookEntity_$$_jvstced_0 (in module bookapp)
    cannot access class javassist.util.proxy.ProxyObject
    (in unnamed module @0x546621c4) because module bookapp
    does not read unnamed module @0x546621c4
```

불법적인 접근 수정하기

Hibernate는 javassist 라이브러리를 사용하여 엔티티 클래스의 서브 클래스를 동적으로 생성한다. 런타임에는 애플리케이션의 코드가 원래 클래스 대신 이 하위 클래스를 사용한다. 코드가 모듈에서 실행되기 때문에 생성된 클래스는 결국 동일한 bookapp 모듈의 일부가 된다. 생성된 클래스는 javassist의 인터페이스(ProxyObject)를 구현한다. 그러나 javassist는 클래스 패스에 있기 때문에 명시적 모듈에서 접근할 수 없다. 따라서 생성된 클래스는 런타임에 접근할 수 없는 인터페이스를 구현한다. 이것은 모호하고 이해하기 어려운 에러이지만 수정은 간단하다. javassist를 클래스 패스에서 모듈 패스로 이동시켜 자동 모듈이 되도록 하면 다른 모듈에서 접근할 수 있다.

그러나, javassist를 자동 모듈로 바꾸는 것은 새로운 문제를 발생시킨다. 앞에서 javassist가 JDK 타입에 대해 불법적인 딥 리플렉션을 사용한다는 것을 언급했다. 클래스 패스에서 lenient --illegal-access = permit 옵션을 default로 지정하면 경고 메시지만 나타난다. javassist는 이제 자동 모듈이므로 --illegal-access 메커니즘은 더 이상 적용되지 않는다. 클래스 패스의 코드에만 영향을 준다. 그래서 이제는 경고가 아닌 에러가 발생하게 된다. 이것은 --illegal-access = deny 옵션을 사용하여 클래스 패스 예제를 실행했을 때 발생한 에러와 본질적으로 같은 에러이다.

```
Caused by: java.lang.reflect.InaccessibleObjectException:
    Unable to make protected final java.lang.Class
    java.lang.ClassLoader.defineClass(...)
    throws java.lang.ClassFormatError accessible:
    module java.base does not "opens java.lang" to module javassist
```

--add-opens java.base/java.lang = javassist 옵션을 java 명령에 추가하여 이 문제를 해결할 수 있다는 것을 이미 언급했다. 예제 9-5는 애플리케이션을 컴파일하고 실행하기 위한 최종 스크립트를 보여준다.

예제 9-5. run.sh (↳ chapter9/spring-hibernate)

```
CP=[list of JARs in lib]

javac -cp $CP \
        --module-path mods \
        --add-modules java.naming \
        -d out \
        --module-source-path src \
        -m bookapp
```

```
cp $(find src -name '*.xml') out/bookapp

java -cp $CP \
      --module-path mods:out \
      --add-modules java.xml.bind,java.sql \
      --add-opens java.base/java.lang=javassist \
      -m bookapp/main.Main
```

우리는 실제 필요한 경우에만 라이브러리를 자동 모듈로 변경하는 방식으로 애플리케이션을 마이그레이션했다. 또 다른 방법으로는 모든 JAR 파일을 모듈 패스에 복사하여 마이그레이션을 시작할 수 있다. 일반적으로 이 방법을 사용하면 애플리케이션을 빠르게 실행하는 것이 더 쉬워지지만 애플리케이션 모듈에 적합한 모듈 디스크립터를 찾는 것이 어려워진다. 자동 모듈은 다른 모든 모듈에 대해 묵시적인 가독성을 설정하기 때문에 모듈에서 누락된 요구를 숨길 수 있다. 자동 모듈을 명시적 모듈로 업그레이드하면 문제가 발생할 수 있다. 잘 정의된 모듈 의존성을 설정하는 것이 중요하므로 이를 조사하는 데 시간을 투자해야한다.

다중 모듈에 대한 리팩토링

이제 실행 가능한 애플리케이션을 만들었으므로 코드를 더 작은 모듈로 분할하고 애플리케이션의 디자인에 모듈화를 포함시키는 것이 좋을 것 같다. 이 장에서 다루는 범위를 벗어나지만 GitHub 저장소는 여러 모듈을 가진 구현을 포함하고 있다(chapter9/spring-hibernate-refactored). 그림 9-4는 그러한 향상된 구조에 대한 합리적인 설계를 제공하고 있다.

이 디자인에는 트레이드 오프가 있다는 것을 알고 있어야 한다. 예를 들어 별도의 API 모듈을 만들지 또는 단일 모듈에서 API를 익스포트하면서 구현도 포함할 지 여부를 선택해야 한다. 이미 5장에서 이러한 선택에 대해서 언급을 했다.

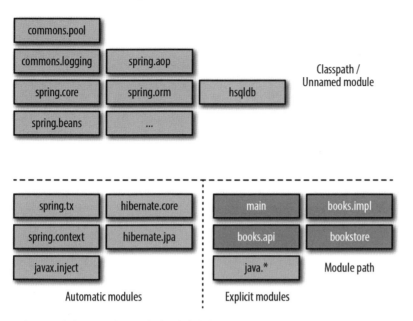

그림 9-4. 리팩토링 단계를 거친 애플리케이션

지금까지 케이스 스터디를 통해 기존 클래스 패스 기반 애플리케이션을 모듈로 마이그레이션하는데 필요한 도구와 프로세스를 살펴 보았다. jdeps를 사용하여 기존 코드 및 의존성을 분석하자. 라이브러리를 모듈 패스로 이동하여 모듈을 자동 모듈로 변환하여 애플리케이션의 모듈 디스크립터를 작성할 수 있다. 애플리케이션에서 의존성 주입, 객체 관계형 매핑 또는 직렬화 라이브러리와 같은 리플렉션을 포함하는 라이브러리를 사용하는 경우 오픈 패키지와 모듈이 필요하다.

애플리케이션을 모듈로 마이그레이션하면 애플리케이션이나 라이브러리에서 강력한 캡슐화 위반이 발생할 수 있다. 지금까지 보았듯이 모듈 시스템에 대한 충분한 지식으로 모두 설명할 수도 있지만 때로는 에러를 일으킬 수 있다. 이 장에서는 이러한 문제를 줄이는 방법을 배웠다. 라이브러리가 명시적 모듈 디스크립터가 있는 적절한 Java 9 모듈인 경우에는 해당 라이브러리의 수명이 훨씬 길어질 것이다. 다음 장에서는 라이브러리 유지 보수 책임자가 Java 9 지원을 위해 어떻게 작업할 수 있는지 살펴 보겠다.

chapter 10

라이브러리 마이그레이션

앞 장에서는 애플리케이션을 모듈 시스템으로 마이그레이션하는 작업에 대해 중점적으로 다루었다. 지금까지 배운 내용 중 많은 부분은 기존 라이브러리를 마이그레이션할 때 적용이 가능하다. 하지만, 애플리케이션 마이그레이션이 아닌 라이브러리 마이그레이션을 하는 경우 고려해야 하는 이슈들이 있다. 이번 장에서는 이러한 이슈와 해결 방법에 대하여 알아보도록 하자.

라이브러리 마이그레이션과 애플리케이션 마이그레이션 간의 가장 큰 차이점은 라이브러리의 경우 많은 애플리케이션에서 사용된다는 것이다. 애플리케이션들은 다양한 버전의 Java에서 실행될 수 있으므로 라이브러리도 다양한 버전의 Java를 지원할 수 있어야 한다. 라이브러리가 Java 9에 대응하여 릴리즈될 때 라이브러리 사용자도 Java 9에 대응할 것이라고 기대하면 안된다. 다행히도 Java 9의 새로운 기능들을 사용하면 라이브러리 관리자와 사용자 모두에게 원활한 사용환경을 제공할 수 있다.

우리의 목표는 기존 라이브러리를 모듈 라이브러리로 점진적으로 마이그레이션하는 것이다. 이 작업을 수행하기 위해 인기 있는 오픈 소스 프로젝트를 만들 필요는 없다. 회사의 다른 팀과 공유하는 코드를 작성하고 있다면, 작업하는데 전혀 문제가 없다.

라이브러리의 마이그레이션 프로세스는 다음과 같은 단계로 구성된다.

1. 라이브러리가 Java 9에서 자동 모듈로 실행될 수 있는지 확인한다.
2. Java 9의 새로운 기능을 사용하지 않은 상태에서 Java 9 컴파일러로 라이브러리를 컴파일한다(원하는 최소 Java 버전을 타겟으로 한다).

3. 모듈 디스크립터를 추가하고 라이브러리를 명시적 모듈로 전환한다.

4. (선택사항으로) 캡슐화를 강화하고 API를 식별하며 다중 모듈로 분할할 수 있도록 라이브러리의 구조를 리팩토링한다.

5. Java 9 이전 버전과의 호환성을 유지하면서 라이브러리에서 Java 9 기능 사용을 시작한다.

4번 단계는 선택 사항이지만 권장한다. 새롭게 도입된 --release 옵션을 사용하면, Java 9 컴파일러를 통하여 이전 버전의 Java를 안정적으로 지원할 수 있다. 248 페이지의 "Java 구버전 타겟팅하기"에서 이 옵션의 사용 방법을 확인하자. 모든 단계를 통해서 이전 버전의 Java와 호환성을 유지할 수 있다. 마지막 단계에서 이것은 특히 놀라운 일일 수 있다. 새로운 기능인 "다중 릴리즈 JAR"를 통해 호환성 유지가 가능하다. "다중 릴리즈 JAR"는 이 장의 마지막 부분에서 살펴보겠다.

모듈화 이전 단계

첫 단계로 라이브러리를 Java 9에서 그대로 사용할 수 있어야 한다. Java 9에서도 많은 애플리케이션은 클래스 패스에서 라이브러리를 사용한다. 또한 라이브러리 유지 관리자는 라이브러리를 애플리케이션에서 자동 모듈로 사용할 수 있게 관리할 필요가 있다. 대부분의 경우 코드를 수정하지 않아도 된다. 이 시점에서 발생할 수 있는 유일한 수정 사항은 JDK에서 캡슐화되거나 제거된 타입 사용 등으로 인해 버그가 발생하지 않도록 하는 것이다.

라이브러리를 모듈로 만들기 전에 7 장에서 설명했던 애플리케이션 마이그레이션의 초기 단계를 동일하게 수행해야한다. Java 9에서 라이브러리가 실행된다는 확신을 가지려면 JDK에서 캡슐화된 타입을 사용해서는 안된다. 라이브러리에서 이러한 타입을 사용한다면 라이브러리 사용자가

--illegal-access = deny 옵션으로 애플리케이션을 실행하는 경우 경고나 exception을 보게될 것 이다. 이를 해결하려면 --add-opens 또는 --add-exports 옵션을 사용해야한다. 라이브러리에 이런 사항을 문서화하더라도 사용자에게 좋지 않은 경험이 된다. 일반적으로 라이브러리는 애플리케이션에서 사용하는 많은 라이브러리 중 하나 일 뿐이므로 모든 올바른 명령어 옵션을 추적하는 것은 사용자에게 쉬운 일이 아니다. jdeps를 이용하여 라이브러리에서 캡슐화된 API가 사용되는 부분을 찾아서 권장 API로 변경하는 것이 좋다. 이러한 문제를 신속하게 파악하려면 187 페이지의 "jdeps를 사용하여 삭제되거나 캡슐화된 타입과 그 대안 찾기"에서 설명한 것 처럼 jdeps -jdkinternals을 사용하길 바란다. 하지만, 대체 API가 Java 9에서만 사용이 가능한 경우

에는, 구 버전의 Java 릴리즈를 지원할 수 없다. 255 페이지 "다중 릴리즈 JAR"에서 이 문제를 어떻게 해결할 수 있는지 확인할 수 있다.

이 단계에서는 아직 라이브러리에 대한 모듈 디스크립터를 작성하지 않았다. 때문에, 어떤 패키지를 익스포트 해야 하는지에 대한 결정을 늦출 수 있다. 또한 라이브러리가 다른 라이브러리에 대해 가지는 모든 의존성이 묵시적으로 유지될 수 있다. 따라서 라이브러리가 클래스 패스에 있거나 혹은 자동 모듈로 모듈 패스에 있는 경우 명시적인 의존성 정보가 없어도 필요한 모든 것을 접근할 수 있다.

이 단계가 끝나면 라이브러리를 Java 9에서 사용할 수 있다. 아직 라이브러리 구현에서 Java 9의 새로운 기능을 사용하지 않는다. 실제로 캡슐화되거나 제거된 API를 사용하지 않는다면 라이브러리를 다시 컴파일할 필요가 없다.

라이브러리 모듈 이름 선택하기

컴퓨터 사이언스 분야에 남아 있는 두 가지 어려운 사항은 "캐시 무효화"와 "이름 결정하기"이다.

— Phil Karlton

이 시점에서 나중에 실제 모듈이 되었을 때 적용할 이름에 대해서 고민을 해야 한다. 라이브러리 모듈에 적합한 이름은 무엇일까? 사람들은 간단하고 기억에 남을 수 있는 이름을 원한다. 하지만, 지금은 광범위하게 재사용 가능한 라이브러리에 대해 이야기하고 있으므로 유니크한 이름을 추천한다. 주어진 이름의 모듈이 모듈 패스에는 단 하나만 있기를 원한다.

Java에서 고유한 이름을 만들기 위하여 전통적으로 역 DNS 표기법을 사용해 왔다. mylibrary 라는 라이브러리가 있을 때 모듈 이름은 com.mydomain.mylibrary가 될 수 있다. 이 명명 규칙을 재사용 할 수 없는 애플리케이션 모듈에 적용하는 것은 불필요하지만 라이브러리에 적용하면 효과를 볼 수 있다. 예를 들어 몇몇 오픈 소스 라이브러리는 spark이라는 이름을 가지고 있다. 이 경우 라이브러리 관리자들이 주의를 기울이지 않으면 동일한 이름의 모듈이 다수 만들어 질 수 있다. 이는 애플리케이션에서 더 이상 해당 라이브러리를 함께 사용할 수 없음을 의미한다. 역 DNS 기반 모듈 이름을 사용하면 이러한 충돌을 방지할 수 있다.

모듈 이름에 대한 좋은 후보는 모듈의 모든 패키지에서 공통으로 사용되고 있는 가장 긴 패키지 이름이라고 할 수 있다. 때문에, 역 DNS 표기법을 사용하는 경우 최상위 패키지 이름을 모듈 식별자로 사용할 수 있다. Maven의 경우, 그룹 ID와 이슈 ID을 결합하여 모듈 이름으로 사용할 수 있다.

모듈 이름에 숫자를 사용할 수 있다. 주로 모듈 이름에 버전번호(예 : com.mydomain. mylibrary2)를 추가하는 경우 사용되는데 이런 방식은 권장하지 않는다. 버전 관리는 라이브러리를 식별하는 것과 별개의 문제이다. 버전은 모듈형 JAR를 만들 때 설정할 수 있지만(126 페이지의 "모듈 버전 관리"에서 설명) 모듈 이름의 일부가 될 수는 없다. 라이브러리를 최신 버전으로 업그레이드한다고 해서 라이브러리 식별자가 변경되어야 하는 것은 아니다. 오래 전부터 인기있던 라이브러리 중 일부는 이미 모듈 이름 끝부분에 버전 정보가 들어가 있다. 예를 들어 Apache commons-lang 라이브러리는 버전 2에서 3으로 이동할 때 commons-lang3으로 이름을 결정했다. 현재, 버전은 모듈 시스템이 아닌 빌드 도구 및 아티팩트 저장소와 연관이 있다. 라이브러리의 버전이 변경될 때 모듈 디스크립터도 같이 변경되어서는 안된다.

8장에서 자동 모듈의 이름은 JAR 파일 이름에서 가져온다는 것을 설명했다. 불행히도 파일 이름은 라이브러리 유지 관리자가 결정하지 않고, 빌드 도구나 다른 프로세스에 의해 결정되는 경우가 종종 발생한다. 이러한 라이브러리를 자동 모듈로 사용하는 애플리케이션의 경우, 위와 같이 파생된 이름을 사용하여 모듈 디스크립터에서 의존성 관계를 설정한다. 때문에, 라이브러리가 나중에 명시적 모듈로 전환이 된다면 이렇게 파생된 이름을 그대로 사용해야 한다. 파생된 파일 이름이 적절하지 않거나 유니크하지 않은 경우 문제가 된다. 또는 사람들이 JAR 파일의 이름을 변경하여 사용하는 경우는 더 큰 문제가 발생한다. 라이브러리를 사용하는 모든 애플리케이션들이 나중에 requires 구문을 새 모듈 이름으로 업데이트하기를 기대하는 것은 비현실적이다.

이같은 상황은 라이브러리 관리자들을 곤란한 입장에 처하게 한다. 라이브러리 자체는 아직 모듈이 아니지만 자동 모듈 기능을 통해 사용이 가능하다. 애플리케이션이 라이브러리를 자동모듈로 사용하여 실행이 된다면 자동으로 파생된 모듈 이름을 사용하는 것이 효과적일 수 있다. 이 난제를 해결하기 위해 모듈 이름을 예약하는 대안을 사용할 수도 있다.

모듈이 아닌 JAR의 META-INF/MANIFEST.MF 파일에 Automatic-Module-Name : ⟨module_name⟩ 구문을 추가해보자. JAR 파일이 자동 모듈로 사용되면 JAR 파일 이름이 적용되지 않고 manifest에 정의한 이름이 적용된다. 라이브러리 관리자는 모듈 디스크립터를 작성하지 않아도, 라이브러리 모듈이 가져야하는 이름을 정의할 수 있다. 정확한 모듈 이름을 가진 새로운 항목을 MANIFEST.MF에 추가하고 라이브러리를 다시 패키징하기만 하면 된다. jar 명령의

−m ⟨manifest_file⟩ 옵션을 사용하면 ⟨manifest_file⟩의 항목이 JAR의 MANIFEST.MF에 추가된다(↪ chapter10 / modulename).

```
jar -cfm mylibrary.jar src/META-INF/MANIFEST.MF -C out/ .
```

위의 명령을 사용하면 src/META-INF/MANIFEST.MF의 항목이 결과 JAR에서 생성된 MANIFEST.MF에 추가된다.

Maven을 사용하면 manifest 항목을 추가하도록
JAR 플러그인을 설정할 수 있다.

```
<plugin>
    <groupId>org.apache.maven.plugins</groupId>
    <artifactId>maven-jar-plugin</artifactId>
    <configuration>
        <archive>
            <manifestEntries>
                <Automatic-Module-Name>
                    com.mydomain.mylibrary
                </Automatic-Module-Name>
            </manifestEntries>
        </archive>
    </configuration>
</plugin>
```

모듈 시스템에 대한 Maven지원에 대한 자세한 내용은 11장을 참조하면 된다.

Automatic-Module-Name을 사용하여 Manifest에 모듈 이름을 예약하는 것은 가능한 빨리 처리해야 한다. 이름을 짓는 것은 어렵고, 신중하게 해야 한다. 그러나 모듈 이름을 정한 후에는 Automatic-Module-Name을 사용하여 간단하게 예약하면 된다. 코드 수정이나 재컴파일이 필요하지 않으므로 작업량도 적고 미치는 영향도 거의 없다.

JDK 9에서 자동 모듈로 작동하는지 확인한 경우에만 라이브러리의 manifest에 Automatic-Module-Name을 추가해야 한다. manifest 항목이 있다는 것은 Java 9에서 동작하다는 것을 의미하기 때문이다. 이전 장에서 설명한 마이그레이션 문제는 라이브러리를 모듈로 사용하기 전에 해결해야 한다.

모듈 디스크립터를 생성하는 대신에 위와 같이 하는 이유는 무엇일까? 다음과 같은 몇가지 이유가 있다.

첫째, 어떤 패키지를 익스포트해야 하는지 고민할 필요가 없다. 라이브러리를 자동 모듈로 사용하면, 모든 패키지를 익스포트한 것 같이 접근이 가능하다. 그러나 모듈 디스크립터에서 명시적으로 모든 패키지를 익스포트한다면 나중에 쉽게 되돌릴 수 없다. 라이브러리를 자동 모듈로 사용하는 사람들은 모든 패키지에 대한 접근이 가능한것은 자동 모듈 때문이라는 것을 알고 있으며 나중에 변경을 할 수 있다.

둘째, 더 중요한 점은 라이브러리에 외부 의존성이 있을 수 있다. 모듈 디스크립터를 사용하면 라이브러리가 더 이상 모듈 패스의 자동 모듈이 아니다. 즉, 더 이상 자동으로 다른 모든 모듈 및 클래스 패스(이름 없는 모듈)와 의존관계를 가지지 못하게 된다. 모든 의존성은 모듈 디스크립터에서 명시적으로 기술해야 한다. 아마도 이러한 외부 의존성은 아직 모듈화되지 않았기 때문에 라이브러리가 올바른 모듈 디스크립터를 가질 수 없을 것이다. 의존성 중에 manifest의 Automatic-Module-Name 항목이 없다면 자동 모듈에 대한 의존성을 기반으로 하여 라이브러리를 배포하지 말아야한다. 이런 경우, 의존성의 이름이 확정되어 있는 것이 아니기 때문에 (파생된) 의존성 모듈 이름이 변경되어 모듈 디스크립터가 유효하지 않을 확률이 있다.

마지막으로, 모듈 디스크립터는 Java 9 컴파일러로 컴파일해야 한다. Java 9 컴파일러로 컴파일하기 위해서 필요한 모든 단계는 신중하게 수행을 해야 한다. 따라서, 이런 모든 단계를 수행하기 전에 manifest에 Automatic-Module-Name 항목을 사용하여 모듈 이름을 예약하는 간단한 방법을 사용하는 것이 좋다.

모듈 디스크립터 만들기

이제 라이브러리의 이름을 Java 9에 적절하게 지정했으므로 명시적 모듈로 바꾸는 것에 대해 생각해보자. 먼저 지금은 단일 JAR(mylibrary.jar) 라이브러리를 단일 모듈로 변환하는 경우를 고려해보자. 나중에는 라이브러리 패키징을 확인하여 분할하기를 원할 지도 모른다.

 250 페이지의 "라이브러리 모듈 의존성"에서 라이브러리가 여러 모듈로 구성되거나 외부 의존성을 가지는 경우와 같은 복잡한 시나리오를 살펴보겠다.

모듈 디스크립터를 생성하는 방법으로는 처음부터 새로 작성하거나 jdeps를 사용하여 현재 JAR를 기반으로 생성하는 두 가지 방법이 있다. 어쨌든 모듈 디스크립터는 앞에서 manifest의 Automatic-Module-Name 항목으로 지정한 이름과 동일한 모듈 이름을 갖는 것이 중요하다.

이렇게 하면 자동 모듈로 사용되던 구버전의 라이브러리를 대체하여 사용할 수 있다. 모듈 디스크립터가 있으면 manifest 항목은 삭제할 수 있다.

mylibrary (↳ chapter10 / generate_module_descriptor) 예제는 매우 간단하며 두 개의 패키지와 두 개의 클래스로 구성된다. 중심이 되는 MyLibrary 클래스의 코드는 다음과 같다.

```
package com.javamodularity.mylibrary;

import com.javamodularity.mylibrary.internal.Util;

import java.sql.SQLException;
import java.sql.Driver;
import java.util.logging.Logger;

public class MyLibrary {
    private Util util = new Util();
    private Driver driver;

    public MyLibrary(Driver driver) throws SQLException {
        Logger logger = driver.getParentLogger();
        logger.info("Started MyLibrary");
    }

}
```

기능적으로 이 코드가 무엇을 하는지는 중요하지 않다. 중요한 부분은 imports 구문들이다. 모듈 디스크립터를 생성할 때 어떤 모듈이 필요한지 알아야 한다. 위의 코드를 보면 MyLibrary 클래스는 JDK에 있는 java.sql과 java.util.logging 패키지의 타입을 사용한다. com.javamodularity. mylibrary.internal.Util 클래스는 같은 mylibrary.jar에 있는 다른 패키지에서 제공된다. 직접 올바른 requires 구문을 찾지 않고, jdeps를 사용하여 의존관계 리스트를 확인할 수도 있다. jdeps는 의존성을 나열하는 기능 외에도 초기 모듈 디스크립터 생성 기능도 제공한다.

```
jdeps --generate-module-info ./out mylibrary.jar
```

위의 명령어를 실행하면 out/mylibrary/module-info.java에 모듈 디스크립터가 생성된다.

```
module mylibrary {
    requires java.logging;
    requires transitive java.sql;
    exports com.javamodularity.mylibrary;
```

```
    exports com.javamodularity.mylibrary.internal;
}
```

jdeps는 JAR 파일을 분석하여 java.logging 및 java.sql에 대한 의존성을 보여준다. 흥미로운 점은 java.logging의 경우 requires 구문으로 표시되는데, java.sql는 requires transitive 구문으로 표시된다. MyLibrary에서 사용되는 java.sql 타입은 익스포트 된 public API의 일부이기 때문이다. java.sql.Driver 타입은 MyLibrary의 public 생성자에 대한 인수로 사용된다. 반면에 java.logging의 타입은 MyLibrary 구현에서만 사용되며 라이브러리 사용자에게 노출되지 않는다. jdeps을 사용하여 모듈 디스크립터를 생성하는 경우 기본적으로 모든 패키지는 익스포트된다.

 라이브러리에 패키지 외부의 클래스가 포함되어 있으면 (디폴트 패키지로 알려진 이름 없는 패키지에서) jdeps가 에러를 발생시킨다. 모듈의 모든 클래스는 명명된 패키지에 포함되어야 한다. 모듈 이전에도 이름 없는 패키지에 클래스를 배치하는 것은 나쁜 습관으로 생각했다. 특히 재사용이 가능한 라이브러리의 경우에는 더욱 안 좋은 습관이다.

대부분의 경우 이 모듈 디스크립터는 mylibrary가 자동 모듈로 사용될 때와 동일한 동작을 제공한다고 생각할 수 있다. 그러나 자동 모듈은 오픈 모듈이다. 생성된 모듈 디스크립터는 오픈 모듈을 정의하지 않으며, 패키지를 오픈하지도 않는다. 라이브러리 사용자는 mylibrary의 타입에 대해 딥 리플렉션을 할 때만 이를 알 수 있다. 라이브러리 사용자가 이 작업을 수행할 것으로 예상되면 오픈 모듈 디스크립터를 생성할 수도 있다.

```
    jdeps --generate-open-module ./out mylibrary.jar
```

위의 명령어를 사용하면 다음과 같은 모듈 디스크립터가 생성된다.

```
open module mylibrary {
    requires java.logging;
    requires transitive java.sql;
}
```

오픈 모듈이 생성되기 때문에 모든 패키지는 오픈된다. 이 옵션은 exports 구문을 생성하지 않는다. 모든 패키지에 대한 exports 구문을 오픈 모듈에 추가하면 원래 JAR를 자동 모듈로 사용할 때와 거의 비슷하게 동작한다.

오픈 모듈을 만드는 것보다는 필요한 최소한의 패키지만 익스포트하는 모듈을 만드는 것이 좋다.

라이브러리를 모듈로 변환하는 주된 목적 중 하나는 강력한 캡슐화 때문이며 이러한 장점은 오픈 모듈에서는 제공하지 않는다.

 생성된 모듈 디스크립터를
항상 단순한 시작점으로 간주해야 한다.

모든 패키지를 익스포트하는 것은 올바른 방법이 아니다. mylibrary의 경우 exports com. javamodularity.mylibrary.internal 구문을 제거하는 것이 좋다. mylibrary 사용자의 경우 내부 구현 세부 사항에 대한 의존성이 필요 없다.

또한 라이브러리가 리플렉션을 사용하는 경우 jdeps는 이러한 의존성을 찾지 않는다. 그렇기 때문에 리플렉션 로딩을 하는 모듈은 직접 requires 구문을 추가해야 한다. 의존성이 선택적이면 120 페이지의 "컴파일 시점 의존성"에서 설명하는 것처럼 requires static 구문이 필요할 수 있다. 라이브러리에서 서비스를 사용하는 경우는 uses 구문도 직접 추가해야 한다. META-INF/services 에 있는 파일을 통해 제공되는 모든 서비스는 자동으로 jdeps에 의해 선택되고 provides.. with 구문으로 변환된다.

마지막으로 jdeps는 자동 모듈과 마찬가지로 파일 이름을 기반으로 모듈 이름을 제안한다. 241 페이지의 "라이브러리 모듈 이름 선택하기"에서 설명된 주의 사항이 여전히 적용된다. 라이브러리의 경우 역 DNS 표기법을 사용하여 정규화된 이름을 만드는 것이 좋다. 이 예제에서 com. javamodularity.mylibrary가 선호되는 모듈 이름이다. 모듈 디스크립터를 생성하는 JAR에 이미 Automatic-Module-Name manifest 항목이 포함되어 있으면 이 이름이 대신 사용된다.

모듈 디스크립터로 라이브러리 업데이트하기

모듈 디스크립터를 직접 작성하거나 jdeps를 이용하여 생성하면 이제는 module-info.java 을 컴파일해야 한다. Java 9만 module-info.java를 컴파일할 수 있다. 그렇다고 해서 프로젝트 전체를 Java 9으로 컴파일해야 하는 것은 아니다. 실제 컴파일된 모듈 디스크립터를 사용하여 기존 JAR(Java 구 버전으로 컴파일 됨)를 업데이트할 수 있다. 어떻게 작업을 하면 되는지 mylibrary.jar에 적용해보도록 하자. 먼저 mylibrary.jar에 생성된 module-info.java를 추가한다.

```
mkdir mylibrary
    cd mylibrary
    jar -xf ../mylibrary.jar                                    ❶
    cd ..
    javac -d mylibrary out/mylibrary/module-info.java           ❷
    jar -uf mylibrary.jar -C mylibrary module-info.class        ❸
```

❶ 클래스 파일을 ./mylibrary 폴더로 추출한다

❷ Java 9 컴파일러를 사용하여 module-info.java를 1단계에서 추출한 클래스와 동일한 디렉토리에 컴파일한다

❸ 컴파일된 module-info.class를 사용하여 기존 JAR 파일을 업데이트한다

위의 단계들을 통해서, Java 9 이전의 JAR를 모듈형 JAR로 만들 수 있다. 모듈 디스크립터는 추출된 클래스와 동일한 디렉토리에서 컴파일된다. 이렇게 하면 javac는 모듈 디스크립터에 언급된 기존 클래스와 패키지를 모두 볼 수 있으므로 에러가 발생하지 않는다. 라이브러리 소스에 접근하지 않고도 이 작업을 수행할 수 있다. 물론 캡슐화된 JDK API 사용을 피하기 위해 코드를 변경해야 하는 경우를 제외하고는 기존 코드를 다시 컴파일할 필요가 없다.

위의 단계를 통해 만들어진 모듈형 JAR 파일은 다양한 설정에서 사용할 수 있다.

⇒ Java 9 이전 버전의 클래스 패스 설정에서

⇒ Java 9 및 이후 버전의 모듈 패스 설정에서

⇒ Java 9의 클래스 패스 설정에서

이전 Java 버전에서 JAR가 클래스 패스에 놓이면 컴파일된 모듈 디스크립터는 무시된다. Java 9 이상에서 JAR가 모듈 패스에 위치한 경우에만 모듈 디스크립터가 동작한다.

Java 구버전 타겟팅하기

모듈 디스크립터 뿐만 아니라 라이브러리 소스를 컴파일해야 한다면 어떻게 해야 할까? 대부분의 경우 Java 9 이전 버전에서 동작하기를 원할 것이다. 다양한 방법으로 이를 달성할 수 있다.

첫 번째는 두 개의 JDK를 사용하여 소스와 모듈 디스크립터를 별도로 컴파일하는 것이다.

우리는 mylibrary가 Java 7 버전과 그 이후 버전에서 사용할 수 있기를 원한다. 이런 경우 라이브러리 소스 코드는 Java 7 이후에 도입된 기능이나 Java 7 이후에 추가된 API는 사용할 수 없

다. 두 개의 JDK를 사용하면 라이브러리 소스가 Java 7 이후 버전의 기능에 의존성이 없다는 것
도 확인하면서 모듈 디스크립터도 컴파일을 할 수 있다.

```
jdk7/bin/javac -d mylibrary <all sources except module-info>
jdk9/bin/javac -d mylibrary src/module-info.java
```

다시 말하지만 두 컴파일 명령은 동일한 출력 디렉토리를 가져야한다. 컴파일된 클래스는 이전 예
제와 마찬가지로 모듈형 JAR로 패키징될 수 있다. 여러 JDK를 관리하는 것은 약간 번거로울 수
있다. JDK 9에 추가된 새로운 기능을 사용하면 최신 JDK를 사용하여 이전 버전을 타겟으로 컴파
일 할 수 있다.

JDK 9에 추가된 --release 옵션을 사용하면 JDK 9만 사용하여 mylibrary 예제를 컴파일할 수
있다.

```
jdk9/bin/javac --release 7 -d mylibrary <all sources except module-info>
jdk9/bin/javac --release 9 -d mylibrary src/module-info.java
```

이 새로운 옵션은 실행하는 JDK를 기준으로 최소 3개 이전의 major 릴리즈를 지원한다. JDK 9
의 경우 이는 JDK 6, 7 및 8을 타겟으로 하여 컴파일할 수 있음을 의미한다. 추가 보너스로 라이
브러리 자체가 이전 릴리즈를 타겟으로 하는 경우에도 JDK 9 컴파일러에서 제공하는 버그 수정
및 최적화의 장점을 누릴 수 있다. 이전 버전의 Java를 지원해야 하는 경우 언제든지 여러 JDK를
사용할 수 있다.

---

release 옵션

--release 옵션은 JEP 247을 통해 추가되었다. 그 전에는 -source 및 -target 옵션을 사용할 수 있었다.
-source은 잘못된 레벨의 언어 기능을 사용하지 않았다는 점을 확인하게 해주며, -target은 생성된 바이트
코드가 올바른 Java 릴리즈를 따르고 있음을 확인하게 해준다. 그러나 이 옵션들은 타겟 JDK에 대한 API의
올바른 사용을 강제하지 않는다. JDK 8으로 컴파일할 때 -source 1.7 -target 1.7을 지정하고 코드에서
Java 8 API를 사용할 수 있다(람다와 같은 언어 기능은 금지된다). 물론 생성 된 바이트 코드는 새로운 Java
8 API를 제공하지 않기 때문에 JDK 7에서 실행되지 않는다. API 호환성을 확인하기 위해 Animal Sniffer와
같은 외부 도구를 사용해야 했다. --release 옵션을 사용하면 올바른 라이브러리 레벨이 Java 컴파일러에
의해 강제 적용되므로 여러 JDK를 더 이상 설치하고 관리할 필요가 없다.

라이브러리 모듈 의존성

지금까지는 마이그레이션할 라이브러리가 JDK 모듈 외에는 의존성이 없다고 가정했다. 하지만, 실제로 항상 그렇지는 않다. 라이브러리가 의존성을 갖는 주된 두 가지 이유가 있다.

1. 라이브러리가 다수의 JAR로 구성된 경우
2. 외부 라이브러리를 라이브러리로 사용하는 경우

첫 번째 경우에는 라이브러리 내의 JAR간에 의존성이 있다. 두 번째 경우에는 라이브러리가 다른 외부 JAR를 필요로 한다. 두 시나리오 모두 살펴보도록 하자.

내부 의존성

8 장에서 보았던 Jackson 라이브러리를 기반으로 하여 첫 번째 시나리오를 확인해 보자. Jackson은 여러 개의 JAR로 구성되어 있다. 이 예제는 그림 10-1과 같이 두 개의 Jackson JAR 와 의존성을 가지는 Jackson Databind을 기반으로 한다.

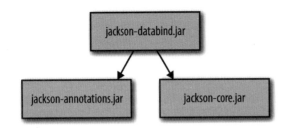

그림 10-1. 의존성을 가지는 세 개의 Jackson JAR

이러한 JAR를 현재의 바운더리를 유지하면서 모듈로 바꾸어야 한다. 운 좋게도 jdeps는 의존성을 가지는 JAR 파일에 대해 다수의 모듈 디스크립터를 한 번에 생성할 수 있다(↪ chapter10 / generate_module_descriptor_jackson).

```
jdeps --generate-module-info ./out *.jar
```

결과적으로 3개의 모듈 디스크립터가 생성된다.

```
module jackson.annotations {
        exports com.fasterxml.jackson.annotation;
```

```
}

module jackson.core {
        exports com.fasterxml.jackson.core;
        // 다른 모든 패키지에 대한 exports 구문은 생략한다.
        provides com.fasterxml.jackson.core.JsonFactory with
            com.fasterxml.jackson.core.JsonFactory;
}

module jackson.databind {
        requires transitive jackson.annotations;
        requires transitive jackson.core;
        requires java.desktop;
        requires java.logging;
        requires transitive java.sql;
        requires transitive java.xml;
        exports com.fasterxml.jackson.databind;
        // 다른 모든 패키지에 대한 exports 구문은 생략한다.
        provides com.fasterxml.jackson.core.ObjectCodec with
            com.fasterxml.jackson.databind.ObjectMapper;
}
```

마지막 두 모듈 디스크립터를 보면, jdeps도 서비스 provider를 고려한다는 것을 알 수 있다. JAR에 서비스 provider 파일(이 메커니즘에 대한 자세한 정보는 83 페이지의 "Java 9 이전의 ServiceLoader"를 확인 바란다)이 포함되어 있으면 provide … with 구문으로 변환된다.

 반면에, 서비스 uses 구문은 jdeps에 의해 자동으로 생성될 수 없다. 이는 라이브러리의 ServiceLoader 사용을 기반으로 수동으로 추가해야 한다.

jacksons.databind 디스크립터에는 jdeps 분석을 기반으로 적합한 플랫폼 모듈이 필요하며, 또한 동일한 실행에서 디스크립터를 생성하는 적합한 다른 Jackson 라이브러리 모듈이 필요하다. Jackson의 잠재 구조는 생성된 모듈 디스크립터에 자동으로 명시된다. 물론 모듈의 실제 API를 구분하는 어려운 작업은 Jackson 유지 관리자가 직접 해야 한다. 모든 패키지를 익스포트하는 것은 바람직하지 않다.

Jackson은 다수의 JAR로 구성된 이미 모듈화된 라이브러리 중 하나이다. 다른 라이브러리들은 다른 선택을 했다. 예를 들어 Google Guava는 모든 기능을 단일 JAR에 번들로 제공한다. Guava는 collection 구현의 대안부터 이벤트 버스에 이르기까지 독립적으로 동작하는 많은 유용한 기능을 모아서 제공한다. 하지만, 현재 이것을 사용하는 것은 양자 택일의 선택이다. Guava

관리자가 라이브러리를 모듈화하지 않았다고 언급한 주요 이유는 호환성이다. Guava에 의존성을 가지는 모든 것은 향후 버전에서도 지원되어야 한다.

전체 라이브러리를 나타내는 집합 모듈을 작성하는 것은 모듈 시스템에서 이를 수행하는 한 가지 방법이다. 109 페이지의 "모듈에 Facade 패턴 적용하기"에서 이 패턴에 대하여 추상적으로 논의했다. Guava의 경우 다음과 같이 보일 수 있다.

```
module com.google.guava {
    requires transitive com.google.guava.collections;
    requires transitive com.google.guava.eventbus;
    requires transitive com.google.guava.io;
    //.. 등등
}
```

그런 다음 각 개별 Guava 모듈은 해당 기능에 대한 관련 패키지를 익스포트한다. Guava 사용자는 이전과 마찬가지로 com.google.guava를 요청하고 모든 Guava 모듈을 일시적으로 가져올 수 있다. 묵시적인 가독성을 통해 작은 개별 모듈에서 익스포트한 모든 Guava 타입에 접근할 수 있다. 또는 애플리케이션에 필요한 개별 모듈만 요구할 수 있다. 이는 개발 시 사용 용이성과 런타임에 더 작은 설치 공간으로 이어지는 더 작은 해석된 의존성 그래프 사이의 익숙한 트레이드 오프이다.

> ### Guava 모듈의 이름 지정
>
> 이 가상의 예에서 우리는 com.google.guava라는 모듈 이름을 사용했다. 241 페이지의 "라이브러리 모듈 이름 선택하기"(가장 긴 공통 패키지 이름 사용)의 내용에 의하면 com.google.common이라는 모듈 이름이 적합하다. 이 모듈 이름을 Google Guava팀에서 사용하기로 결정한 이름이다. 모듈 이름과 포함된 패키지 사이의 연결이 이 이름으로 명확하게 보이지만 한편으로 생각하면 패키지의 구조가 그다지 좋지 않다고 생각할 수 있다.
>
> Guava 프로젝트인데 모듈 이름에 Guava가 포함되지 않는 것은 이상해 보인다. 이것은 좋은 이름을 고르는 것이 어렵다는 것을 다시 한번 보여준다. 이 과정에서 책임과 패키지 소유권에 대한 논의는 불가피하다.

라이브러리가 하나의 큰 JAR로 구성되면 모듈화 할 때 라이브러리를 분할하는 것을 고려해야 한다. 대부분의 경우 라이브러리의 유지 보수성이 향상되는 동시에 사용자는 자신이 원하는 API를 보다 구체적으로 지정할 수 있다. 집합 모듈을 통해 한 번에 모든 것에 의존하려는 사람들을 위한 이전 버전과의 호환성을 제공한다.

특히 API의 서로 다른 독립적인 부분이 각각 다른 외부 의존성을 가지는 경우 라이브러리를 모듈화하면 사용자에게 도움이 된다. 필요로 하는 API의 개별 부분만 요구하면 불필요한 의존성을 피할수 있다. 결과적으로, 사용하지 않는 API에 의해 발생하는 의존성으로 인한 부담을 피할 수 있다.

구체적인 예로, 39 페이지의 "묵시적 가독성"에서 언급했던 java.sql 모듈과 java.sql 모듈이 java.xml에 대하여 가지는 의존성을 생각해보자. 이 의존성은 SQLXML 인터페이스 때문에 발생한다. java.sql 모듈의 사용자 중에서 데이터베이스의 XML 기능을 사용하는 사람이 몇 명이나 될까? 아마도 그렇게 많지는 않을 것이다.

그럼에도 불구하고 java.sql의 모든 사용자는 해석된 모듈 그래프에서 강제적으로 java.xml을 얻는다. 기존의 java.sql을 java.sql과 java.sql.xml으로 분리하면 사용자가 선택하여 사용할 수 있다. java.sql.xml 모듈은 requires transitive java.xml과 requires transitive java.sql 구문을 사용하는 SQLXML 인터페이스를 포함한다. 이렇게 하면 java.sql 자체는 더 이상 java.xml을 요구하지 않아도 된다. XML 기능에 관심이 있는 사용자는 java.sql.xml을 요구할 수 있지만 다른 모든 사람들은 java.sql을 요구할 수 있다(모듈 그래프에서 java.xml을 사용하지 않아도 됨).

이를 위해서는 자체 패키지에 SQLXML을 넣는 변경이 필요하기 때문에 (패키지를 여러 모듈로 분할 할 수 없음) JDK에서는 옵션이 아니다. 이 패턴은 이미 다른 패키지에 있는 API에 적용하기가 쉽다. 외부 의존성을 기반으로 모듈을 분리하면 라이브러리 사용자에게 큰 도움이 될 수 있다.

외부 의존성

라이브러리 간의 내부 의존성은 모듈 디스크립터에서 처리 될 수 있으며 예비 모듈 디스크립터를 생성할 때 jdeps가 처리할 수도 있다. 그렇다면, 외부 라이브러리에 대한 의존성은 어떨까?

 이상적으로 라이브러리에는 외부 의존성이 없어야 한다(프레임워크는 전혀 다른 이야기이다). 하지만, 이런 이상적인 경우는 거의 없다고 봐야 한다.

이러한 외부 라이브러리가 명시적 Java 모듈인 경우 해결 방법은 매우 간단하다. 라이브러리의 모듈 디스크립터에 requires (transitive) 구문만 있으면 충분하다.

의존성이 아직 모듈화되지 않은 경우 어떻게 해야 할까? 모든 JAR를 자동 모듈로 사용할 수 있기 때문에 문제가 없다고 생각하기 쉽다. 하지만, 241 페이지 "라이브러리 모듈 이름 선택하기"에서 언급한 네이밍과 관련된 미묘한 문제가 있다. 라이브러리의 모듈 디스크립터에 있는 requires 구문에는 모듈 이름이 필요하다. 그러나 자동 모듈의 이름은 JAR 파일 이름에 따라 달라지며 JAR

파일 이름은 완전히 제어할 수 없다. 모듈 이름은 나중에 변경될 수 있으며 모듈 이름이 변경되는 경우 라이브러리와 현재 모듈화된 버전의 외부 의존성을 사용하는 애플리케이션에서 모듈 해석을 할 때 문제가 발생할 수 있다.

이 문제에 대한 확실한 해결책은 없다. 외부 의존성에 대하여 requires 구문을 추가하는 것은 모듈 이름이 안정적이라고 확신할 수 있을 때만 수행해야 한다. 이를 보장하는 한 가지 방법은 manifest의 Automatic-Module-Name 항목으로 모듈 이름을 요구하도록 외부 의존성의 관리 자에게 요청하는 것이다. 앞에서 보았듯이 이것은 상대적으로 작고 위험도가 낮은 변화이다. 그런 다음, 이 안정적인 이름으로 자동 모듈을 안전하게 참조할 수 있다. 또는 외부 의존성을 완전히 모듈화하도록 요청할 수 있다. 이 작업은 더 많은 작업과 노력을 필요로 한다. 다른 방법들은 불 안정한 모듈 이름으로 인해 실패할 수 있다.

 Maven Central은 안정적인 이름이 없는 자동 모듈을 참조하는 모듈을 퍼블리싱하지 않는다. 라이브 러리는 Automatic-Module-Name manifest 항목이 있는 자동 모듈만 요청할 수 있다.

외부 의존성을 관리하기 위해 여러 라이브러리에서는 의존성 쉐이딩(dependency shading)이 라는 방법을 사용한다. 이 아이디어는 외부 코드를 라이브러리에 추가하여 외부 의존성을 피하 는 것이다. 간단히 말해, 외부 의존성의 클래스 파일은 라이브러리 JAR에 복사한다. 원래 외 부 의존성이 클래스 패스에 있는 경우 발생할 수 있는 이름 충돌을 방지하기 위해 패키지는 인라 인 프로세스 중에 이름이 변경된다. 예를 들어, org.apache.commons.lang3의 클래스는 com. javamodularity.mylibrary.org.apache.commons.lang3으로 변경되어 처리된다. 이 모든 작업 은 자동화되어 있으며 바이트 코드 생성 후 빌드 타임에 발생한다. 이렇게 하면 긴 패키지 이름이 실제 소스 코드에 들어가지 않는다. 의존성 쉐이딩은 여전히 모듈을 사용할 수 있는 옵션이다. 그 러나 라이브러리 내부의 의존성에 대해서만 사용하기를 권장된다. 쉐이딩 된 패키지를 익스포트 하거나, 익스포트된 API에서 쉐이딩된 타입을 노출하는 것은 권장하지 않는다.

이 단계가 끝나면 라이브러리의 내부 및 외부 의존성을 모두 제어할 수 있다. 이 시점에서 우리의 라이브러리는 지원하려는 Java의 최소 버전을 타겟으로 하는 모듈 또는 모듈 집합일 것이다. 하 지만 라이브러리의 구현이 Java의 새로운 기능을 사용할 수 있으면서, 여전히 지원하려는 최소 Java 버전에서 실행이 가능하다면 좋지 않을까?

다양한 Java 버전 타겟팅

라이브러리 구현에서 새로운 Java API를 사용하면서 구 버전과의 호환성을 유지하기 위한 한 가지 방법은 새로운 Java API를 선택적으로 사용하는 것이다. 119 페이지 "선택적 의존성"에 설명된 시나리오와 마찬가지로 새 플랫폼 API를 사용할 수 있는 경우, 리플렉션을 이용하면 새 플랫폼 API를 찾을 수 있다. 불행히도 이 경우 유지 관리하기 어려운 코드가 된다. 또한 이 방법은 새로운 플랫폼 API를 사용하는 경우에만 동작한다. 라이브러리 구현에서 언어에서 제공하는 새로운 기능을 사용하는 것은 여전히 불가능하다. 예를 들어, Java 7 호환성을 유지하면서 라이브러리에서 람다를 사용하는 것은 불가능하다. 또 다른 대안은 다양한 Java 버전을 타겟으로 하는 동일한 라이브러리의 여러 버전을 유지 관리하고 릴리즈하는 것인데 별로 좋은 생각이 아니다.

다중 릴리즈 JAR

Java 9에 새로운 도입된 기능 중에 "다중 릴리즈 JAR 파일"이 있다. 이 기능을 사용하면 동일한 클래스 파일의 다양한 버전을 하나의 JAR 내에 패키징할 수 있다. 동일한 클래스의 다양한 버전은 다수의 주요 Java 플랫폼 버전에 대해 빌드될 수 있다. 런타임에 JVM은 현재 환경에 가장 적합한 버전의 클래스를 로드한다.

이 기능은 모듈 시스템과는 독립적이지만 모듈형 JAR에서도 잘 동작한다는 점을 기억하자. 다중 릴리즈 JAR를 사용하면 라이브러리에서 최신의 사용 가능한 플랫폼 API 및 언어 기능을 사용할 수 있다. 구버전의 Java 사용자는 동일한 다중 릴리즈 JAR의 이전 버전의 구현을 사용할 수 있다.

JAR 파일이 특정 레이아웃을 따르고 manifest에 Multi-Release : true 항목이 있는 경우 다중 릴리즈가 활성화된다. 새 버전의 클래스는 META-INF/versions/〈n〉 디렉토리에 있어야한다. 여기서 〈n〉은 주요 Java 플랫폼 버전에 해당한다. 중간 버전 또는 패치 버전을 위해 특별히 클래스를 버전화 할 수는 없다.

 모든 목록 항목과 마찬가지로 Multi-Release:true 항목에는 앞뒤 공백이 없어야 한다. 항목의 키와 값은 대소 문자를 구분하지 않는다.

다중 릴리즈 JAR의 구성의 예시는 다음과 같다(↳ chapter10 / multirelease).

```
mrlib.jar
├── META-INF
│   ├── MANIFEST.MF
│   └── versions
│       └── 9
│           └── mrlib
│               └── Helper.class
└── mrlib
    ├── Helper.class
    └── Main.class
```

위의 예시는 2 개의 최상위 클래스 파일을 가진 간단한 JAR 파일이다. 또한 Helper 클래스는 META-INF/versions/9 디렉토리에 Java 9 기능을 사용하는 대체 버전이 있다. 정규화된 이름은 완전히 동일하다. 라이브러리 사용자의 관점에서 JAR 파일로 표현되는 라이브러리의 릴리즈 버전은 하나뿐이다. 다중 릴리즈 기능의 내부적 사용은 그러한 기대를 저버려서는 안된다. 따라서 모든 클래스는 모든 버전에서 완전히 동일한 public 시그니쳐(signature)를 가져야한다. Java 런타임은 이런 사항을 체크하지 않기 때문에 개발자와 도구의 부담이 커진다.

Helper의 Java 9 관련 버전을 만드는 데는 여러 가지 이유가 있다. 먼저, Helper 클래스의 오리지널 구현에서 Java 9에서 제거되거나 캡슐화된 API를 사용하는 경우가 있다(즉 Java 9에서는 사용할 수 없는 API를 사용하는 것이다). 이런 경우, Java 9 전용 Helper 버전은 이전 JDK에서 사용된 오리지널 구현은 수정하지 않고 Java 9에 도입된 대체 API를 사용할 수 있게 해준다. 또한, Helper의 Java 9 버전은 더 빠르고 편리한 새로운 기능을 사용할 수 있게 해준다.

대체 클래스 파일은 META-INF 디렉토리에 있으므로 이전 JDK에서는 무시된다. 그러나 JDK 9에서 실행될 때 이 클래스 파일은 최상위 Helper 클래스 대신 로드된다. 이 메커니즘은 클래스 패스와 모듈 패스에서 모두 동작한다. JDK 9의 모든 클래스 로더는 다중 릴리즈 JAR를 인식하도록 만들어졌다. 다중 릴리즈 JAR는 JDK 9에서 도입되었기 때문에 versions 디렉토리는 9 이상의 숫자만 사용할 수 있다. 이전의 JDK에서는 최상위 클래스만 볼 수 있다.

서로 다른 소스를 다른 --release 옵션으로 컴파일하여 다중 릴리즈 JAR를 쉽게 만들 수 있다.

```
javac --release 7 -d mrlib/7 src/<all top-level sources> ❶
javac --release 9 -d mrlib/9 src9/mrlib/Helper.java      ❷
jar -cfe mrlib.jar src/META-INF/MANIFEST.MF -C mrlib/7 . ❸
jar -uf mrlib.jar --release 9 -C mrlib/9 .               ❹
```

❶ 모든 일반 소스를 최소 릴리즈 레벨로 컴파일한다

❷ Java 9 전용 코드를 별도로 컴파일한다

❸ 올바른 Manifest와 최상위 레벨 클래스가 있는 JAR 파일을 생성한다.

❹ --release 옵션으로 JAR 파일을 업데이트하여 Java 9 전용 클래스 파일을 META-INF/versions/9 디렉토리에 넣는다.

이 경우, Java 9 전용 Helper 버전은 src9 디렉토리에서 제공된다. 결과적으로 JAR는 Java 7 이상에서 작동한다. Java 9에서 실행될 때만 Java 9용으로 컴파일된 Helper 버전이 로드된다.

버전이 부여된 클래스의 수를 최소화하는 것이 좋다. 버전 관리를 해야 하는 클래스가 적을 수록 유지관리 부담이 줄어든다. JAR에 있는 대부분의 클래스를 버전 관리하는 것은 바람직하지 않다.

Java 10이 출시되면 해당 Java 버전에 대한 특정 Helper 구현을 사용하여 mrlib 라이브러리를 확장할 수 있다.

```
mrlib.jar
├── META-INF
│   └── versions
│       ├── 10
│       │   └── mrlib
│       │       └── Helper.class
│       └── 9
│           └── mrlib
│               └── Helper.class
├── mrlib
│   ├── Helper.class
│   └── Main.class
```

Java 8 이하에서 이 다중 릴리즈 JAR를 실행하면 이전과 마찬가지로 최상위 클래스를 사용하여 작동한다. Java 9에서 실행하면 versions/9의 Helper가 사용된다. 그러나 Java 10에서 실행하면 versions/10에서 가장 알맞은 Helper 항목이 로드된다. 현재 JVM은 항상 가장 최근 버전의 클래스를 로드한다(Java 런타임 자체의 버전 까지만). 리소스는 클래스와 동일한 규칙을 따른다. versions 디렉토리에 서로 다른 JDK 버전에 대한 특정 리소스를 넣을 수 있으며 클래스와 동일한 순서로 로드된다.

versions 아래 있는 모든 클래스는 최상위 레벨에도 있어야 한다. 그러나 각 버전마다 특정 구현이 필요하지는 않는다. 앞의 예에서 versions/9 디렉토리 밑에 있는 Helper를 제외해도 괜찮다. Java 9에서 라이브러리를 실행하면 최상위 구현으로 돌아가며 특정 버전은 Java 10이상에서만 사용된다.

모듈형 다중 릴리즈 JAR

다중 릴리즈 JAR도 모듈형일 수 있다. 최상위 레벨에 모듈 디스크립터를 추가하면 된다. 앞에서 설명했듯이 Java 9 이전 런타임에서 JAR를 사용하면 module-info.class가 무시된다. 또한 모듈 디스크립터를 versions/9 디렉토리에 배치할 수도 있다.

그렇다면, module-info.class의 다른 버전을 가질 수 있는지 궁금할 수 있다. 실제로 version/9 및 version/10 디렉토리에 모듈 디스크립터를 배치하여 버전별로 모듈 디스크립터를 사용할 수 있다. 모듈 디스크립터 사이에 허용되는 차이는 아주 작다. 이러한 차이점은 다른 버전의 일반 클래스가 동일한 시그니쳐(signature)를 가져야하는 것과 마찬가지로 Java 버전에서 확인 가능한 동작 차이를 발생시켜서는 안된다.

실제로 버전 관리 된 모듈 디스크립터에는 다음 규칙이 적용된다.

⇒ 오직 java. * 및 jdk. * 모듈에 대한 requires 구문만 다를 수 있다(requires transitive 구문 제외).
⇒ 서비스 uses 구문은 서비스 타입에 관계없이 다를 수 있다.

다중 릴리즈 JAR가 다양한 JDK에서 사용될 때 다양한 플랫폼 모듈에 대한 서비스 사용이나 내부 의존성에서 확인 가능한 차이는 발생하지 않는다. 버전 간 모듈 디스크립터에서 위의 항목 외에 다른 변경은 허용되지 않는다. requires transitive 구문을 추가(또는 제거)해야 하는 경우에는 모듈의 API가 변경된다. 이는 다중 릴리즈 JAR가 지원하는 범위를 벗어난다. 이 경우 전체 라이브러리 자체의 새로운 릴리즈가 순서대로 제공된다.

만약 여러분이 라이브러리 관리자라면, 작업을 단계별로 진행해야 된다. 먼저 모듈 이름을 결정하고 Automatic-Module-Name을 사용하여 모듈 이름을 지정해야 한다. 이제 사용자가 라이브러리를 자동 모듈로 사용할 수 있으므로 다음 단계로 이동하여 라이브러리를 모듈화하면 된다. 마지막으로 다중 릴리즈 JAR는 이전 Java 버전과의 호환성을 유지하면서 라이브러리 구현 시 Java 9 기능 사용에 대한 장벽을 낮춘다.

part **3**

모듈 개발을 위한 도구

chapter 11
빌드 도구와 IDE

이 책에서는 커맨드라인에서 직접 java와 javac로 작업했다. 이 방법은 요즘 애플리케이션을 구축할 때 사용하지 않는 방식이다. 대부분의 프로젝트는 Maven 또는 Gradle과 같은 도구를 사용하여 빌드한다. 이러한 빌드 도구는 컴파일 중 클래스 패스 관리, 의존성 관리 및 JAR 파일과 같은 빌드 아티팩트 등의 문제를 알아서 처리해준다. 또한 대부분의 개발자는 Eclipse, IntelliJ IDEA 또는 NetBeans와 같은 IDE를 사용한다. IDE는 코드 자동 완성, 에러 강조 표시, 리팩토링 및 코드 탐색과 같은 기능을 제공하여 개발을 보다 쉽게 만들어준다.

빌드 도구와 IDE는 모두 주어진 컨텍스트에서 사용 가능한 타입이 어떤 건지 알아야한다. 빌드 도구는 전통적으로 클래스 패스와 상호 작용하여 이를 확인했다. 이런 방식은 Java 모듈 시스템의 도입에 따라 큰 변화가 생겼다. 더 이상 클래스 패스가 사용 가능한 타입을 제어하는 유일한 메커니즘이 아니다. 빌드 도구는 이제 모듈 패스도 함께 고려해야 한다. 또한 명시적 모듈, 클래스 패스 및 자동 모듈들이 혼합되어 있을 수 있다. 글을 쓰는 시점에 도구 에코 시스템은 Java 9을 지원하기 위하여 열심히 노력하고 있었다. 이 장에서는 사용 가능한 도구 중 일부를 소개하고 이러한 도구들이 Java 모듈 시스템을 어떻게 지원하는지 그리고 가까운 미래에 어떻게 변화될지 논의해보자.

Apache Maven

Maven을 사용하여 단일 모듈 프로젝트를 빌드하는 것은 간단하다. 지금부터 하나씩 해보겠지만 코드 또는 환경설정을 제시하지는 않는다. 예제는 GitHub 저장소에 있다(↳ chapter11 / single-module).

module-info.java를 프로젝트의 src/main/java 디렉토리에 위치하면 Maven은 모듈 소스 패스를 사용하도록 컴파일러를 설정한다. 모듈 의존성이 아직 모듈화되지 않은 경우에도 의존성은 항상 모듈 패스에 적용된다. 즉, 모듈이 아닌 의존성은 항상 자동 모듈로 처리된다.

이것은 8장과 9장에서 언급했던 클래스 패스와 모듈 패스를 혼합하여 사용한 것과는 다르다. 모듈 패스에 모든 것을 넣으면 나중에 발생할 수 있는 문제를 지금은 덮어두는 것이지만, 두 방법 모두 괜찮다. 프로젝트의 결과가 모듈형 JAR라는 사실 외에는 딱히 볼 것이 별로 없다. Maven은 이 문제를 잘 처리한다.

겉으로 보기에는 별거 없이 보이지만 내부적으로 많은 일이 일어나고 있다. 이제 Apache Maven은 Java 모듈 시스템의 규칙을 고려해야 한다. Java 모듈 시스템을 지원하기 위한 Apache Maven의 중요한 변경 사항은 다음과 같다.

⇒ 컴파일하는 동안 모듈 패스를 사용한다.

⇒ 의존성 요소로써 명시적 모듈과 자동 모듈의 조합을 지원한다.

흥미롭게도 위 목록에는 POM을 module-info.java와 통합하는 것에 대한 내용은 포함되어 있지 않지만 POM의 의존성과 module-info.java의 requires 구문 사이에는 명확한 관계가 있다. 처음 보는 것처럼 이상하게 보이지는 않을 것이다. Apache Maven은 모듈 패스와 클래스 패스만을 설정한다. Java 컴파일러는 이 입력을 가져 와서 소스(module-info.java 포함)를 컴파일하는 데 사용한다. Apache Maven은 이 책에서 사용하고있는 쉘 스크립트를 대체할 수 있지만 Java 컴파일러를 대체하지는 않는다. 분명히, 둘 다 필요하지만 Maven이 module-info.java를 생성하지 않는 이유는 무엇일까? 이것은 모듈의 명명 규칙과 관련이 있다.

실제 동작을 위해서는 다음과 같은 세 가지 이름이 필요하다.

⇒ module-info.java에 정의된 모듈 이름

⇒ pom.xml에 정의된 Maven 프로젝트 이름

⇒ Maven에 의해 생성된 JAR 파일 이름

다른 module-info.java 파일에서 모듈을 참조할 때 모듈 이름을 사용한다. Maven 이름은 pom.

xml에서 Maven 레벨의 모듈에 의존성을 추가할 때 사용된다. 마지막으로, Maven 빌드에 의해 생성된 JAR 파일은 배포를 위해 제공될 것이다.

Maven에서 Maven coordinate라고 알려진 모듈 이름은 groupId:artifactId:version의 세 부분으로 구성된다. groupId는 네임 스페이스에 사용된다. 여러 모듈로 구성된 많은 프로젝트가 존재하며 groupId는 이들을 논리적으로 결합시킨다. 일반적으로 groupId는 프로젝트의 역 도메인 이름이다. artifactId는 모듈의 이름이다. 불행히도, 다양한 프로젝트에서 서로 다른 명명 규칙을 사용한다. 경우에 따라 프로젝트 이름이 artifactId에 포함되는 경우가 있다. 마지막으로, Maven 모듈의 버전이 지정된다.

Java 모듈 시스템의 모듈에는 groupId가 없으며 버전 정보를 사용하지 않는다. public 모듈의 경우 프로젝트의 역 도메인 이름을 모듈 이름에 포함시키는 것이 좋다. 어쨌든 Maven 모듈 이름, Java 모듈 시스템 모듈 이름 그리고 Maven 아티팩트 이름은 다소 관련은 있지만 동일하지는 않다. 그림 11-1에서 이에 대해 설명하고 있다.

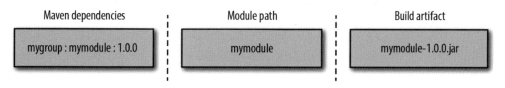

그림 11-1. 아티팩트 명명 규칙

의존성을 추가하려면 2 단계의 접근방법이 필요하다. 먼저 groupname:artifactname:version 형식으로 Apache Maven coordinate를 사용하여 모듈을 나타내는 Maven 아티팩트에 의존성을 추가해야 한다. 이것은 Java 모듈 시스템 이전의 Apache Maven과 다른 점이 없다. 두 번째로, 의존성은 module-info.java에 requires 구문으로 추가되어 해당 모듈에서 익스포트된 타입을 코드에서 사용할 수 있어야 한다. POM 파일에 의존성을 추가하지 않으면 컴파일러가 모듈을 찾을 수 없기 때문에 requires 구문에서 실패한다. module-info.java에 의존성을 추가하지 않았다면 의존성은 효과적으로 사용되지 않을 것이다.

두 군데에서 의존성을 참조하기 때문에 모듈 이름이 반드시 Apache Maven의 group:artifact:version coordinate와 동일할 필요는 없다. 의존성은 명시적 모듈일 수도 있고 그렇지 않을 수도 있다. module-info.class가 없으면 의존성이 자동 모듈이 된다. 이는 사용자에게 큰 의미가 없다. Apache Maven 사용자의 관점에서 보면 명시적 모듈을 사용하든 자동 모듈을 사용하든 차이가 없다.

다음 섹션에서 멀티 모듈 프로젝트의 완전한 코드 예제를 살펴보겠다.

다중 모듈 프로젝트

Java 모듈 시스템 이전에는 Apache Maven을 사용하여 다중 모듈 프로젝트를 만드는 것이 일반적인 방법이었다. Java 모듈 시스템이 제공하는 강력한 제약 조건 없이도 모듈형 프로젝트를 훌륭하게 시작할 수 있었다. 멀티 모듈 프로젝트의 각 모듈에는 XML 형식의 Maven 관련 빌드 디스크립터인 자체 POM이 있었다. POM에서 모듈의 의존성이 설정된다. 여기에는 외부 라이브러리에 대한 의존성 뿐만 아니라 프로젝트의 다른 모듈에 대한 의존성도 포함된다. 모듈에서 사용되는 모든 타입은 모듈 자체, JDK 또는 명시적으로 구성된 의존성의 일부여야 한다. 개념적으로 이것은 Java 모듈 시스템에서 본 것과 크게 다르지 않다.

멀티 모듈 프로젝트가 Apache Maven에서 특별한 것은 아니었지만 Java 9 이전 환경에서 모듈이 정확히 무엇인지 궁금할 수 있다. 모듈의 표현은 Apache Maven에서 생성되는 일반적인 아티팩트인 JAR 파일이다. 컴파일 시, Maven은 의존성으로 설정된 JAR 파일만 포함하도록 클래스패스를 설정한다. 이렇게 하면 모듈 디스크립터에서 requires 구문을 사용하여 Java 모듈 시스템이 실행하는 것과 유사한 동작을 에뮬레이트할 수 있다.

Java 모듈 시스템 없는 경우, Apache Maven은 강력한 패키지 캡슐화를 지원하지 못한다. 다른 모듈과의 의존성이 설정되면, 해당 모듈의 모든 타입을 읽을 수 있다.

EasyText에 Apache Maven 적용하기

이 섹션에서는 3장에서 소개한 EasyText를 Maven으로 마이그레이션하는 과정을 설명한다. 코드 자체는 변경되지 않으므로 여기에서 따로 소개하지는 않겠다.

우선, EasyText 디렉토리 구조가 Apache Maven의 표준 디렉토리 구조와 일치하도록 변경한다. 각 모듈은 모듈 자체의 디렉토리를 가지고 있으며, 루트에는 pom.xml이 있고, src/main/java에는 모듈의 소스파일 (module-info.java 포함)이 있다. 또한 프로젝트의 루트에 있는 pom.xml을 주목하자. 이것은 하나의 명령으로 모든 모듈을 컴파일 할 수 있는 부모 POM이다. 다음은 디렉토리 구조이다.

```
├── algorithm.api
│   ├── pom.xml
│   └── src
│       └── main
│           └── java
├── algorithm.coleman
│   ├── pom.xml
│   └── src
│       └── main
│           └── java
├── algorithm.kincaid
│   ├── pom.xml
│   └── src
│       └── main
│           └── java
├── algorithm.naivesyllablecounter
│   ├── pom.xml
│   └── src
│       └── main
│           └── java
├── algorithm.nextgensyllablecounter
│   ├── pom.xml
│   └── src
│       └── main
│           └── java
├── cli
│   ├── pom.xml
│   └── src
│       └── main
│           ├── java
│           └── resources
├── gui
│   ├── pom.xml
│   └── src
│       └── main
│           └── java
└── pom.xml
```

부모 POM에는 실제 모듈인 하위 프로젝트에 대한 참조가 들어 있다. 또한 Java 9을 사용하도록 컴파일러 플러그인을 구성한다. 예제 11-1은 pom.xml 파일에서 관심을 가져야 하는 부분에 대하여 보여주고 있다.

```
<modules>
    <module>algorithm.api</module>
    <module>algorithm.coleman</module>
    <module>algorithm.kincaid</module>
    <module>algorithm.naivesyllablecounter</module>
    <module>algorithm.nextgensyllablecounter</module>
    <module>gui</module>
    <module>cli</module>
</modules>

<build>
    <pluginManagement>
        <plugins>
            <plugin>
                <groupId>org.apache.maven.plugins</groupId>
                <artifactId>maven-compiler-plugin</artifactId>
                <version>3.6.1</version>
                <configuration>
                    <release>9</release>
                </configuration>
            </plugin>
        </plugins>
    </pluginManagement>
</build>
```

modules 섹션은 새로운 것은 아니며 Java 모듈 시스템과 직접 관련은 없다. 모듈 자체는 모두 자신의 pom.xml 파일을 가지고 있다. 그 안에는 모듈의 Apache Maven coordinate(groupId, artifactId, version)와 의존성이 지정되어 있다. easytext.algorithm.api와 easytext. algorithm.kincaid 두 가지를 살펴 보겠다. API 모듈에는 의존성이 없으므로 예제 11-2에서 볼 수 있듯이 pom.xml은 간단하다.

```
<parent>
    <groupId>easytext</groupId>
    <artifactId>parent</artifactId>
    <version>1.0-SNAPSHOT</version>
</parent>

<artifactId>algorithm.api</artifactId>

<name>Algorithm API</name>
```

module-info.java에서 모듈은 예제 11-3과 같이 정의된다.

예제 11-3. module-info.java (↳ chapter11/multi-module/algorithm.api)

```
module easytext.algorithm.api {
    exports javamodularity.easytext.algorithm.api;
}
```

기술적으로 group/artifact 이름은 모듈의 module-info.java에 지정된 모듈 이름과 관련이 없다. 그들은 완전히 다를 수 있다. 어쨌든, pom.xml 파일에 의존성을 생성 할 때 Apache Maven coordinate를 사용할 필요가 있다는 것을 기억하자. module-info.java에 모듈이 필요하면 다른 모듈의 module-info.java에 지정된 이름을 사용해야 한다. Apache Maven coordinate는 해당 레벨에서 어떤 역할도 하지 않는다. 또한 디렉토리 이름이 모듈 이름과 같을 필요는 없다는 점에 유의하자.

빌드를 실행하면 target/algorithm.api-1.0-SNAPSHOT.jar가 생성된다.

이제 easytext.algorithm.api를 사용하는 모듈로 넘어가보자. 이 경우, 예제 11-4와 같이 모듈의 pom.xml에 의존성을 추가해야하고, module-info.java에 requires 구문을 추가해야 한다.

예제 11-4. pom.xml (↳ chapter11/multi-module/algorithm.kincaid)

```xml
<groupId>easytext</groupId>
    <artifactId>algorithm.kincaid</artifactId>
    <packaging>jar</packaging>
    <version>1.0-SNAPSHOT</version>
    <name>algorithm.kincaid</name>

    <parent>
        <groupId>easytext</groupId>
        <artifactId>parent</artifactId>
        <version>1.0-SNAPSHOT</version>
    </parent>

    <dependencies>
        <dependency>
            <groupId>easytext</groupId>
            <artifactId>algorithm.api</artifactId>
            <version>${project.version}</version>
        </dependency>
    </dependencies>
</project>
```

예제 11-5와 같이 module-info.java에서 requires 구문을 확인할 수 있다.

예제 11-5. module-info.java (↳ chapter11/multi-module/algorithm.kincaid)

```
module easytext.algorithm.kincaid {
    requires easytext.algorithm.api;

    provides javamodularity.easytext.algorithm.api.Analyzer
            with javamodularity.easytext.algorithm.kincaid.KincaidAnalyzer;

    uses javamodularity.easytext.algorithm.api.SyllableCounter;
}
```

pom.xml의 의존성을 제거하거나 module-info.java의 requires 구문을 제거하면 컴파일 에러가 발생한다. 정확한 이유는 약간 다르다. pom.xml에서 의존성을 제거하면 다음과 같은 에러가 발생한다.

```
module not found: easytext.algorithm.api
```

requires 구문을 제거하면 다음과 같은 에러가 발생한다.

```
package javamodularity.easytext.algorithm.api is not visible
```

앞에서 설명한 것처럼 Apache Maven은 모듈 패스만 구성한다. Apache Maven 의존성은 module-info.java의 requires 구문과 다른 레벨에서 작동한다.

예전에 Apache Maven을 사용해 본 적이 있다면 pom.xml 파일이 익숙할 것이다. Java 모듈 시스템으로 작업할 때 Apache Maven에는 새로운 구문이나 설정이 필요하지 않다.

이 예제는 제대로 모듈화된 Apache Maven 애플리케이션이 Java 모듈 시스템으로 쉽게 마이그레이션될 수 있음을 보여준다. 기본적으로 module-info.java 파일을 추가하면 된다. 그 결과 캡슐화와 훨씬 더 강력한 런타임 모델을 얻을 수 있다.

Apache Maven으로 모듈형 애플리케이션 실행하기

예제 프로젝트가 Apache Maven에 의해 빌드되도록 구성을 하였고, 이제는 어떻게 실행하면 되는지 알아보자. Maven은 빌드 도구일 뿐이며 런타임에는 아무런 역할을 하지 않는다. Maven은 우리가 실행시키려는 아티팩트를 빌드하지만 결국에는 올바른 모듈 패스 및 클래스 패스와 실행되도록 직접 Java 런타임을 구성해야 한다.

모듈 패스를 수동으로 설정하는 것이 클래스 패스를 설정하는 것보다는 훨씬 쉽지만 정보가 이미 pom.xml 파일에 있기 때문에 여전히 중복 작업이다. Maven에는 이 프로세스에 도움이 되는 exec 플러그인이 있다. 이것은 모듈 패스만 설정을 하고, 런타임 옵션으로 제공되지는 않는다. 모듈 패스는 pom.xml에 나열된 의존성을 기반으로 구성된다. 실행할 플러그인 모듈과 메인 클래스만으로 플러그인을 구성해야 한다. 예제 11-6은 CLI 모듈의 구성을 제공한다.

예제 11-6. pom.xml (↳ chapter11/multi-module/algorithm.cli)

```xml
<build>
    <plugins>
        <plugin>
            <groupId>org.codehaus.mojo</groupId>
            <artifactId>exec-maven-plugin</artifactId>
            <version>1.6.0</version>
            <executions>
                <execution>
                    <goals>
                        <goal>exec</goal>
                    </goals>
                </execution>
            </executions>
            <configuration>
                <executable>${JAVA_HOME}/bin/java</executable>
                <arguments>
                    <argument>--module-path</argument>
                    <modulepath/>
                    <argument>--module</argument>
                    <argument>easytext.cli/javamodularity.easytext.cli.Main</argument>
                    <argument>${easytext.file}</argument>
                </arguments>
            </configuration>
        </plugin>
    </plugins>
</build>
```

exec 명령을 사용하여 플러그인을 실행하면 애플리케이션을 시작할 수 있다.

```
mvn exec:exec
```

Gradle

불행하게도 이 글을 쓰는 시점에서는 Gradle이 공식적으로 Java 모듈 시스템 지원을 하지 않고 있었다. 앞으로 지원할 것이라고 예상되며 아마 Maven과 유사한 형태로 지원할 것이다. 코드를 모듈화할 때 Gradle은 이미 훌륭한 형태를 유지하고 있다. 다중 모듈 프로젝트에 대한 지원도 훌륭하다. 이는 차후 Java 모듈 시스템을 지원할 때를 생각하면 좋은 상황이라고 할 수 있다.

IDE

IntelliJ, Eclipse 및 NetBeans와 같은 IDE들은 모두 Java 9가 공식 릴리즈되기 이전부터 Java 모듈 시스템을 지원했다. Java 모듈 시스템을 지원하기 위한 IDE의 가장 중요한 기능은 module-info.java에서 requires 및 exports 구문에 대한 지원일 것이다. 이 키워드는 모듈에서 사용할 수 있는 타입을 제어하며 IDE는 구문 완성, 에러 표시 및 모듈 의존성 제안을 위해 이 타입들을 사용해야 한다. 3 개의 IDE 모두 이러한 기능을 지원한다. 이는 Java 모듈이 IDE의 프로젝트, 작업 영역 및 모듈에 매핑되는 방식과 밀접하게 관련된다. 각 IDE에는 자체 구조가 있으며 Java 모듈은 이 구조에 매핑되어야 한다.

Eclipse에서 각 프로젝트는 module-info.java를 포함한다고 가정하고 모듈을 표시한다. 항상, 프로젝트는 workspace로 그룹화된다. IntelliJ와 NetBeans 모두 모듈이라는 자체 개념을 이미 가지고 있었으며 이제는 Java 모듈 시스템의 모듈에 직접 매핑된다.

module-info.java 파일 수정은 세 IDE 모두에서 지원된다. 여기에는 모듈 이름에 대한 에러 표시 및 구문 완성도 포함된다. 일부 IDE는 모듈 디스크립터를 기반으로 하여 시각적으로 모듈 그래프를 표현해준다.

사용자들이 알수는 없지만 프로젝트 구조를 관리할 때 IDE에 몇 가지 중복이 분명히 존재한다. IDE는 모듈(또는 Eclipse의 경우 프로젝트)의 내부 표현을 가지고 있다. 과거에는 이 모델을 Maven 또는 Gradle과 같은 외부 모델과 동기화할 수 있었다. Java 모듈 시스템 모델은 이제 모듈 표현의 세 번째 레벨이다. 물론 IDE는 이 사실을 숨기지만 더 깊게 파고 들면 다소 혼란 스러울 수 있다. 그림 11-2는 Maven과 module-info.java를 사용하여 IDE 내에서 프로젝트를 구성하는 방법을 설명하고 있다. 앞으로 Gradle에서도 마찬가지 일 것이다.

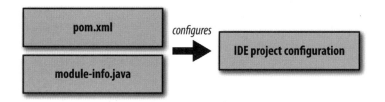

그림 11-2. IDE에서 가시성 설정.

향후 릴리즈에서는 리팩토링, 힌트 및 모듈 마이그레이션을 IDE에서 훨씬 효과적으로 지원할 것으로 기대하고 있다.

chapter 12

모듈 테스트

모듈식 코드를 작성할 때는 테스트가 포함되어야 한다. Java 커뮤니티는 항상 자동화된 테스트 문화를 권장해왔다. 단위 테스트는 Java 소프트웨어 개발에 큰 역할을 하고 있다.

모듈 시스템이 기존의 테스트 방법에 미치는 영향은 무엇일까? 우리는 모듈 내부 코드를 테스트할 수 있기를 원한다. 이 장에서는 두 가지 일반적인 시나리오를 살펴보겠다.

블랙박스 테스트

모듈 외부에서 테스트를 수행한다. 블랙박스 테스트는 내부에 대한 지식없이 모듈의 public API를 사용한다. 단일 모듈을 대상으로 테스트할 수도 있으며, 한 번에 여러 모듈을 대상으로 테스트할 수도 있다. 따라서 이러한 테스트를 모듈의 통합 테스트로 특성화할 수도 있다.

화이트박스 테스트

모듈 내부에서 테스트를 수행한다. 블랙박스 테스트와 달리, 화이트박스 테스트는 모듈 내부에 대한 지식이 필요하다. 이 테스트는 일반적으로 단일 클래스 또는 메소드를 독립적으로 테스트하는 단위 테스트이다.

다른 테스트 시나리오도 가능하지만 이 두 가지 테스트가 실제 개발 업무에서 사용되는 테스트 시나리오의 많은 부분을 차지하고 있다. 블랙박스 테스트는 테스트할 수 있는 범위가 제한적이지만 public API를 사용하기 때문에 더 안정적이다. 반대로, 화이트박스 테스트는 유지 관리에 신경을 써야 하는 리스크가 있지만 내부의 세부사항을 보다 쉽게 테스트할 수 있다.

이 장에서는 테스트와 모듈 시스템 간의 상호 작용에 초점을 맞추어 설명하려고 한다. 빌드 도구와 IDE가 이번 장에서 설명하는 많은 사항을 처리할 것으로 예상된다. 하지만 모듈 시스템을 사용하여 테스팅 시나리오를 어떻게 수행하는지에 대한 개념을 가지는 것이 중요하다.

이 장에서 테스트하려는 모듈은 아래와 같다.

```
easytext.syllablecounter
├── javamodularity
│   └── easytext
│       └── syllablecounter
│           ├── SimpleSyllableCounter.java
│           └── vowel
│               └── VowelHelper.java
└── module-info.java
```

easytext.syllablecounter의 모듈 디스크립터는 다음과 같다.

```
module easytext.syllablecounter {
    exports javamodularity.easytext.syllablecounter;
}
```

SimpleSyllableCounter는 익스포트된 패키지에 있는 반면, VowelHelper가 포함된 패키지는 익스포트할 수 없다. 내부적으로 SimpleSyllableCounter는 Vowel Helper를 사용하여 syllable-counting 알고리즘을 구현한다. 이러한 구분은 블랙박스 테스트에서 화이트박스 테스트로 이동할 때 중요하다.

다음 섹션에서는 모듈을 사용하여 두 유형의 테스트를 실행하는 데 필요한 사항이 무엇인지 알아보겠다.

블랙박스 테스트

easytext.syllablecounter 모듈을 테스트하려고 한다고 가정해 보자. 모든 내부 세부 사항을 단위 테스트하는 것이 아니라 모듈 API의 동작 테스트하려고 한다. 이 경우 SimpleSyllableCounter의 public API를 테스트하는 것을 의미한다. SimpleSyllableCounter에는 public 메소드가

countSyllables 하나만 있다.

블랙박스 테스트를 위한 가장 쉬운 방법은 그림 12-1처럼 easytext.syllablecounter를 사용하는 다른 모듈을 만드는 것이다. 물론 모듈과 테스트를 클래스 패스에 넣는 것만으로도 블랙박스 테스트를 할 수도 있다. 하지만, 우리는 모듈을 모듈로 테스트하기를 원하지 단순히 클래스 패스에 있는 코드로 테스트하려는 것이 아니기 때문에 여기서는 이러한 방식을 사용하지는 않을 것이다. 280 페이지의 "화이트박스 테스트"에서 모듈의 내부 테스트를 할 때 클래스 패스 테스트 방법을 사용할 것이다.

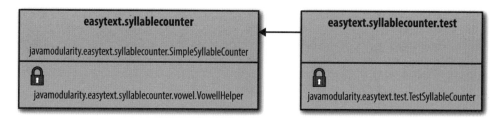

그림 12-1. easytext.syllablecounter.test 모듈을 이용하여 easytext.syllablecounter 모듈을 테스트한다.

먼저 테스트 프레임워크 없이 테스트를 작성해 보자. 나중에는 인기있는 단위 테스트 프레임워크인 Junit을 적용해볼 것이다. 예제 12-1은 검증을 위해 표준 Java assert를 사용하여 테스트를 수행하는 코드를 보여준다.

예제 12-1. SimpleSyllableCounter에 대한 블랙박스 테스트(↳ chapter12 / blackbox)

```java
package javamodularity.easytext.test;

import javamodularity.easytext.syllablecounter.SimpleSyllableCounter;

public class TestSyllableCounter {

    public static void main(String... args) {
        SimpleSyllableCounter sc = new SimpleSyllableCounter();

        assert sc.countSyllables("Bike") == 1;
        assert sc.countSyllables("Motor") == 2;
        assert sc.countSyllables("Bicycle") == 3;
    }
}
```

이 코드는 정말 간단하다. main 메소드는 공개적으로 익스포트된 SimpleSyllableCounter 클래스를 인스턴스화하고 assert를 사용하여 동작을 확인한다. 테스트 클래스는 다음과 같은 디스크립터를 가지는 모듈에 배치한다.

```
module easytext.syllablecounter.test {
    requires easytext.syllablecounter;
}
```

그런 다음 평소와 같이 컴파일하고 실행할 수 있다. 테스트하려는 모듈은 이미 out 디렉토리에 컴파일되어 있다고 가정한다.

```
$ javac --module-path out \                                              ❶
--module-source-path src-test -d out-test -m easytext.syllablecounter.test
$ java -ea --module-path out:out-test \                                   ❷
-m easytext.syllablecounter.test/javamodularity.easytext.test.TestSyllableCounter   ❸
Exception in thread "main" java.lang.AssertionError
  at easytext.syllablecounter.test/javamodularity.easytext.test.
    TestSyllableCounter.main(TestSyllableCounter.java:12)
```

❶ 모듈 패스에서 테스트하려는 모듈과 함께 test 모듈을 컴파일한다.

❷ assertion을 활성화(-ea)하고 모듈 패스에 있는 테스트 모듈과 테스트하려는 모듈을 실행한다.

❸ main 메소드를 포함하는 테스트 모듈의 클래스를 시작한다.

네이티브 syllable-counting 알고리즘이 Bicycle라는 단어에 의해 선택되기 때문에 AssertionError가 발생한다. 이것은 좋은 현상이다. 왜냐하면 우리가 블랙박스 테스트를 수행하고 있기 때문이다. 테스트 프레임 워크를 소개하기 전에 이 블랙박스 테스트 방법론에 대하여 더 알아보자.

이 방법으로 모듈을 테스트하는 것은 몇 가지 장점과 단점이 있다. 블랙박스 테스트의 장점은 실제 사용하는 것과 동일한 방식으로 모듈을 테스트할 수 있다는 것이다. 다른 모듈이 애플리케이션에서 사용하는 것처럼 모듈을 테스트할 수 있다. 예를 들어 테스트 중인 모듈이 서비스를 제공하는 경우에도 모듈 테스트가 가능한데, test 모듈의 모듈 디스크립터에 uses 구문을 추가하고 test에서 ServiceLoader를 사용하여 서비스를 로드하면 된다.

반면에, 이 방법으로 모듈을 테스트하는 경우 익스포트된 부분만 직접 테스트할 수 있다. 예를 들어, 캡슐화된 VowelHelper 클래스를 직접 테스트할 수 있는 방법은 없다. 또한 SimpleSyllableCounter의 nonpublic 영역은 접근할 수 없다.

--add-exports 또는 --add-opens 옵션을 사용하면 테스트 모듈이 캡슐화된 부분에 접근할 수 있도록 하여 테스트를 실행할 수 있다.

또 다른 제약 사항은 테스트 클래스가 테스트 중인 클래스와는 다른 패키지에 위치해야 한다는 것이다. Java의 단위 테스트의 경우 테스트 클래스가 다른 소스 폴더에 있지만 동일한 패키지 이름을 가지는 것이 일반적이다. 이 설정의 목표는 pakage-private 요소(예 : public 요소가 없는 클래스)를 테스트할 수 있도록 하는 것이다. 클래스 패스 상황에서는 이것은 문제가 되지 않는다. 패키지는 테스트를 실행할 때 병합된다. 그러나 동일한 패키지를 포함하는 두 개의 모듈이 부트 레이어에 같이 로드 될 수 없다(156 페이지의 "레이어에서의 클래스 로딩"에서 참조).

마지막으로, 테스트 중인 모듈과 테스트 모듈 자체의 모든 의존성이 충족되어야 한다. easytext. syllablecounter에 필요한 다른 모듈이 있다면 해당 모듈이 모듈 패스에 있어야한다. 물론 이러한 상황에서 Mock 모듈을 만드는 것이 가능하다. 실제 모듈 의존성을 모듈 패스에 두는 대신 테스트 실행을 위한 충분한 코드가 들어있는 같은 이름의 새 모듈을 만들 수 있다. 이 작업의 수행 여부는 테스트 범위에 따라 다르다. 실제 모듈로 테스트를 진행하면 통합 테스트에 더 가깝고, 반면 Mock 모듈로 테스트를 실행하면 분리 및 제어 기능이 향상된다.

JUnit을 이용한 블랙박스 테스트

이제 별도의 테스트 모듈에서 easytext.syllablecounter에 대한 테스트 코드를 실행할 수 있다. main 메소드에서 기본 assert를 사용하여 테스트를 작성하는 것은 실제로 Java에서 테스트를 할 때 기대하는 것은 아니다. 이를 해결하기 위해 JUnit 4를 사용하여 예제 12-2와 같이 테스트를 다시 작성해보자.

예제 12-2. SimpleSyllableCounter에 대한 JUnit 테스트(↳ chapter12 / blackbox)

```
package javamodularity.easytext.test;

import org.junit.Test;
import javamodularity.easytext.syllablecounter.SimpleSyllableCounter;

import static org.junit.Assert.assertEquals;

public class JUnitTestSyllableCounter {
```

```
    private SimpleSyllableCounter counter = new SimpleSyllableCounter();

    @Test
    public void testSyllableCounter() {
        assertEquals(1, counter.countSyllables("Bike"));
        assertEquals(2, counter.countSyllables("Motor"));
        assertEquals(3, counter.countSyllables("Bicycle"));
    }

}
```

이제 테스트 모듈은 JUnit에 의존성을 가지게 된다. 런타임에 JUnit 테스트 러너는 테스트 클래스를 리플렉션 로딩을 하여 유닛 테스트 메소드를 실행한다. 이 작업을 수행하려면 테스트 패키지를 익스포트 하거나, 오픈해야 한다. 오픈 모듈을 사용하면 된다.

```
open module easytext.syllablecounter.junit {
    requires easytext.syllablecounter;
    requires junit;
}
```

그림 12-2는 JUnit을 추가한 경우를 보여준다.

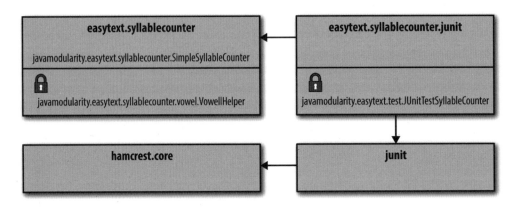

그림 12-2. easytext.syllablecounter.junit 모듈은 junit (자동)모듈에 의존성을 가진다.

이 작업을 하기 위해 JUnit JAR(및 Hamcrest 의존성)를 lib 폴더에 넣는다.

```
lib
├── hamcrest-core-1.3.jar
└── junit-4.12.jar
```

그런 다음 lib 폴더를 모듈 패스에 배치하여 JUnit을 자동 모듈로 사용할 수 있다. 파생된 모듈 이름은 junit과 hamcrest.core이다.

앞에서와 같이 easytext.syllablecounter 모듈을 out 폴더에서 사용할 수 있다고 가정한다.

```
$ javac --module-path out:lib \                          ❶
        --module-source-path src-test -d out-test -m easytext.syllablecounter.junit
$ java --module-path out:lib:out-test \
       -m junit/org.junit.runner.JUnitCore \             ❷
          javamodularity.easytext.test.JUnitTestSyllableCounter

JUnit version 4.12

.E
Time: 0,002
There was 1 failure:
1) initializationError(org.junit.runner.JUnitCommandLineParseResult)
java.lang.IllegalArgumentException: Could not find class
[javamodularity.easytext.test.JUnitTestSyllableCounter]
```

❶ 테스트 중인 모듈과 모듈 패스의 JUnit (자동 모듈)을 사용하여 테스트를 컴파일한다.

❷ JUnit (자동) 모듈에서 JUnitCore 테스트 러너를 시작한다

테스트 실행은 JUnit에 있는 JUnitCore 러너 클래스를 사용하여 수행된다. 이것은 간단한 콘솔 기반 테스트 러너이며 테스트 클래스의 클래스 이름을 커맨드라인의 인수로 제공한다. 위와 같이 명령을 실행하면, JUnitTestSyllableCounter 클래스를 JUnit에서 찾을 수 없다는 예상치 못한 exception이 발생하면서 유닛 테스트가 종료된다. 테스트 클래스를 찾을 수 없는 이유는 무엇일까? 앞에서 JUnit이 런타임에 접근할 수 있도록 모듈을 오픈했다.

문제는 테스트 모듈이 절대로 해석되지 않는다는 것이다. JUnit은 러너를 시작하기 위해 루트 모듈로 사용됐다. 자동 모듈이기 때문에 모듈 패스의 다른 자동 모듈 (hamcrest.core)도 해석된다. 그러나 junit은 테스트 코드가 포함된 easytext.syllablecounter.junit 모듈을 요청하지 않는다. 런타임에만 JUnit은 리플렉션을 사용하여 테스트 모듈에서 테스트 클래스를 로드하려고 시도한다. 시작 시점에는 easytext.syllablecounter.junit 모듈이 모듈 패스에 있더라도 모듈 시스템에 의해 절대로 해석되지 않기 때문에 테스트가 실행되지 않는다.

테스트 러너를 시작할 때 --add-modules 옵션을 사용하면 테스트 모듈을 해석할 수 있다.

```
$ java --module-path out:lib:out-test \
      --add-modules easytext.syllablecounter.junit \
      -m junit/org.junit.runner.JUnitCore \
         javamodularity.easytext.test.JUnitTestSyllableCounter
JUnit version 4.12
.E
Time: 0,005
There was 1 failure:
1) testSyllableCounter(javamodularity.easytext.test.JUnitTestSyllableCounter)
java.lang.AssertionError: expected:<3> but was:<1>
```

이제 JUnit이 테스트 클래스를 실행하고, 테스트 실패(failure)가 발생한다.

처음에 우리가 직접 작성한 블랙박스 테스트 코드를 확장하여 외부 테스트 프레임워크를 사용해 보았다. JUnit 4.12는 모듈화되지 않았기 때문에 자동 모듈로 사용해야 한다. JUnit을 통해 테스트를 실행하는 것은 테스트 모듈이 해석되고 런타임에 테스트 클래스에 접근할 수 있는 경우에만 가능하다.

화이트박스 테스트

만약 VowelHelper를 테스트하고 싶은 경우에는 어떻게 해야할까? VowelHelper는 public이지만 익스포트되지 않은 클래스이며 public 메소드인 isVowel과 package-private 메소드인 getVowels를 가지고 있다. VowelHelper 클래스를 테스트하는 것은 블랙박스 테스트에서 화이트박스 테스트로 넘어가는 것을 의미한다.

VowelHelper 클래스를 테스트하기 위해서는 먼저 캡슐화된 VowelHelper 클래스에 대한 접근을 할 수 있어야 한다. 또한 package-private 기능을 테스트하기 위하여 테스트 클래스가 동일한 패키지에 있어야 한다. 모듈형 설정에서 어떻게 이러한 기능을 사용할 수 있을까? 제한된 범위로 테스트를 수행할 수 있도록 --add-exports 또는 --add-opens 옵션을 사용하여 타입을 노출한다. 테스트 클래스가 테스트 중인 클래스와 동일한 패키지에 있어야하는 경우 테스트할 모듈과 테스트할 모듈 사이의 패키지 충돌이 발생한다.

이 문제를 해결하기 위한 두 가지 방법론이 있다. 실제로 어느 것이 가장 좋을지는 두고 봐야 알 수 있다. 다시 말하지만 어떠한 방법으로 문제를 해결하는지는 빌드 도구와 IDE에 달려 있다. 두 가지 방법론을 모두 검토하여 기본 메커니즘이 어떻게 동작하는지 알아보자.

⇒ 테스트용 클래스 패스 사용

⇒ 테스트를 주입하여 모듈을 패치

첫 번째 방법론이 가장 직관적으로 보인다.

```java
package javamodularity.easytext.syllablecounter.vowel;

import org.junit.Test;
import javamodularity.easytext.syllablecounter.vowel.VowelHelper;

import static org.junit.Assert.assertEquals;
import static org.junit.Assert.assertTrue;

public class JUnitTestVowelHelper {

    @Test
    public void testIsVowel() {
        assertTrue(VowelHelper.isVowel('e'));
    }

    @Test
    public void testGetVowels() {
        assertEquals(5, VowelHelper.getVowels().size());
    }

}
```

우리는 테스트 시점에 컴파일된 모듈을 모듈로 처리하지 않음으로써 캡슐화된 코드를 테스트할 수 있다. 클래스 패스에 배치된 모듈은 처음에는 모듈 디스크립터가 없는 것처럼 작동한다. 게다가, 클래스 패스에 있는 JAR 사이의 분할 패키지는 어떤 문제도 일으키지 않는다. 테스트 클래스가 모듈 외부에서 컴파일되면 매우 잘 동작한다.

```
$ javac -cp lib/junit-4.12.jar:out/easytext.syllablecounter \
        -d out-test $(find . -name '*.java')
$ java -cp lib/junit-4.12.jar:lib/hamcrest-core-1.3.jar:\
            out/easytext.syllablecounter:out-test \
        org.junit.runner.JUnitCore \
        javamodularity.easytext.syllablecounter.vowel.JUnitTestVowelHelper
JUnit version 4.12
..
Time: 0,004

OK (2 tests)
```

물론 클래스 패스를 사용하면 자동으로 모듈을 해석하는 것에 도움이 되지 않는다. 클래스 패스에 있는 모듈은 일반적인 모듈이 아닌 JAR처럼 동작하기 때문에 모듈 디스크립터에 선언된 의존성이 해석되지 않는다. 클래스 패스를 수동으로 만들어야 한다. 또한 테스트 중인 모듈의 모듈 디스크립터에 있는 서비스 provides/uses 구문은 무시된다. 따라서 클래스 패스 기반 테스트 방법론은 몇 가지 단점을 가지고 있다. 궁극적으로 모듈의 테스트는 모듈이 아닌 JAR로 테스트하기보다는 모듈 상태 그대로 테스트하는 것이 좋을 것 같다.

같은 패키지에 테스트 클래스를 만드는 동시에 모듈 구조를 손상시키지 않는 방법이 있다. 모듈 패치라는 기능을 통해 새로운 클래스를 기존 모듈에 추가할 수 있다.

동일한 모듈과 패키지 내에서 화이트박스 단위 테스트를 만드는 것은 아래와 같이 수행할 수 있다. 먼저 테스트 클래스를 --patch-module 옵션을 사용하여 컴파일해야 한다.

```
$ javac --patch-module easytext.syllablecounter=src-test \        ❶
    --module-path lib:out \
    --add-modules junit \                                          ❷
    --add-reads easytext.syllablecounter=junit \                   ❸
    -d out-test $(find src-test -name '*.java')
```

❶ 테스트 소스는 easytext.syllablecounter 모듈의 일부인 것처럼 컴파일된다. 테스트 코드에 대한 모듈 디스크립터는 없다.

❷ junit을 요구하는 테스트 모듈 디스크립터가 없기 때문에 명시적으로 추가해야 한다.

❸ easytext.syllablecounter에 테스트 클래스를 추가하면 이 모듈은 이제 junit을 읽어야 한다. 원래 모듈 디스크립터에는 requires 구문이 없으므로 —add-reads가 필요하다.

모듈에 패치를 적용하여 이미 컴파일된 easytext.syllablecounter 모듈의 일부로 유닛 테스트 클래스를 컴파일할 수 있다. 테스트는 동일한 패키지에 있으므로 package-private 메소드인 getVowels를 호출할 수 있다.

테스트 클래스를 easytext.syllablecounter 모듈의 일부로 만드는 것은 몇 가지 어려움이 있다. 모듈이 junit을 읽도록 몇 가지 단계를 수행해야한다. 런타임 시 junit은 익스포트되지 않은 패키지에 있는 테스트 클래스에 접근할 수 있어야 한다. 이는 다음과 같은 Java 호출로 이어진다.

```
$ java --patch-module easytext.syllablecounter=out-test \         ❶
    --add-reads easytext.syllablecounter=junit \                  ❷
    --add-opens \                                                 ❸
    easytext.syllablecounter/javamodularity.easytext.syllablecounter.vowel=junit \
    --module-path lib:out \
```

```
        --add-modules easytext.syllablecounter \     ❹
     -m junit/org.junit.runner.JUnitCore \
          javamodularity.easytext.syllablecounter.vowel.JUnitTestVowelHelper
     JUnit version 4.12
     ..
     Time: 0,004
 OK (2 tests)
```

❶ 런타임에 컴파일된 테스트 클래스로 모듈을 패치한다.

❷ 컴파일 시점에 모듈은 모듈 디스크립터에 명시하지 않은 junit을 읽어야 한다.

❸ junit은 JUnitTestVowelHelper를 리플렉션 인스턴스화하기 때문에 JUnitTestVowelHelper이 포함된 패키지를 오픈하거나 junit에게 익스포트해야 한다.

❹ 이전과 마찬가지로 junit은 초기 모듈이며 easytext.syllablecounter와 의존관계가 없기 때문에 명시적으로 추가해야 한다.

컴파일러 호출과 달리 --add-modules junit 구문은 필요가 없다. JUnit은 실행할 루트 모듈로 사용되므로 이미 해석이 되어 있다.

그림 12-3을 통해 단위 테스트를 실행하는 모듈에 어떤 패치를 적용해야 하는지 전반적인 내용을 알 수 있다.

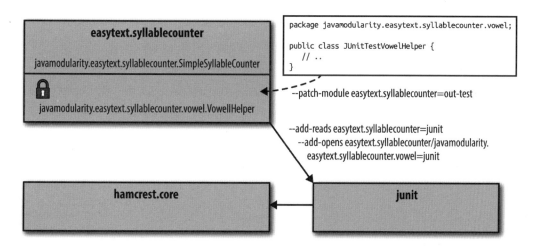

그림 12-3. JUnitTestVowelHelper 클래스 (VowelHelper와 동일한 패키지에 있음)는 easytext.syllablecounter 모듈에 패치된다.

두 번째 방법은 수정해야 하는 부분이 상당히 많다. 장점으로는 모듈의 모든 기능이 테스트 시 고려된다는 점이다. 모듈의 의존성이 해석되고 uses/provide 구문이 고려된다. 단점이라면 모든 올바른 커맨드 라인 옵션을 설정하는 것이 마법처럼 보일 수 있다. 모든 것을 이런 식으로 해야하는 이유를 설명할 수는 있지만 여전히 그냥 받아 들여야 할 것이 많다.

실제로 단위 테스트 시나리오에 대한 모든 복잡한 세부 정보를 설정하는 것은 개발자가 해야 하는 것이 아니다. 빌드 도구들과 개발 환경은 널리 사용되는 테스트 프레임워크들을 위해 자체 테스트 러너를 제공한다. 이 러너는 테스트가 자동으로 모듈에 패치되도록 환경을 설정해야 한다.

모듈 패치를 하는 이유

패치 모듈이 편리하게 사용되는 경우는 단위 테스트를 실행하기 위한 케이스 외에도 다른 케이스들이 있다. 예를 들어, 디버깅을 위해 기존 모듈에 클래스를 추가하거나 대체하기를 원할 수 있다. 모듈의 클래스와 리소스 모두 패치할 수 있다. 교체할 수 없는 유일한 것은 모듈 디스크립터이다.

--patch-module 옵션은 플랫폼 모듈에도 적용된다. 따라서 기술적으로 java.base 모듈의 java.lang 패키지에 클래스를 배치하거나 교체할 수 있다. 모듈 패치는 JDK 9에서 삭제된 -Xbootclasspath:/p 옵션을 대신한다.

실제 운영 시나리오에 모듈 패칭 기능을 사용하는 것은 추천하지 않는다.

테스트 도구들

JUnit 및 TestNG와 같은 테스트 프레임워크는 IDE 및 빌드 도구에서 잘 지원된다. 일반적으로 테스트 프레임워크는 화이트박스 유닛 테스트를 작성하고 실행하는 데 사용된다. 대부분의 도구는 코드에 모듈 디스크립터가 포함되어 있더라도 테스트를 실행하기 위해 아직까지는 클래스 패스를 사용하고 있다. 모듈 디스크립터를 무시하는 방식으로 인하여 강력한 캡슐화가 가능하다. 이 때문에 테스트는 이전과 같은 방식으로 테스트가 실행된다. 또한 애플리케이션 코드와 테스트 코드가 다른 폴더이지만 동일한 패키지 구조에 있는 기존 프로젝트 구조와도 호환성을 유지한다.

코드가 모듈 디스크립터에서 새 키워드를 사용하는 서비스에 의존하는 경우 클래스 패스에서 자동으로 작동하지 않는다. 이런 케이스는 블랙박스 테스트 시나리오가 더 적절하다. 현재 버전의 테스트 프레임워크에서는 이러한 시나리오에 대한 특별한 지원이 없다. 이 장의 전략에 따라 모듈을 테스트하는 데 도움이 되는 새로운 도구 또는 기존 도구의 지원이 만들어 질 것으로 예상된다.

chapter 13
사용자 정의 런타임 이미지를 이용한 사이즈 줄이기

지금까지 모듈형 애플리케이션으로 작업할 수 있는 모든 도구와 프로세스를 살펴봤으니 한 가지 더 흥미로운 주제를 다루어 보겠다. 58 페이지의 "모듈 연결하기"에서 특정 애플리케이션에 맞게 런타임 이미지를 만들어 보았다. 애플리케이션을 실행하는 데 필요한 모듈만 이미지의 일부가 된다. 모듈에서 사용할 수 있는 명시적 의존성 정보를 사용하면 jlink를 이용하여 최소한의 사이즈로 런타임 이미지를 자동 생성할 수 있다.

사용자 정의 런타임 이미지를 만드는 것은 여러 가지 이유로 유용하다.

사용의 용이성

jlink는 애플리케이션과 JVM이 내장된 배포판을 제공한다.

사이즈 감소

애플리케이션에서 사용하는 모듈만 런타임 이미지에 링크된다.

성능

사용자 정의 런타임은 비용이 많이 들거나 사용 불가능한 런타임을 링크 시점 최적화를 통해 더 빠르게 실행할 수 있다.

보안

사용자 정의 런타임 이미지에 필요한 최소 플랫폼 모듈만 있기 때문에 공격 받을 수 있는 영역이 줄어든다.

사용자 정의 런타임 이미지를 만드는 것은 선택 사항이지만 임베디드 시스템과 같이 리소스가 제한된 장치에서 실행할 때 더 빠르게 실행될 수 있도록 작은 배포 이미지를 원할 수 있다. 또는 클라우드 환경에서 실행할 때도 크기가 중요할 수 있다. 사용자 정의 런타임 이미지를 Docker 컨테이너에 저장하는 것은 자원을 효율적으로 사용하면서 클라우드 환경에 배포할 수 있는 좋은 방법이다.

 Java에서 컨테이너를 지원하기 위한 다른 방안들도 나오고 있다. 예를 들어 OpenJDK 9은 이제 Alpine Linux 포트도 제공한다. 이 최소한의 Linux 배포 판에서 JDK 또는 사용자 정의 런타임 이미지를 실행하는 것도 배포 사이즈를 줄이는 또 다른 방법이다.

Java 런타임을 애플리케이션과 함께 배포할 때의 또 다른 장점은 이미 설치된 Java 버전과 애플리케이션 실행에 필요한 버전이 일치하지 않아도 된다는 것이다. 일반적으로는 Java 애플리케이션을 실행하기 전에 JRE(Java Runtime Environment) 또는 JDK(Java Development Kit)를 설치해야 한다.

 JRE는 Java 애플리케이션을 개발을 위한 것이 아니라 Java 애플리케이션을 실행하기 위해 설계된 JDK의 서브 세트이다. 그것은 항상 최종 사용자를 대상으로 하여 별도의 다운로드로 제공된다.

사용자 정의 런타임 이미지는 완전히 독립적이다. 애플리케이션 모듈로 JVM과 애플리케이션을 실행하는 데 필요한 다른 모듈을 포함하여 제공한다. JDK/JRE와 같은 다른 Java의 설치가 필요 없다. 예를 들어, JavaFX 기반 데스크톱 애플리케이션을 배포하려는 경우 사용자 정의 런타임 이미지를 작성하면 애플리케이션과 런타임 환경을 포함하는 단일 다운로드를 제공할 수 있기 때문에 더욱 간단해진다. 하지만, 이미지는 특정 OS 및 아키텍처를 타켓으로 하여 만들기 범용적으로 사용이 불가능하다. 300 페이지의 "크로스 타겟팅을 위한 런타임 이미지"에서는 서로 다른 대상 시스템에 대한 이미지를 만드는 방법에 대해 설명한다.

jlink로 무엇을 할 수 있는지 좀 더 생각해 볼 시간이다. 도구 자체를 살펴보기 전에 먼저 링크 (linking)에 대하여 알아보고, 또한 링크가 어떻게 Java 애플리케이션의 새로운 가능성을 열어주는지에 대해 논의해보자.

정적 링크와 동적 링크

사용자 정의 런타임 이미지를 생성하는 것은 모듈에 대한 정적 링크의 한 형태라고 할 수 있다. 링크는 컴파일된 아티팩트를 효율적으로 실행할 수 있는 형태로 가져오는 프로세스이다. 전통적으로 Java는 항상 클래스 레벨에서 동적 연결을 사용한다. 클래스는 런타임에 지연 로딩을 하며 필요한 시점에 언제든지 동적으로 연결된다. 동적으로 연결되면 JVM의 JIT(Just-In-Time) 컴파일러는 런타임에 네이티브 코드를 컴파일해야 한다. 이 과정에서 JVM은 클래스의 결과물에 최적화 작업을 한다. 이 모델을 사용하면 유연성이 크지만 정적인 상황에서는 간단한 최적화를 적용하기가 더 어렵거나 불가능하다.

다른 언어들은 다양한 장단점을 가지고 있다. 예를 들어, Go는 모든 코드를 하나의 바이너리로 정적 링크하는 것을 선호한다. C++에서는 정적 링크와 동적 링크를 선택할 수 있다. 모듈 시스템과 jlink가 도입되면서 이제는 Java도 이러한 선택이 가능해졌다. 클래스는 여전히 사용자 정의 런타임 이미지에서 동적으로 로드되고 연결된다. 그러나 클래스를 로드할 수 있는 사용 가능한 모듈은 정적으로 미리 결정될 수 있다.

정적 연결의 장점은 전체 애플리케이션에 대해서 미리 최적화가 가능하다는 것이다. 실제로, 전체 애플리케이션을 고려하여 클래스 및 모듈 바운더리에 최적화를 적용할 수 있다. 이것은 모듈 시스템을 통해서 전체 애플리케이션이 실제 어떻게 동작하는지에 대한 정보를 가지고 있기 때문에 가능하다. 루트 모듈(애플리케이션의 진입점)에서부터 라이브러리까지 필요한 모든 플랫폼 모듈에 대하여 이미 알고 있다. 해석된 모듈 그래프는 전체 애플리케이션을 나타낸다.

 링크는 AOT(ahead-of-time) 컴파일과 동일하지 않다. jlink로 생성된 런타임 이미지는 여전히 네이티브 코드가 아닌 바이트 코드로 구성된다.

전체 프로그램을 최적화하는 방법의 예시로는 데드 코드 제거, 상수 폴딩 및 인라인 등이 있다. 이러한 최적화 설명은 이 책의 범위를 벗어난다. 다행히도 참고할 수 있는 많은 문헌이 있다.

언어에 의존하지 않고 도입할 수 있는 좋은 방법은 Craig Chambers et al.의 "Object-Oriented Languages의 전체 프로그램 최적화"에서 찾을 수 있다.

이러한 많은 최적화의 적용과 효과는 관련된 모든 코드에 동시에 적용이 가능하다는 가정하에 말하는 것이다. 링크(linking) 단계는 시간적인 측면을 의미하고 jlink는 이를 도와주는 도구이다.

jlink 사용하기

58페이지의 "모듈 연결하기"에서 helloworld 모듈과 java.base만으로 구성된 사용자 정의 런타임 이미지를 만들었다. 3장 끝부분에서는 다양한 분석 모듈과 CLI/GUI 프론트엔드로 구성된 EasyText를 만들었다. Full JDK 기반에서 GUI 프론트엔드를 실행하기 위해서는 올바른 모듈 패스를 설정하고 적합한 모듈을 시작할 수 있어야 한다.

```
$ java -p mods -m easytext.gui
```

mods 디렉토리에 EasyText를 위한 모듈형 JAR가 포함되어 있다고 가정하면 런타임에 그림 13-1과 같은 상황이 발생한다.

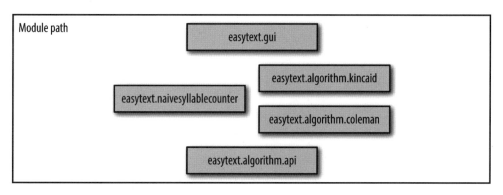

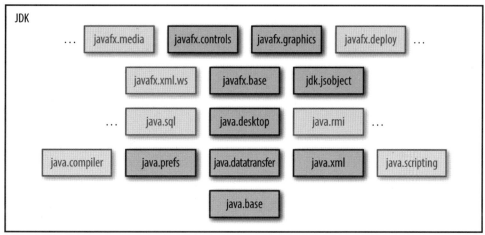

그림 13-1. 모듈은 easytext.gui가 실행되는 런타임에 해석된다. 회색으로 표시된 모듈은 JDK에서 사용할 수 있지만 해석되지 않는다.

JVM이 시작될 때 모듈 그래프가 생성된다. 루트 모듈 easytext.gui로 시작하여 모든 의존성이 재귀적으로 해석된다. 애플리케이션 모듈과 플랫폼 모듈은 모두 해석된 모듈 그래프의 일부이다. 그러나 그림 13-1에서 볼 수 있듯이 JDK에서는 이 애플리케이션에 꼭 필요한 플랫폼 모듈보다 많은 플랫폼 모듈을 사용하고 있다. 회색으로 표시된 모듈은 약 90 개의 플랫폼 모듈의 일부일 뿐이다. JavaFX UI로 easytext.gui를 실행하려면 그 중 9 개만 필요하다.

EasyText를 위한 사용자 정의 런타임 이미지를 만들어서 이러한 부담을 줄여 보자. 우리는 먼저 전체 이미지 중 어떤 부분을 사용할 지 선택해야 한다. GUI만 지원할 것인지, CLI만 지원할 것인지 또는 둘 다 지원할 것인지 결정을 해야 한다. 애플리케이션을 사용하는 다양한 그룹을 대상으로 하여 여러 개의 이미지를 만들 수 있다. 이 질문에 대한 정답은 없다. 링크는 모듈을 논리적인 하나의 집합체로 구성한다.

지금은 GUI용 EasyText의 런타임 이미지를 만들어 보겠다. easytext.gui를 루트 모듈로 사용하여 jlink를 호출한다.

```
$ jlink --module-path mods/:$JAVA_HOME/jmods              \ ❶
        --add-modules easytext.gui                        \ ❷
        --add-modules easytext.algorithm.coleman          \
        --add-modules easytext.algorithm.kincaid          \
        --add-modules easytext.algorithm.naivesyllablecounter  \
        --launcher easytext=easytext.gui                  \ ❸
        --output image                                    \ ❹
```

❶ jlink가 모듈을 찾을 수 있도록 모듈 패스를 설정한다(JDK의 플랫폼 모듈도 찾을 수 있도록 설정).

❷ 런타임 이미지에 포함될 루트 모듈을 추가한다. easytext.gui 외에도 서비스 provider 모듈이 루트 모듈로 추가된다.

❸ 런타임 이미지에 포함될 시작(launcher) 스크립트의 이름을 정의하여 실행해야 하는 모듈을 나타낸다.

❹ 이미지가 생성될 출력 디렉토리를 설정한다.

jlink 도구는 JDK가 설치된 경로의 bin 디렉토리에 있다. 기본적으로 시스템 패스에 추가되지 않으므로 앞의 예제와 같이 사용하려면 시스템 패스에 추가해야 한다.

--add-modules 옵션을 반복하여 사용하는 대신에 여러 개의 루트 모듈을 쉼표로 구분하여 제공할 수도 있다.

지정된 모듈 패스에는 플랫폼 모듈($JAVA_HOME/jmods)을 포함하는 JDK 디렉토리가 명시적으로 포함된다. 앞에서 java와 javac를 사용할 때 보았던 것과 다르다. java와 javac를 실행하는 동일한 JDK에 있는 플랫폼 모듈이라고 가정한다. 300 페이지의 "크로스 타겟팅을 위한 런타임 이미지"에서 jlink와 왜 다른지 확인할 수 있다.

94 페이지의 "서비스 및 연결하기"에서 설명한 것처럼 서비스 provider 모듈도 루트 모듈로 추가해야 한다. 모듈 그래프를 해석하는 것은 requires 구문을 통해서만 가능하다. jlink는 기본으로 uses 와 provides의 의존성을 따르지 않는다. "적합한 서비스 provider 모듈 찾기"(293 페이지)에서 추가할 적합한 서비스 공급자 모듈을 찾는 방법을 보여준다.

jlink에 --bind-services 옵션을 추가할 수 있다. 이 옵션을 사용하면 모듈을 해석할 때 jlink가 uses/provides 문을 고려한다. 그러나 이는 플랫폼 모듈 간의 모든 서비스를 바인딩한다. java.base는 이미 많은 (선택적) 서비스를 사용하기 때문에 실제 필요한 것보다 더 큰 사이즈의 해석된 모듈 세트가 생성된다.

이러한 루트 모듈들은 모두 해석되고 그림 13-2와 같이 이러한 루트 모듈과 재귀적으로 해석된 의존성이 ./image에 생성되는 이미지의 일부가 된다.

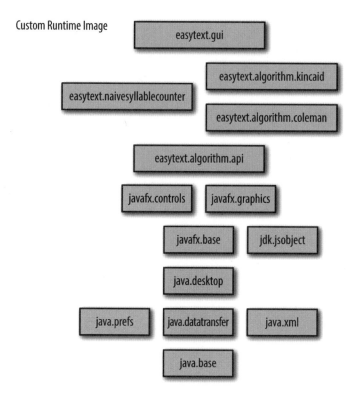

Custom Runtime Image

그림 13-2. 사용자 정의 런타임 이미지에는 애플리케이션에 필요한 모듈만 포함되어 있다.

생성된 이미지는 다음과 같이 JDK와 유사한 디렉토리 구조를 가진다.

```
image
├── bin
├── conf
├── include
├── legal
└── lib
```

런타임 이미지가 생성되는 bin 디렉토리에는 easytext 시작(launcher) 스크립트가 있다. --launcher easytext = easytext.gui 옵션을 사용했기 때문에 생성되었다. 첫 번째 인수는 시작(launcher) 스크립트의 이름이고 두 번째 인수는 시작(launcher) 스크립트로 동작시키려는 모듈이다. 이 스크립트는 실행할 초기 모듈로 easytext.gui를 설정하여 JVM을 직접 시작시킨다.

image\bin\easytext를 호출하여 커맨드라인에서 직접 실행할 수 있다. 다른 플랫폼의 경우에도 유사한 스크립트가 생성된다 (다른 플랫폼을 대상으로 지정하는 방법은 300 페이지의 "크로스 타 겟팅을 위한 런타임 이미지" 참조). Windows 런타임 이미지는 Unix 계열 대상의 셀 스크립트 대 신 배치 파일을 가져온다.

엔트리 포인트(static main method)가 있는 클래스를 포함하는 모듈에 대해 시작(launcher) 스 크립트를 작성할 수 있다. 다음은 easytext.gui 모듈형 JAR를 생성하는 경우이다.

```
jar --create \
    --file mods/easytext.gui.jar \
    --main-class=javamodularity.easytext.gui.Main \
    -C out/easytext.gui .
```

분해 모듈을 사용하여 런타임 이미지를 만들 수도 있다. 이 경우 모듈형 JAR의 기본 클래스 속성 이 없으므로 jlink 호출 시 명시적으로 추가해야 한다.

```
--launcher easytext=easytext.gui/javamodularity.easytext.gui.Main
```

이 방법은 모듈형 JAR에 메인 메소드를 가진 클래스가 여러 개 있는 경우에도 작동한다. 특정 시 작(launcher) 스크립트의 작성 여부에 관계없이 이미지의 java 명령을 사용하여 항상 애플리케이 션을 시작할 수 있다.

```
image/bin/java -m easytext.gui/javamodularity.easytext.gui.Main
```

런타임 이미지에서 java 명령을 실행할 때 모듈 패스를 설정할 필요가 없다. 모든 필요한 모듈은 링크 프로세스를 통해 이미 이미지에 포함되어 있다.

다음 명령을 통해서 런타임 이미지가 실제로 최소한의 모듈을 포함하고 있음을 확인할 수 있다.

```
$ image/bin/java --list-modules
easytext.algorithm.api@1.0
easytext.algorithm.coleman@1.0
easytext.algorithm.kincaid@1.0
easytext.algorithm.naivesyllablecounter@1.0
easytext.gui@1.0
java.base@9
java.datatransfer@9
java.desktop@9
```

```
java.prefs@9
java.xml@9
javafx.base@9
javafx.controls@9
javafx.graphics@9
jdk.jsobject@9
```

이것은 그림 13-2에 표시된 모듈에 해당한다.

bin 디렉토리는 지금까지 논의한 시작(launcher) 스크립트 외에 다른 실행 파일을 포함할 수 있다. EasyText GUI 이미지에는 keytool과 appletviewer 바이너리도 추가된다. keytool 바이너리는 java.base에서 기인하기 때문에 항상 존재한다. appletviewer 바이너리는 포함된 java.desktop 모듈이 애플릿 기능을 제공하기 때문에 이미지의 일부로 포함된다. jar, rmic 그리고 javaws와 같이 잘 알려진 JDK 커맨드라인 도구는 모두 이 런타임 이미지에 없는 모듈에 의존하므로 jlink는 이를 생략한다.

적합한 서비스 Provider 모듈 찾기

이전의 EasyText jlink 예제에서 몇 가지 서비스 provider 모듈을 루트 모듈로 추가했다. 앞서 언급했듯이, jlink의 --bind-services 옵션을 사용하여 jlink가 모든 서비스 provider 모듈을 모듈 패스에서 해석하도록 할 수 있다. 이 편리한 옵션의 유혹에 빠지면 최종적으로 만들어지는 이미지의 모듈이 폭발적으로 증가한다. 특정 서비스 유형에 대해 가능한 모든 서비스 provider를 맹목적으로 추가하는 것은 좋지 않다. 서비스 provider가 애플리케이션에 적합한 지 생각해보고 이를 루트 모듈로 직접 추가하는 것이 좋다.

다행스럽게도 jlink의 --suggest-providers 옵션을 사용하면 적합한 서비스 provider 모듈 선택 시 도움을 받을 수 있다. 다음과 같이 jlink 명령을 이용하여 easytext.gui 모듈을 추가하고 Analyzer 유형에 대한 provider 모듈 제안을 요청한다.

```
$ jlink --module-path mods/:$JAVA_HOME/jmods \
        --add-modules easytext.gui \
        --suggest-providers javamodularity.easytext.algorithm.api.Analyzer

Suggested providers:
    module easytext.algorithm.coleman provides
        javamodularity.easytext.algorithm.api.Analyzer,
```

```
        used by easytext.cli,easytext.gui
module easytext.algorithm.kincaid provides
        javamodularity.easytext.algorithm.api.Analyzer,
        used by easytext.cli,easytext.gui
```

제안 받은 모듈 중 하나 이상의 provider 모듈을 --addmodules 〈module〉과 함께 추가하여 선택할 수 있다. 물론 새로 추가된 모듈에 uses 구문이 있으면 --suggest-providers의 또 다른 호출이 순서대로 수행된다. 예를 들어, EasyText에 있는 easytext.algorithm.kincaid 서비스 공급자 모듈 자체에는 SyllableCounter 서비스 유형에 대한 uses 구문이 있다.

또한 --suggest-providers 결과에서 특정 서비스 타입을 제외하고 전체 개요를 얻을 수도 있다. 여기에는 플랫폼 모듈의 서비스 provider도 포함되므로 출력 결과가 빠르게 증가할 수 있다.

링크 시점의 모듈 해석

jlink의 모듈 패스 및 모듈 해석은 지금까지 본 다른 도구와 유사해 보이지만 중요한 차이점이 있다. 차이점 중 하나는 플랫폼 모듈을 명시적으로 모듈 패스에 추가해야 한다는 것이다.

또 다른 중요한 차이는 자동 모듈의 포함 여부이다. java 또는 javac를 사용하여 모듈이 아닌 JAR를 모듈 패스에 배치하면 어떤 상황에도 유효한 모듈로 취급된다(200 페이지의 "자동 모듈" 참조). 그러나 jlink는 모듈 패스에 있는 모듈이 아닌 JAR를 자동 모듈로 인식하지 않는다. 모든 라이브러리를 포함하여 애플리케이션이 완전히 모듈화된 경우에만 jlink를 사용할 수 있다.

그 이유는 자동 모듈이 클래스 패스를 읽을 수 있어서 모듈 시스템의 명시적 의존성을 무시하기 때문이다. 사용자 정의 런타임 이미지에는 미리 정의된 클래스 패스가 없다. 따라서 결과 이미지의 자동 모듈이 런타임 예외를 발생시킬 수 있다. 클래스 패스에 없는 클래스에 의존성을 가지게 되면 런타임에 애플리케이션이 폭발적으로 증가한다. 이 상황을 허용하면 모듈 시스템의 신뢰할 수 있는 구성에 대하여 보증할 수가 없게 된다.

물론 자동 모듈이 올바르게 동작하는지에 대해(즉, 다른 모듈만 필요하고 클래스 패스에서는 아무것도 필요 없음) 절대적으로 확신할 때 이 상황은 운이 나쁜 경우라고 할 수 있다. 이 경우 자동 모듈을 명시적 모듈로 전환하면 이 상황을 피할 수 있다. jdeps를 사용하여 모듈 디스크립터를 생성하고(244 페이지의 "모듈 디스크립터 만들기"에서 설명했다) JAR에 모듈 디스크립터를 추가할 수 있다. 이제 jlink의 모듈 패스에 추가할 수 있는 모듈이 생겼다. 이것은 이상적인 상황이 아니다. 다른 개발자의 코드를 패치하는 것은 불가능하다. 자동 모듈은 실제로 마이그레이션을 돕는 과도기적 기능이라고 볼 수 있다. 이러한 상황을 부딪혔을 때가 라이브러리 관리자에게 모듈화를 요청해야 하는 타이밍이라고 할 수 있다.

마지막 차이점은 전체 JDK에서 모듈을 실행하는 것과 마찬가지로 리플렉션을 사용하는 모듈과 관련하여 동일한 주의 사항이 링크 중에 적용된다. 모듈이 리플렉션을 사용하고 모듈 디스크립터에 이러한 의존성이 표현되지 않으면 해석기는 이를 고려할 수 없다. 결과적으로 리플렉션되는 코드가 포함된 모듈이 이미지에 포함되지 않을 수 있다. 이를 방지하려면 --add-modules를 사용하여 수동으로 모듈을 런타임 이미지에 포함시켜야 한다.

클래스 패스 기반의 애플리케이션을 위한 jlink

jlink는 완전히 모듈화된 애플리케이션에서만 사용할 수 있는 것처럼 보이지만 꼭 그렇지는 않다. jlink를 사용하여 애플리케이션 모듈이 없는 경우에도 Java 플랫폼의 사용자 정의 이미지를 만들 수 있다. 예를 들어 다음과 같이 실행할 수 있다.

```
jlink --module-path $JAVA_HOME/jmods --add-modules java.logging --output image
```

그러면, java.logging(그리고 필수 모듈 java.base) 모듈만 포함하는 이미지를 가져온다. 그다지, 유용해 보이지 않을 수 있지만 이것은 흥미로운 부분이다. 기존 클래스 패스 기반 애플리케이션이 있는 경우 jlink를 애플리케이션 코드에서 직접 사용하여 해당 애플리케이션에 대한 사용자 정의 런타임 이미지를 만들 수 없다. jlink가 모듈을 해석하기 위해 필요한 모듈 디스크립터가 없기 때문이다.

그러나 jdeps와 같은 도구를 사용하면, 애플리케이션을 실행하는데 필요한 최소한의 플랫폼 모듈 집합을 찾을 수 있다. 그런 다음 해당 모듈만 포함하는 이미지를 구성한다면 나중에 문제없이 이 이미지에서 클래스 패스 기반 애플리케이션을 시작할 수 있다.

추상적으로 들릴 수 있으니 간단한 예를 살펴 보도록 하자. 47 페이지의 "모듈화 되지 않은 코드에서 모듈형 JDK 사용하기"에 있는 예제 2-5에서 이미 java.logging 플랫폼 모듈을 사용하는 간단한 NotInModule 클래스를 만들었다. jdeps로 이 클래스를 검사하여 다른 의존성이 없는지 확인할 수 있다.

```
$ jdeps out/NotInModule.class

NotInModule.class -> java.base
NotInModule.class -> java.logging
        <unnamed>  -> java.lang                        java.base
        <unnamed>  -> java.util.logging         java.logging
```

대규모 애플리케이션의 경우 애플리케이션과 해당 라이브러리의 JAR를 동일한 방식으로 분석하게 된다. 그렇게 되면 애플리케이션을 실행하는 데 필요한 플랫폼 모듈을 알 수 있다. 위의 예제에서는 단지 java.logging 만 필요하다. 이 섹션의 앞부분에서 java.logging 모듈만 포함된 이미지를 만들어 보았다. 런타임 이미지의 클래스 패스에 NotInModule 클래스를 두면 다음과 같이 클래스 패스 기반 애플리케이션을 꼭 필요한 모듈만 포함된 Java 배포 버전에서 실행할 수 있다.

```
image/bin/java -cp out NotInModule
```

NotInModule 클래스는 클래스 패스(out 디렉토리에 있다고 가정)에 있으므로 이름 없는 모듈에 포함되어 있다. 이름 없는 모듈은 다른 모든 모듈을 읽을 수 있다. 이 사용자 정의 런타임 이미지의 경우 java.base 와 java.logging이라는 두 개의 모듈로 이루어진 작은 세트이다. 이 단계를 통해 클래스 패스 기반 애플리케이션에 대해서도 사용자 정의 런타임 이미지를 만들 수 있다. EasyText가 클래스 패스 기반 애플리케이션 이라면 동일한 단계를 통해 그림 13-1에 표시된 9개의 플랫폼 모듈을 포함하는 이미지가 생성된다.

여기에는 몇 가지 주의 사항이 있다. 애플리케이션이 런타임 이미지에 없는 모듈에서 클래스를 로드 하려고 하면 런타임에 NoClassDefFoundError가 발생한다. 이는 클래스 패스에 필요한 JAR가 부족한 상황과 유사하다. jlink가 이미지에 포함시킬 올바른 모듈 세트를 찾는 것은 개발자의 몫이다. 링크 시점에 jlink는 애플리케이션 코드를 보지 못하기 때문에 완전히 모듈화 된 애플리케이션의 경우처럼 모듈 해석을 도울 수 없다. jdeps는 필요한 모듈을 찾는데 있어서 도움을 주지만, 모든 모듈을 찾아 주지는 않는다. 예를 들어 애플리케이션에서 리플렉션을 사용하면 jlink의 정적 분석에서 이를 감지할 수 없다. 따라서 결과 이미지에서 애플리케이션을 테스트하는 것이 매우 중요하다

또한 이후에 설명하는 모든 성능 최적화가 이 클래스 패스 기반 시나리오에 적용할 수 있는 것은 아니다. 링크 시점에 모든 코드를 사용할 수 있는 경우에 다양한 최적화가 가능하며 이는 앞에서 설명한 시나리오는 해당하지 않는다. 애플리케이션 코드는 링커(linker)에서 전혀 볼 수 없다. 이

시나리오에서 jlink는 이미지에 명시적으로 추가한 플랫폼 모듈 및 해석된 플랫폼 모듈의 의존성만 사용하여 동작한다.

이 jlink를 사용하면 JDK와 JRE 사이의 구분이 모듈화된 세계에서는 점점 명확하게 구분할 필요가 없어지는것을 알수 있다. 링크 기능을 사용하면 원하는 플랫폼 모듈 세트로 Java 배포판을 만들 수 있다. 플랫폼 공급 업체가 제공하는 옵션에만 국한되지 않는다.

사이즈 줄이기

지금까지 jlink의 기본 사용법을 살펴 보았다. 이제는 최적화에 초점을 맞춰서 살펴보자. jlink는 다양한 최적화를 지원하기 위해 플러그인 기반 접근 방식을 사용한다. 이 섹션과 다음 섹션에서 소개된 모든 옵션은 jlink 플러그인에 의해 처리된다. 우리의 목표는 모든 플러그인을 전부 살펴보는 것이 아니라 일부 플러그인에 초점을 맞춰서 설명하려는 것이다. jlink 플러그인의 수는 JDK 팀과 커뮤니티에 의해 꾸준히 증가할 것으로 예상된다.

jlink --list-plugins를 실행하면 현재 사용 가능한 모든 플러그인의 개요를 볼 수 있다. 일부 플러그인은 기본으로 사용하도록 설정되어 있다. 먼저 런타임 이미지의 디스크 사이즈를 줄일 수 있는 플러그인을 살펴 보고, 그 다음에 런타임 성능 향상에 대해 살펴 보도록 하자.

EasyText와 마찬가지로 사용자 정의 런타임 이미지를 생성하는 경우, 불필요한 플랫폼 모듈을 제거하여 전체 JDK에 비해 디스크의 사이즈를 줄일 수 있다. 또한, 다양한 옵션을 사용하면 이미지 사이즈를 더 줄일 수 있다.

그러한 옵션중의 하나가 --strip-debug이다. 이름에서 알 수 있듯이 클래스에서 네이티브 디버그 기호와 디버그 정보를 제거한다. 프로덕션 빌드의 경우 꼭 필요한 기능일 것이다. 그러나 기본으로 활성화되어 있지 않다. 경험적으로는 이 옵션을 사용하는 경우 이미지 사이즈가 약 10 % 감소한다.

또한, --compress = n 옵션을 사용하여 결과 이미지를 압축 할 수도 있다. 현재 n은 0, 1 또는 2를 설정할 수 있다. 2로 설정을 하면 두 가지 작업을 수행한다. 먼저 클래스에서 사용된 모든 문자열 리터럴의 테이블을 만들어 전체 애플리케이션에서 공유한다. 그런 다음 모듈에 일반 압축 알고리즘을 적용한다.

다음 최적화는 런타임 이미지에 적용되는 JVM에 영향을 준다. --vm = ⟨vmtype⟩을 사용하면 다양한 유형의 VM을 선택할 수 있다. vmtype에 유효한 옵션은 server, client, minimal 및 all (기본값)이다. 설치 공간을 줄이는 것이 가장 중요한 관심사인 경우 minimal 옵션을 선택하자 – 하나의 가비지 컬렉터, 하나의 JIT 컴파일러 그리고 서비스 사용 여부 또는 자원 모니터링 지원 등의 옵션을 가진 VM을 제공한다. 현재 최소 VM 옵션은 Linux에서만 사용 가능한다.

마지막 최적화는 로케일에 관한 것이다. 일반적으로 JDK는 다양한 날짜/시간 형식, 통화 및 기타 로케일에 민감한 정보에 적합한 다양한 로케일을 제공한다. 기본 영어 로케일은 java.base 의 일부이므로 항상 사용할 수 있다. 다른 모든 로케일은 jdk.localedata 모듈의 일부이다. 별도의 모듈이기 때문에 런타임 이미지에 추가할지 여부를 선택할 수 있다. 서비스는 java.base 및 jdk.localedata에서 로케일 기능을 노출하는 데 사용된다. 즉, 애플리케이션에 영어가 아닌 로케일이 필요한 경우 링크하는 동안 --add-module jdk.localedata를 사용해야 한다. 그렇지 않으면 jdk.locale 데이터가 없을 때 로케일 인식 코드가 기본 로케일로 쉽게 롤백된다. --bind-services가 사용되지 않는 한 서비스 공급자 모듈은 자동으로 해석되지 않는다.

애플리케이션이 기본 세트(예 : US-ASCII, ISO-8859-1, UTF-8, UTF-16)의 일부가 아닌 문자 세트를 사용하는 경우에도 비슷한 상황이 발생한다. 전통적으로 이러한 기본이 아닌 문자 집합은 전체 JDK에서 charsets.jar를 통해 사용할 수 있었다. 모듈형 JDK의 경우, 디폴트가 아닌 문자 세트를 사용하기 위해 jdk.charsets 모듈을 이미지에 추가해야 한다.

그러나 jdk.locale은 사이즈가 꽤 크다. 이 모듈을 추가하면 약 15 메가 바이트의 디스크 사이즈가 증가한다. 대부분의 경우 이미지에 모든 로케일이 필요하지 않다. 이 경우 jlink의 --include-locales 옵션을 사용할 수 있다. 유효한 언어 태그에 대한 자세한 내용은 java.util.Locale JavaDoc을 참조하자. 그런 다음 jlink 플러그인은 jdk.locale 모듈을 다른 모든 로케일에서 제거한다. 지정된 로케일의 리소스만 jdk.locale 모듈에 포함되어 이미지로 만들어진다.

성능 향상하기

이전 섹션에서는 디스크의 이미지 사이즈와 관련된 다양한 최적화 방법을 설명했다. 더욱 흥미로운 점은 jlink가 런타임 성능을 최적화할 수 있다는 것이다. 다시 한 번 말하지만 플러그인에 의해 가능하다. 플러그인 중 일부는 기본으로 활성화되어 있다. jlink와 해당 플러그인은 아직 초기 단계에 있으며 대부분 애플리케이션의 실행 시간을 향상시키는 데 중점을 두고 있다. 이 섹션에서 설명하는 많은 플러그인은 JDK 9에서 아직 실험 중이다. 사용 가능한 대부분의 성능 최적화 작업은 JDK의 동작 방식에 대한 깊이 있는 지식이 필요하다.

많은 실험용 플러그인은 링크 시점에 코드를 생성하여 실행 성능을 향상시킨다. 기본적으로 활성화되는 최적화 중 하나는 플랫폼 모듈 디스크립터 캐시를 미리 작성하는 것이다. 아이디어는 이미지를 만들 때 어떤 플랫폼 모듈이 모듈 그래프의 일부인지 정확하게 알 수 있다는 것에서 시작한다. 링크 시점에 모듈 디스크립터의 결합된 표현을 생성함으로써 원래의 모듈 디스크립터를 런타임에 개별적으로 파싱할 필요가 없다. 이렇게 하면 JVM 실행 시간이 줄어든다.

또한 다른 플러그인은 런타임 성능 향상을 위해 링크 시점에 바이트 코드 재작성을 수행한다. 예를 들어 --class-for-name 최적화가 있는데, Class.forName("pkg.SomeClass") 형식의 명령어를 해당 클래스에 대한 정적 참조로 재작성하여 런타임에 클래스를 재귀적으로 검색하는 오버 헤드를 피할 수 있다. 또 다른 예는 런타임에 생성되는 핸들링 메소드를(java.lang.invoke.MethodHandle 확장한 호출 클래스를 핸들링) 미리 생성하는 플러그인이다. 내용이 조금 어려울 수는 있지만, Java 람다를 구현하면 메소드 핸들러를 많이 사용하게 된다. 링크 시점에 클래스 생성 비용을 처리하면 람다를 사용하는 애플리케이션이 더 빨리 실행된다. 불행히도, 이 플러그인을 사용하려면 현재 메소드 핸들 작업 방식에 대한 고도의 전문 지식이 필요하다.

보시다시피 많은 플러그인은 매우 특수한 성능 조정 시나리오를 제공한다. jlink와 같은 도구에서 절대 수행하지 않는 다양한 최적화 방법이 있다. 일부 최적화는 특정한 애플리케이션에 더 적합한 경우도 있다. 이것은 jlink가 플러그인 기반 아키텍처를 특징으로 하는 중요한 이유 중 하나이다. 플러그인 API 자체는 Java 9 릴리즈에서 실험적으로 사용되지만 직접 jlink 플러그인을 작성할 수도 있다.

전통적으로 최적화는 JVM에 의해 JIT(just-in-time)를 수행하는 데 비용을 많이 소모하였는데, 이제는 링크 시점에 적용이 가능하다. 눈에 띄는 점은 jlink가 애플리케이션 모듈이든, 라이브러리 모듈이든, 플랫폼 모듈이든 모든 모듈의 코드에 대한 최적화할 수 있다는 것이다. 게다가 jlink 플러그인은 임의의 바이트 코드 재작성을 허용하기 때문에 그 유용성은 성능 향상을 넘어 확장된다. 많은 도구와 프레임워크는 현재 JVM 에이전트를 사용하여 런타임에 바이트 코드 재작성을 수행한다. OpenJPA와 같은 Object-Relation Mapper의 측정 에이전트 또는 바이트 코드 강화 에이전트를 생각해보자. 경우에 따라 이러한 변환은 링크 시점에 적용할 수 있다. jlink 플러그인은 이러한 JVM 에이전트 구현의 좋은 대안책 혹은 보완책이 될 수 있다.

이것은 고급 라이브러리 및 도구의 영역이다. 자신의 JVM 에이전트를 작성하지 않으려는 것처럼 일반적인 애플리케이션 개발 프로세스의 일부로 자신의 jlink 플러그인을 작성하지는 말자.

크로스 타겟팅을 위한 런타임 이미지

jlink로 만든 사용자 정의 런타임 이미지는 특정 OS 및 아키텍처에서만 실행된다. 이것은 JDK 또는 JRE 배포판이 Windows, Linux, macOS 등을 위해서 다양하게 릴리즈 되는 것과 비슷하다. 여기에는 JVM을 실행하는 데 필요한 플랫폼 고유의 네이티브 바이너리가 포함되어 있다. 특정 OS 용 Java 런타임을 다운로드해야 그 위에서 포터블 Java 애플리케이션을 실행할 수 있다.

지금까지는 jlink를 사용하여 이미지를 빌드했다. jlink는 JDK (플랫폼에 따라 다름)의 일부이지만 다른 플랫폼에 대한 이미지를 간단하게 만들 수 있다. jlink를 실행하는 JDK의 플랫폼 모듈을 모듈 패스에 추가하는 대신 대상으로 삼을 OS 및 아키텍처의 플랫폼 모듈을 추가하면 된다. 이러한 대체 플랫폼 모듈을 얻는 것은 해당 플랫폼용 JDK를 다운로드하고 압축을 해제하는 것 만큼 쉽다.

우리가 macOS에서 실행 중이며 Windows(32비트)용 이미지를 만들고 싶다고 가정 해 보자. 먼저, 32비트 Windows용 JDK를 다운로드하고 ~ / jdk9-win-32에 압축을 푼다. 그리고 다음 jlink를 호출하자.

```
$ jlink --module-path mods/:~/jdk9-win-32/jmods ...
```

결과 이미지에는 애플리케이션 모듈과 Windows 32비트 JDK의 플랫폼 모듈이 함께 포함된다. 또한 이미지의 /bin 디렉토리에는 macOS 스크립트 대신 Windows 배치 파일이 포함되어 있다. 이제 남은 일은 이미지를 올바른 대상에게 배포하는 것이다.

jlink로 빌드된 런타임 이미지는 자동으로 업데이트되지 않는다. 새 Java 버전이 출시되면 업데이트된 런타임 이미지를 작성해야 한다. 보안 문제를 방지하기 위해 최신 Java 버전에서 작성된 런타임 이미지만 배포해야 한다.

jlink를 사용하여 가벼운 런타임 이미지를 생성하는 방법을 살펴 보았다. 애플리케이션을 모듈화하면 jlink를 사용하는 것이 간단하다. 링크는 선택적 사항으로 리소스가 제한된 환경을 대상으로 할 때 많은 의미를 가질 수 있다.

chapter 14

모듈화의 미래

모듈형 JDK부터 시작하여 자체 모듈을 만들어보고, 기존 코드를 모듈로 마이그레이션하는 과정까지 Java 모듈 시스템에 대하여 알아보는 여정이 끝나가고 있다. 아직 다루지 못한 모듈 관련된 많은 새로운 기능들이 있지만 Java 모듈은 모듈형 개발에 대한 검증된 모범 사례를 제공해주고 있다.

매우 작은 규모의 애플리케이션을 구현하는 것이 아니라면 새로 코드를 작성할 때 모듈을 사용하는 것이 좋다. 강력한 캡슐화를 적용하고 처음부터 명시적 의존성을 관리하면 유지 보수성이 좋은 시스템 개발을 위한 튼튼한 기초가 된다. 또한 jlink를 사용하여 사용자 정의 런타임 이미지를 만드는 등, 새로운 기능을 사용할 수 있다.

모듈화된 Java의 미래에 함께하고 싶다면 모듈화 원칙을 준수해야 한다. 기존 애플리케이션이 모듈형 설계를 적용했다면 모듈로의 전환은 쉬울 것이다. 많은 사람들이 이미 멀티 모듈 Maven 또는 Gradle 빌드를 사용하여 애플리케이션을 개발해왔다. 이러한 기존 모듈 바운더리는 자연스럽게 Java 모듈에 매핑된다. 경우에 따라 JDK에서 제공하는 ServiceLoader 메커니즘이 본격적인 의존성 주입 프레임워크의 사용에 대한 좋은 대안이 될 수 있다.

그러나 애플리케이션이 모듈형이 아닌 경우 전환이 어려울 수 있다.

2 파트에서 기존 애플리케이션을 모듈로 마이그레이션하는 것이 가능하다는 것을 알았다. 그러나 기존 애플리케이션에 모듈형 설계가 부족한 경우, 마이그레이션 과정을 통해 문제를 효과적으로 해결할 수 있다. 먼저, 모듈화 원칙을 따르도록 아키텍처를 변경해야 한다. 그 다음에 Java 9과 모듈 시스템을 사용하도록 마이그레이션을 해야 한다.

이러한 노력을 기울일 가치가 있는지에 대한 판단 여부는 일반적인 지침으로 결정할 수 없다. 이는 시스템의 범위, 예상 수명 및 다양한 도메인 정보에 따라 결정을 하게 된다. 물론 수 년간의 노력이 필요했지만, 거대한 JDK조차도 모듈화에 성공했다. 의지만 있다면 분명히 성공할 수 있다. 마이그레이션하는데 소모되는 비용을 감수해서라도 얻을 수 있는 이점이 있는지에 대한 판단은 기존 코드를 기반으로 결정할 수 있다. 애플리케이션을 기존의 클래스 패스 방식으로 유지한다는 것이 부끄러운 일은 아니다.

이 장의 나머지 부분에서는 기존의 모듈형 개발 방법론에서 Java 모듈 시스템에 대한 자료를 검토할 것이다.

OSGi

Java 모듈 시스템이 도입되기 훨씬 전에 이미 다른 모듈 시스템이 존재했다. 이러한 기존 시스템은 애플리케이션 수준의 모듈화만을 제공하는 반면 Java 모듈 시스템은 플랫폼 자체를 모듈화 하였다. 가장 오래되고 잘 알려진 기존 모듈 시스템은 OSGi이다. OSGi의 경우 OSGi 컨테이너에서 번들(OSGi 연결 메타데이터가 있는 JAR)을 실행하는 방식을 이용하여 런타임 모듈화를 제공한다. 번들 간의 분리는 클래스로더의 배치를 통해 클래스의 가시성을 제어함으로써 가능하게 된다. 본질적으로, 각 번들은 자체의 분리된 클래스로더에 의해 로드되고 번들의 메타데이터를 기반으로 다른 클래스로더에만 위임된다. 클래스로더을 통한 분리는 OSGi 컨테이너 내부에서 런타임에만 발생한다. 빌드 타임에는 Bndtools 또는 Eclipse PDE와 같은 개발 도구를 사용하여 캡슐화 및 의존성을 적용해야 한다.

OSGi는 Java 모듈 시스템의 도입으로 인해 쓸모 없게 되었을까? 전혀 그렇지 않다. 우선, 기존 OSGi 애플리케이션은 클래스 패스를 사용하여 Java 9 환경에서 동작이 가능하다. OSGi 기반 시스템을 사용한다면 번들을 Java 모듈로 만들려고 하지 않아도 된다. 또한 OSGi 얼라이언스는 OSGi 번들과 Java 모듈 간의 상호 운용성에 대한 예비 작업을 수행하고 있다.

그렇다면 시스템을 새로 만들 때 OSGi은 언제 사용해야 하고 Java 모듈 시스템은 언제 사용해야 하는 걸까? 이 질문에 답하기 위해 OSGi와 Java 모듈 시스템이 어떻게 다른지 이해하는 것이 중요하다.

OSGi와 Java 모듈 시스템에는 몇 가지 주목할만한 차이점이 있다.

패키지 의존성

OSGi 번들은 직접 다른 번들에 의존성을 표현하지 않고, 패키지에 대한 의존성을 표현한다. OSGi 해석기는 번들 메타데이터에 제공된 익스포트된 패키지와 임포트된 패키지를 기반으로 번들을 묶는다. 때문에 번들 이름이 Java 모듈 이름처럼 중요하게 여겨지지는 않는다. 번들은 Java 모듈과 마찬가지로 패키지 수준에서 익스포트된다.

버전 관리

Java의 모듈과 달리 OSGi에는 번들 버전과 패키지 버전 두 가지가 있다. 의존성은 정확한 버전 또는 버전 범위로 표현될 수 있다. 각 번들은 별도의 클래스로더에 로드 되기 때문에 아무런 경고 메시지 없이 다양한 버전의 번들이 공존할 수 있다.

동적 로딩

번들은 OSGi 런타임에 로드, 언로드, 시작 및 중지할 수 있다. 번들은 이러한 동적 환경에 대처해야하기 때문에 번들 라이프 사이클 이벤트에 대한 콜백이 있다. Java 모듈은 런타임에 ModuleLayers에 로드될 수 있으며, 나중에 가비지 컬렉팅된다. OSGi 번들과 달리 Java 모듈에는 명시적인 라이프사이클 콜백이 정의되지 않는다. Java 모듈이 좀 더 정적 구성을 가정하였기 때문이다.

동적 서비스

또한 OSGi는 중앙 서비스 레지스트리를 사용하여 서비스 메커니즘을 정의한다. OSGi 서비스용 API는 Java의 ServiceLoader보다 더 많은 기능을 제공한다. 선언적 서비스(Declarative Services)와 같은 상위 프레임워크는 기본적인 OSGi 서비스 위에 제공된다. OSGi 서비스는 실행 시간에 오고 갈 수 있다. 적어도 OSGi 서비스를 제공하는 번들은 동적으로 올 수 있고 이동하기 때문에 런타임에 올 수 있다. ServiceLoader가 있는 Java 서비스는 모듈 해석 중에 한번 연결된다. 오직 ModuleLayer를 통해서만 런타임에 새로운 서비스를 도입할 수 있다. OSGi 서비스와는 달리 콜백 시작 및 중지를 지원하지 않는다.

위의 차이점들에서 공통적으로 나타나는 특징은 OSGi가 런타임에 보다 동적인 시나리오를 지원한다는 것이다. OSGi는 Java 모듈 시스템보다 더 많은 기능을 가지고 있다. 이것은 부분적으로 OSGi의 뿌리가 임베디드 시스템에 있기 때문이다. OSGi 번들은 핫 스와핑(hot-swap)이 가능하기 때문에 중지 시간없이 업데이트할 수 있다. 새 하드웨어를 연결할 수 있으며 이를 지원하는 서비스를 동적으로 시작할 수 있다.

엔터프라이즈 소프트웨어에서 이와 동일한 패러다임은 런타임에 동적 가용성을 통해 다른 리소스 확장을 가능하게 해준다. 이러한 동적 기능이 필요한 경우 OSGi가 적절한 솔루션일 수 있다. OSGi의 동적 라이프 사이클은 개발자를 더 복잡하게 만든다. 이러한 복잡도가 있는 부분은 선언적 서비스와 같은 상위 수준의 프레임 워크를 사용하여 개발 중에 추상화될 수 있다. 실제로 많은 애플리케이션(OSGi을 사용하는 애플리케이션 포함)은 동적 변경 없이 시작 시점에 서비스를 함께 연결하는 경향이 있다. 이러한 경우라면 Java 모듈 시스템의 기본 기능으로 제공할 수 있다.

OSGi를 위한 도구들은 많은 개발자들이 매력적으로 느낄만한 요소를 제공해주지 못했다. 심지어 OSGi가 사용된지 10년이 지난 후에도 커뮤니티와 공급 업체의 관심을 끌기 위한 핵심적인 요소가 없었다. 모듈이 Java 플랫폼의 일부가 되면서 벤더들은 이미 Java 모듈 시스템 릴리스 전에 관련된 도구들과 지원을 위한 준비를 하고 있다. OSGi 프레임 워크는 런타임에만 작동하기 때문에 개발에 사용되는 도구들은 런타임에 적용되는 규칙을 모방해야 한다. Java 모듈 시스템 규칙은 개발 단계에서 실행 단계까지 일관성 있게 모든 단계에 적용이 가능하다

Java 모듈 시스템에는 OSGi에 없는 기능들이 있는데, 대부분이 모듈로 마이그레이션하기 위한 기능이다. OSGi에는 자동 모듈과 직접적인 대응되는 개념이 없다. 모든 Java 라이브러리가 OSGi 메타데이터를 제공하지는 않는다(패치 또는 풀(pull) 요청은 OSGi에서 해당 라이브러리를 사용하는 유일한 수단이다). 라이브러리에는 때로는 OSGi의 분리된 클래스 로딩 설정과 잘 맞지

않는 코드가 포함되어 있다. Java 모듈 시스템에서 클래스 로딩은 호환성을 고려하여 구현되어 있다. Java 모듈 시스템은 분리를 위해 클래스로더를 사용하지 않으므로 보다 강력한 캡슐화를 제공한다. 접근성과 가독성을 기반으로 하는 완전히 새로운 메커니즘은 JVM 내부에서 실행된다.

시간이 지날수록 Java 모듈 시스템 적용이 더 많아진다는 것을 알 수 있을 것이다. 모듈이 이제 Java 플랫폼 자체의 일부이기 때문에 Java 커뮤니티가 모듈화를 진지하게 받아들일 것으로 기대하고 있다.

Java EE

모듈은 Java SE 기능이다. 그러나 많은 개발자가 Java EE 애플리케이션을 개발하고 있다. Java EE에서 웹 아카이브(WAR) 및 엔터프라이즈 아카이브(EAR)는 JAR 파일을 배포 디스크립터와 함께 번들로 제공된다. 이러한 Java EE 애플리케이션은 애플리케이션 서버에 배포된다.

모듈은 이제 Java 플랫폼의 일부이므로 Java EE는 어떻게 발전할까? 언젠가는 Java EE 스펙에서 모듈을 채택할 것이라고 생각하는게 합리적인 추측일 것이다. 현재는 어떻게 될지 확신할 수 없다. Java EE 8 릴리즈는 Java SE 8을 기반으로 했다. 따라서 Java EE에 언제 릴리즈될지는 모르지만, 모듈은 Java EE 9에 가장 먼저 적용될 것이다. Java EE에 모듈이 적용되기 전까지, Java EE 애플리케이션 서버는 클래스 패스를 이전과 같이 계속 사용할 수 있다.

원칙적으로 모듈 시스템에는 Java EE 애플리케이션 서버와 같은 애플리케이션 컨테이너를 지원하는 기능이 있다(167 페이지의 "컨테이너 아키텍처"참조). 모듈형 Java EE 애플리케이션이 어떤 형태를 가지게 될 것인지 추측할 수 있다. 애플리케이션의 경우 Java EE 모듈화는 모듈형 WAR 또는 EAR 파일 형식이거나 완전히 새로운 형식일 수 있다.

Java EE API를 표준화된 이름을 가진 모듈로 공개하는 것이 첫 번째 단계이다. 공식적인 JAX-RS API 배포판에는 이미 모듈 디스크립터가 있다. 모듈을 사용함으로써, Java EE를 커플링이 작은 스펙의 세트로 간주할 수 있다는 점이 매우 매력적이다. 모놀리식 애플리케이션 서버가 전체 사양을 한 번에 지원할 때까지 기다릴 필요가 없을 수도 있다. Java EE의 일부만 필요한 경우에도, 새로운 문이 열린다. 그러나 이 모든 사항은 현재 지원되는 사양이 아닌, 앞으로 어떤 것이 지원될 수 있을지 추측에 기반한 것이다.

마이크로서비스

지난 몇 년 동안 마이크로서비스는 아키텍처 스타일로서 관심을 많이 받고 있다. 마이크로서비스의 장점 중 하나는 모듈식 개발을 가능하게 한다는 것이다. 시스템을 독립적으로 배치 가능하며 실행 가능하게 나누면, 시스템이 모듈화된다. 각 마이크로서비스는 독립적인 프로세스로 실행된다. 여러 마이크로서비스는 완전히 다른 기술로 작성 될 수도 있다. 이들은 HTTP 및 gRPC와 같은 표준 프로토콜을 사용하여 네트워크를 통해 통신한다.

사실, 이 아키텍처 스타일은 본질적으로 강력한 모듈 바운더리를 강제한다. 마이크로서비스는 모듈성의 두 가지 원칙인 "잘 정의된 인터페이스"와 "명시적 의존성"을 어떻게 수행할까? 마이크로서비스 간의 인터페이스는 상당히 다양한 스펙트럼을 가지고 있다. 프로토콜 버퍼, RAML, WSDL/SOAP와 같은 인터페이스 정의 언어(IDL)에서 엄격히 정의된 인터페이스부터 HTTP를 통한 정의되지 않은 JSON까지 허용을 한다. 마이크로서비스 간의 의존성은 일반적으로 런타임에 동적 검색에 의해 발생한다. 많은 마이크로서비스 스택은 모듈 디스크립터에서 필요로 하는 것처럼 정적으로 검증 가능한 의존성을 제공하지 않는다.

이 책에서 프로세스 분리에 의지하지 않고도 모듈화할 수 있다는 것을 알았다. Java 모듈 시스템을 사용하면 모듈 간의 강력한 캡슐화와 명시적 의존성을 Java 컴파일러와 JVM에서 적용할 수 있다. 모듈 시스템에서 명백한 provides/uses 구문과 함께 Java 인터페이스 및 서비스를 사용하면 모듈식 개발 방법론을 완성할 수 있다. 이 관점에서 볼 때 마이크로서비스는 네트워크 바운더리가 있는 모듈과 다소 유사하다. 그러나 이러한 네트워크 바운더리는 마이크로서비스 시스템을 모든 관련 단점을 가진 분산 시스템으로 전환한다. 마이크로서비스가 가지는 모듈의 특성만을 위해 마이크로서비스를 선택할 때는 신중하게 생각해야 한다. 시스템에 Java 모듈을 사용하면 마이크로서비스 아키텍처의 운영상의 복잡성없이 비슷한(혹은 더 강력한) 모듈성의 이점을 얻을 수 있다.

솔직히 말하면 모듈화에 대한 논쟁 외에도 마이크로서비스가 좋은 선택이 될 수 있는 많은 이유가 있다. 독립적인 업데이트와 서비스 확장에 대해 고려하거나 또는 서비스별로 서로 다른 기술 스택을 사용할 때 실제로 이점이 있다. 그렇다면 모듈이나 마이크로서비스를 선택할 때 반드시 둘 중 하나만 선택할 필요는 없다. 모듈은 마이크로서비스 구현을 위한 강력한 내부 구조를 만들 수 있으므로 일반적으로 마이크로서비스에서 제공하는 것 이상으로 확장 할 수 있다. 처음에는 모듈을 사용하여 시스템을 개발하는 것이 현명하다. 나중에는 운영상의 우려가 있을 때 모듈을 자체 마이크로서비스로 추출하는 것이 좋다.

다음 단계들

우리는 모듈화에 대한 몇 가지 대안이 되는 방법론과 Java 모듈 시스템과의 관계에 대해 논의했다. 어려운 부분은 어떤 기술을 사용할 수 있는 지와 상관없이, 애플리케이션의 도메인을 올바르게 분해하는 데 있다. Java 모듈은 잘 구성된 시스템을 만들기 위한 또 다른 강력한 도구이다.

모듈 시스템은 현재 완벽하다고 할 수 있을까? 세상에 완벽한 것은 없으며, 모듈 시스템도 예외는 아니다. Java 플랫폼에 모듈 시스템을 추가하는 것은 릴리즈 직전에 극적인 타협으로 성사되었다. 그럼에도 불구하고 Java 9는 견고한 기반을 제공하고 있다. 물론 아직 해결해야 하는 이슈들이 있다. 하지만, 모듈 패스에서 현재 지원되지 않는다는 사실이 앞으로도 계속 그럴 것이라는 것을 의미하지는 않는다. 모듈 시스템은 완성되지 않았으며, 후속 릴리즈에서 거의 확실하게 새로운 기능을 제공한다. 현재, 모듈형 Java을 지원하는 것은 Java 에코 시스템 및 도구 벤더의 몫이다.

Java 커뮤니티가 모듈 시스템을 채택하기 시작하면 더 많은 라이브러리가 모듈로 사용 가능하게 될 것이다. 이렇게 되면, 자신의 애플리케이션에 모듈을 더욱 쉽게 적용할 수 있다. 먼저 필드 환경에서 모듈 시스템에 대한 경험을 쌓는 것이 좋다. 이 책에서 예제로 사용한 EasyText 애플리케이션과 같은 소수의 모듈로 구성된 작은 애플리케이션을 구현해 보길 바란다. 이렇게 하면 깔끔하게 모듈화된 애플리케이션이 어떤 형태를 가지게 되는지 알 수 있다. 이러한 경험을 바탕으로 기존의 애플리케이션 중 하나를 모듈화하는, 보다 야심 찬 단계를 수행할 수 있다.

Java 플랫폼의 일부에 모듈 시스템이 포함되는 것은 게임 체인저가 되는 것이다. 이것은 하룻밤 사이에 일어날 수 있는 일이 아니다. Java 공동체가 Java 모듈 시스템의 개념을 수용하는 데는 상당한 시간이 걸릴 것이다. 이것은 우리가 어떻게 할 수 없는 영역이다. 모듈은 기존 코드베이스에 적용할 수 있는 새로운 기능이나 간단한 수정사항이 아니다. 그러나 모듈의 장점은 분명하다. 마이크로서비스를 통한 모듈화에 대한 새로운 관심은 대부분의 사람들이 이것을 직관적으로 파악하고 있다는 것을 보여준다. 모듈 시스템을 통해 Java 개발자는 유지 보수가 가능한 대규모 시스템을 구축 할 수 있는 새로운 옵션을 얻는다.

이제 Java 모듈 시스템의 개념을 배웠다. 더 중요한 것은 모듈 방식의 기본 원리와 모듈 시스템을 사용하여 모듈 방식을 적용하는 방법을 알고 있다는 것이다. 이제는 이 지식을 실제 사용할 때이다. 여러분의 소프트웨어가 모듈화된 미래를 가지기를 바란다!

찾아보기